O PRÓXIMO
E O DISTANTE

O PRÓXIMO
E O DISTANTE

Japão e Modernidade-Mundo

Renato Ortiz

editora brasiliense

Copyright © by Renato Ortiz
Nenhuma parte desta publicação pode ser gravada,
armazenada em sistemas eletrônicos, fotocopiada,
reproduzida por meios mecânicos ou outros quaisquer
sem autorização prévia da editora.

1ª edição - junho de 2000

Coordenação editorial: Marise Egger - Moellwald
Coordenação de produção: Célia Rogalski
Preparação: Felice Morabito
Revisão: Marinete Pereira da Silva e Beatriz de Freitas Moreira
Projeto gráfico e editoração: Produtores Associados
Capa: Mauricio Negro e Patricia Buglian

Dados Internacionais de Catalogação na Publicação (CIP)
(Câmara Brasileira do Livro, SP, Brasil)

Ortiz, Renato, 1947-
  O próximo e o distante : Japão e modernidade - mundo / Renato Ortiz. - - São Paulo : Brasiliense, 2000.

  Bibliografia.
  ISBN 85-11-00050-X

  1. Características nacionais japonesas 2. Cultura - Japão 3. Globalização 4. Japão - condições sociais 5. Japão - História 6. Japão - Usos e costumes I. Título. II. Título: Japão e modernidade - mundo.

00-2083   CDD-952

Índices para catálogo sistemático:
1. Japão : Civilização   952
2. Japão : Condições sociais   952
3. Japão : Cultura : História   952

editora brasiliense s.a.
Matriz: Rua Airi, 22 – Tatuapé
CEP 03310-010 – São Paulo – SP
Fone / Fax: (0xx11) 218.1488
E-mail: brasilienseedit@uol.com.br
www.editorabrasiliense.com.br

*Para Octávio Ianni
Irmão mais velho
e companheiro
de viagem*

Sumário

Introdução 9

As Ciências Sociais e o "Enigma" Japonês 17

Insularidade, Modernidade, Fronteiras 35

Ética, Trabalho, Ócio 71

Trabalho, Consumo, Estilo de Vida 93

Tradição, Identidade, Desterritorialização 135

Considerações Finais 179

Bibliografia 185

Introdução

Este livro considera o Japão como texto e pretexto. O material recolhido efetivamente versa sobre feições variadas da vida social japonesa, vinculando a reflexão a uma base empírica específica. As fontes bibliográficas e as informações se encontram referidas a uma sociedade determinada. No entanto, o "dado japonês" é aqui tomado como pretexto para se construir um objeto sociológico, ele é artifício que permite captar o processo de mundialização da cultura[1]. Como sei que o objeto sociológico é sempre construído (as ciências sociais se afastam das técnicas fotográficas que nos iludem com a idéia de realismo), deixo clara ao leitor minha intenção. Há um ponto de vista que "costura" a argumentação e os elementos de realidade. Não me situo "a partir" do Japão, nem busco compreender as múltiplas facetas da sociedade nipônica em sua totalidade. Parto do princípio de que o movimento de globalização penetra os diversos países do globo terrestre e posiciono o olhar analítico no interior da modernidade-mundo. Este é o fio condutor de minha análise. Selecionei para isso alguns temas: consumo, cultura popular, publicidade, meios de comunicação, música popular, moda, turismo, nação. Contudo, coerente com a premissa anterior, faria pouco sentido considerá-los enquanto expressão de uma modalidade japonesa. Neste sentido, não pretendo realizar um estudo da cultura popular <u>no</u> Japão, da publicidade <u>no</u> Japão ou do consumo <u>no</u> Japão. Aceitar esta preliminar seria tomar o Estado-nação como ponto inicial de minha argumentação. Não tenho, também, o propósito de fazer um estudo comparativo — por exemplo, contrapor a juventude japonesa à norte-americana ou à francesa —, pois a análise comparativa pressupõe a existência de unidades autônomas, neste

---

[1] Prefiro utilizar o termo "mundialização" quando trato da problemática cultural, reservando a idéia de "globalização" para a compreensão das esferas econômica e tecnológica. Com isso, procuro escapar de um certo determinismo que vê o mundo da cultura como um mero reflexo de outras instâncias sociais. Ver R. Ortiz, *Mundialização e Cultura*, São Paulo, Brasiliense, 1994.

caso as nacionalidades, a partir das quais os elementos comuns possam ser aglutinados. Minha temática é a do atravessamento. Para mim, a globalização é um processo social que atravessa de forma diferenciada as realidades nacionais e locais. Seu vetor se define por sua transversalidade. Trata-se de uma tendência. Quero com isso dizer que não é necessário postular que a globalização das sociedades e a mundialização da cultura abarquem o planeta por inteiro, sejam realidade inconteste em "todos os lugares". Sei que o mundo encerra muito de diversidade, civilizatória, nacional e étnica. Além, é claro, das diferenciações e hierarquizações entre países e classes sociais. Não pretendo, pois, fazer um estudo sobre "o" Japão, como se estivesse diante de um todo homogêneo, agora integrado ao megaconjunto de um *world system*. Na verdade, não creio que as sociedades humanas constituam conjuntos sistêmicos como o quer Luhman. Meu objetivo é compreender aspectos nodais de uma tendência que se mundializa. Globalização e mundialização são linhas de força com direções diferenciadas, importa, para mim, captar algumas de suas características. Entretanto, como uma tendência é, sempre algo genérico e é preciso apreendê-la indiretamente, torna-se necessário buscar expressões modais que a explicitem. Minha hipótese inicial é pois: cultura popular, consumo, turismo, moda, música popular etc. são objetos heurísticos que revelam um arranjo social transcendente às exigências e às expectativas de uma cultura nacional. Pensá-los em um contexto particular é considerá-los como parte de uma matriz mais ampla, mundial. Mas o que entender por objeto heurístico? Recorro à noção de alegoria em Benjamin para explicitar meu procedimento. Em seu projeto de estudos *Paris, Capital do Século XIX*, ele aborda um conjunto de temas diversos: iluminação a gás, sistema ferroviário, passagens, eletricidade, fotografia, folhetim, *magasins de nouveautés*, reforma urbanística, *grand magasins* etc[2]. Sua escolha de assuntos aparentemente díspares não é casual, eles constituem "objetos heurísticos" que alegoricamente exprimem uma "realidade". Paris pode ser pensada como "capital do século XIX" porque ela encerra em seu interior um "mundo em miniatura". Decifrá-lo conduz ao esclarecimento de um fenômeno mais amplo, o advento da modernidade. Retomo a problemática da mundialização com a mesma intenção. Posso assim buscar por objetos heurísticos que a exprimam. O fato de esses objetos serem mundiais mas não necessariamente planetários, ou seja, possuírem uma dimensão global mas não abarcarem o planeta por inteiro (nem todos comem no McDonald's, não são todos os "jovens" que vestem *jeans*; o uso da televisão, por mais

---

[2] W. Benjamin, *Parigi, Capitale del XIX Secolo,* Turim, Einaudi, 1986.

difundido que seja, não atinge uma parcela considerável da população do globo), é secundário. Importa que eles contenham em si articulações que expressem aspectos nodais do processo como um todo: deslindá-las é compreender a condição na qual nos situamos. O Japão torna-se, assim, um espaço possível para a leitura do movimento de mundialização da cultura. O país, ou melhor, alguns de seus aspectos se configuram como "lugares" mundializados. Não se trata, porém, de um espaço fictício, algo que decorre da imaginação do pesquisador³. Texto e pretexto encontram-se organicamente articulados entre si, embora pertençam a domínios distintos de compreensão. As referências ao longo deste trabalho estarão, portanto, sempre circunscritas a um lugar. Nesse sentido, este livro fala também sobre o Japão, desde que entendamos que a problemática em causa o ultrapassa, inserindo-o no horizonte de uma sociedade que se globaliza.

Penso que uma das transformações profundas das sociedades contemporâneas diz respeito à noção de espaço. Tradicionalmente, ele se circunscrevia a fronteiras bem estabelecidas: a tribo, a cidade-Estado, o império, a nação. Havia uma íntima correlação entre o espaço enquanto categoria simbólica e social e o substrato físico que lhe dava materialidade. O processo de desterritorialização, e seu movimento complementar de reterritorialização, nos abre a possibilidade de pensar espacialidades desencaixadas de seu território físico. Tendência que incide diretamente nas formas de sociabilidade e de expressão cultural. Um exemplo: a viagem⁴. Acreditamos que ela seja sempre um percurso entre lugares descontínuos, por isso dizemos "viajar para o exterior". Em princípio, estaríamos saindo de um "interior", um espaço familiar, para nos dirigir para um "outro" sítio, estranho, diverso de onde partimos. Essa maneira de compreender as coisas se transforma com o processo de mundialização. Agora as distâncias são encurtadas e muitas das fronteiras existentes se borram. A rigor, deveríamos dizer: não há viagem para o "exterior", mas sim um deslocamento nas espacialidades da modernidade-mundo. Este livro parte portanto de um pressuposto: na perspectiva aqui adotada o Japão não é um país "exótico", "distante", "oriental". Meu olhar desterritorializado quer apreendê-lo como "vizinho", "próximo",

---

³ Na introdução de *L'Empire des Signes* (Paris, Flammarion, 1970), Barthes escreve: "Se eu puder imaginar um povo fictício, tratá-lo declarativamente como um objeto romanesco, posso fundar uma nova escrita de maneira a não comprometer nenhum país real na minha fantasia. Posso também, sem pretender analisar e representar nada da realidade, selecionar alguma parte do mundo, alguns traços, e desses traços deliberadamente formar um sistema. A este sistema eu chamarei Japão". A intenção do autor pode talvez possuir algum sabor literário, mas é certamente pouco convincente.
⁴ Desenvolvi particularmente este tema em "A viagem, o popular e o outro" in *Um Outro Território: Ensaios sobre a mundialização*, São Paulo, Olho d'Água, 1996.

isto é, parte da modernidade-mundo. Viajar ao Japão não significa conhecer um "outro mundo", como acreditavam os românticos, mas deslocar-se no interior de um *continuum* espacial diferenciado.

* * *

Por que o Japão? São várias as razões para isso. Trata-se de um dos poucos países, ao lado de Inglaterra, França, Estados Unidos e Alemanha, que se industrializaram ainda durante o século XIX. Na década de 50, analogamente aos Estados Unidos, o Japão irá conhecer o desenvolvimento do consumo de massa, antes mesmo de esse fenômeno se generalizar entre muitos países da Europa ocidental. Por outro lado, sua posição internacional, enquanto potência econômica e tecnológica, tornou-se atualmente inquestionável. O Japão ocupa ainda um lugar de destaque na literatura sociológica. Em razão de suas características históricas, ele tem sido um tema recorrente no debate sobre modernidade e capitalismo, dimensão que o aproxima da temática que me interessa diretamente. Existem ainda motivos de ordem pessoal. Faz certo tempo que venho trabalhando sobre a problemática da mundialização da cultura. Os temas que vinha analisando levaram-me a uma formulação do problema que mereceria ser testada fora do circuito com o qual estava familiarizado: América Latina, Europa e Estados Unidos. No fundo, eu queria radicalizar a idéia de que as ciências sociais deveriam tomar como objeto alguns aspectos de um mundo que se globaliza. Talvez fosse essa, apesar das dificuldades que um empreendimento desses encerra, uma maneira de trabalhar um conjunto de questões fora do contexto da nação, Estado-nação, cultura e identidade nacional. Nesse sentido, este texto é um esforço em se construir um objeto sociológico dentro de um prisma global. Daí minha inclinação por um país que conhece a modernidade a partir de uma herança cultural diferenciada. Posso ainda acrescentar *a posteriori* uma outra razão que justifica minha escolha. À primeira vista, para um intelectual brasileiro, o Japão seria um país distante, pouco tendo em comum com a "sua" cultura. Contudo, existem aspectos que o aproximam de um debate caro à intelectualidade latino-americana. Penso na questão nacional. Esse tema, uma obsessão nossa há mais de um século, é também recorrente entre a intelectualidade japonesa. Vamos assim reencontrar idéias, às vezes os mesmos conceitos que tanto influenciaram as discussões sobre a modernidade entre nós. Identidade nacional, cópia da mentalidade estrangeira, oposição entre autóctone e alienígena e, claro, a presença de escolas como o romantismo alemão, os folcloristas, o culturalismo antropológico.

Como se as mesmas idéias tivessem viajado para portos distintos, reelaboradas com base em uma exigência básica: a necessidade de construir uma identidade nacional.

Este trabalho é fruto de leituras diversas, é resultado de uma visita constante às bibliotecas reais e virtuais. Digo virtuais porque no ciberespaço encontram-se listas bibliográficas imensas colocando rapidamente à disposição do usuário um conjunto de textos e de informações. Mas os acervos reais, enraizados na topografia das cidades, são ainda superiores ao que se pode alcançar virtualmente. Por isso tive de me deslocar várias vezes, afastando-me do conforto, e do tédio, de uma viagem estacionária. Contei primeiro com a ajuda das bibliotecas das universidades paulistas, Unicamp e USP, cujo material sobre o Japão não é nada negligenciável. O fato de viver num lugar no qual a imigração japonesa é marcante facilitou-me o acesso a duas outras fontes: Fundação Japão e Casa da Cultura Japonesa. Pude partir de uma razoável base preliminar de dados. Para dar continuidade aos estudos estive na Universidade de Oxford, cuja Bodeleian Japanese Library é provavelmente uma das melhores da Europa. Em Tóquio, procurei da melhor maneira possível coletar material em instituições diversas: Universidade de Sofia (campus de Ichigaya e Yotsuya), Biblioteca da Dieta, NHK (televisão japonesa), Fundação Japão, Universidade de Tóquio, Foreign Press Center, Japan External Trade Organization (JETRO), Universidade das Nações Unidas. Tive ainda a oportunidade de visitar em Kyoto o Nichibunken (Centro Internacional de Estudos Japoneses).

Minha pesquisa esbarra numa limitação: o problema da língua. No entanto, apesar dessa barreira inicial, pude mover-me com <u>relativa</u> (e sublinho relativa) facilidade no terreno que escolhi. Isso se deve sobretudo à utilização do inglês. Há uma ampla bibliografia de japonólogos publicada por norte-americanos, britânicos e australianos. Até mesmo alguns textos de especialistas alemães são publicados ou traduzidos para o inglês. Existe ainda um material importante escrito por japoneses. Muitas revistas têm a estratégia de publicar números simultaneamente em japonês e em inglês. Outras são inteiramente publicadas em inglês. Por exemplo: *Keyo Communication Review, International Journal of Japanese Sociology, Studies of Broadcasting, Review of Media Information and Society, The Transaction of Asiatic Society of Japan*. Algumas editoras, como Kodansha International e Tokyo University Press, têm a política de editar textos de autores japoneses em inglês. Não se pode esquecer que alguns cursos universitários no Japão, por exemplo em Ichigaya (Universidade de Sofia), são inteiramente ministrados em inglês (graduação e pós-graduação). Este é também o idioma utilizado em várias publicações na Coréia, na Malásia e em Taiwan. Isso de alguma forma tornou minha tarefa menos árdua. Procurei ainda enriquecer minhas fontes bibliográficas fazendo uma incursão no campo da literatura escrita em francês (Centre sur le Japon, École des Hautes Études en Sciences Sociales, Paris; Bibliothèque Nationale de France; Maison de la Culture du Japon). Como entre os japonólogos existem disputas, e esses conflitos passam por questões teóricas, de nacionalidades e de idioma, muitas vezes o material produzido em francês é praticamente ignorado pelos especialistas britânicos ou norte-americanos.

As palavras em japonês encontram-se em negrito no texto. Elas foram romanizadas segundo o sistema de Hepburn, mas sem levar em consideração os acentos nas vogais prolongadas (por exemplo: **Tokyo** e não **Tōkyō**). Apesar de extensa, pareceu-me interessante colocar no final a bibliografia de referência. Ela permite ao leitor uma possível consulta do material em questão, além de ser uma explicitação do universo pesquisado. Uma última observação. O nome do livro é uma pequena homenagem a meu velho professor e mestre Roger Bastide, cujo centenário de nascimento ocorreu em 1998. Seu texto "Le prochain et le lointain" tinha justamente o objetivo de compreender o contato entre as civilizações. Como no mundo contemporâneo as noções de próximo e distante, familiar e estranho se alteraram profundamente, procurei, no título do trabalho, explorar essa ambigüidade. Espero que Bastide não se incomode com essa apropriação indébita. Quis simplesmente dele me aproximar evocando a presença de sua lembrança cálida.

Restam os agradecimentos. E eu os faço sinceramente ao CNPq e à Capes, cujo apoio permitiu-me transitar neste mundo mundo. Agradeço ainda aos colegas professores Mita e Ono, que tornaram possível minha estadia em Tóquio, e a Hermínio Martins por sua gentileza em acolher-me em Oxford. Não posso deixar de mencionar Elisa Sasaki, cuja revisão dos nomes e dos termos em japonês foi da maior importância para a realização deste livro.

As Ciências Sociais e o "Enigma" Japonês

É comum identificarmos o Japão à noção de "outro", uma civilização longínqua, radicalmente diferente de "nós". Boa parte da literatura disponível fortalece esse sentimento. Quando os primeiros navegantes portugueses, e com eles os jesuítas, chegaram ao Império do Sol Levante, eles se depararam com um povo cujo modo de ser lhes escapava inteiramente à compreensão. O pequeno tratado do padre Luís Fróis, escrito em 1585, queria justamente captar essa enorme distância entre europeus e japoneses. Redigido de maneira concisa, com frases lapidares, ele explora esta contraposição de costumes entre mundos tão diversos: os europeus acham bonitos os olhos grandes, os japoneses os acham horríveis, eles consideram belos os olhos fechados, como se estivessem chorando; as mulheres na Europa não saem de casa sem a permissão do marido, as japonesas têm a liberdade de ir onde quiserem, e o fazem sem que o marido nada saiba; os religiosos católicos fazem a barba e portam a tonsura, os bonzos raspam a cabeça e o rosto todos os quatro dias; os europeus comem sempre com os dedos, os japoneses, homens e mulheres, desde crianças, utilizam dois pauzinhos[1]. Este aspecto bizarro, como se "eles" fizessem as coisas ao contrário de "nós" (neste caso, um "nós" europeu), chamou também a atenção de Basil Hall Chamberlain, erudito inglês que chegou ao país em 1873. Em seu livro *Japanese Things*, uma espécie de dicionário de coisas e de nomes, na letra T, rubrica *Topsy-turvydom* ("de pernas para o ar"), ele enumera uma série de elementos anódinos da cultura japonesa[2]: o pé de página é impresso no alto da página; come-se doce antes da refeição e não como sobremesa; monta-se o cavalo pelo lado direito, e não pelo esquerdo; não se diz nordeste e sudeste, mas este-norte e este-sul; carrega-se o bebê nas costas, e não no colo; ao se construir uma casa

---

[1] L. Fróis, *Européens & Japonais: Traité sur les Contradictions & Différences de Moeurs*, Paris, Chandeigne, 1998.
[2] B.H. Chamberlain, *Japanese Things*, Tóquio, Charles Tuttle Co., 1980.

o teto é a primeira parte edificada; quando se costura a agulha é "enfiada" no fio, e não o contrário. Estaríamos, assim, diante de um mundo invertido, antípoda do que conhecíamos. Na verdade, os viajantes que aí estiveram durante o século XIX deixaram os relatos de suas aventuras procurando assim desvendar as facetas de uma Ásia oriental até então pouco familiar[3]. Folheando o belo álbum de fotografia de Felice Beato, as cenas retratadas nos transportam para uma época distante, introduzindo detalhes que nos submergem numa outra paisagem, num outro ambiente: os homens seminus empurrando carroças, os arqueiros, as mulheres cuidando de seus cabelos, as armas, as casas e edificações[4]. A literatura dos viajantes é vasta e sempre habitada por uma mesma intenção, traduzir para os que estão ausentes o que o olhar apreende. Para os leitores brasileiros, fruto de sua estadia como representante do governo entre 1897 e 1899, Aloísio de Azevedo irá apresentar o "seu" retrato: um país orgulhoso de seu passado, rico em tradições, a ponto de conseguir erguê-las como barreiras ao imperialismo europeu e norte-americano[5]. Em língua inglesa, Lafcadio Hearn irá difundir seus escritos jornalísticos sobre os modos e costumes da terra. Sua visão um tanto fantasiosa das coisas traduz uma nostalgia pelo passado, como se fosse possível, ao escolher o Japão como país de adoção — Hearn permanece entre 1890 e 1904 —, escapar aos tentáculos racionalizantes da civilização ocidental[6]. Essa curiosidade dos autores é compreensível. O fato de o país ter praticamente se isolado durante o período Tokugawa fazia com que sua gente e sua história fossem realmente pouco conhecidas no exterior. Os viajantes, com seus escritos e ensaios fotográficos, tinham a ambição de esclarecer aos observadores alienígenas esses aspectos fugidios. Entretanto, mesmo com o passar do tempo, o gosto pelo "mistério", pelo "indecifrável", persistiu. O que deveria ter sido circunstancial, resultado de um lapso momentâneo, tornou-se um elemento intrínseco à explicação. São vários os textos, inclusive acadêmicos, que sugerem a existência de uma sociedade "enigmática", como se os japoneses partilhassem uma mente idiossincrática, nela encerrando os segredos de uma *terra incognita*. É comum encontrarmos entre os estudiosos a clássica distinção entre pragmatismo e especulação. Segundo eles, os japoneses seriam marcados por uma inclinação pragmática que naturalmente os afastaria das especulações filosóficas e religiosas [por exemplo, os

---

[3] Ver, por exemplo, o relato do conde de Beauvoir de sua viagem realizada em 1867: *Pékin, Yeddo et San Francisco*, Paris, Kailash Éditions, 1994.
[4] As fotos foram feitas entre 1863-1883. Ver F. Beato, *Mukashi: le Japon de Pierre Loti*, Paris, Arthaud, 1984.
[5] A. Azevedo, *O Japão*, São Paulo, Roswitha Kempf Ed., 1984.
[6] Ver D. Brahimi, "Le voyage sans retour", Études Françaises (n° especial "La tentation de l'Orient"), vol. 26, n° 1, 1990.

mitos do *Kojiki* nada teriam de um possível exercício metafísico, dando prioridade às coisas "deste mundo"[7]. Daí o ecletismo ser considerado um traço do "caráter" japonês; nas situações concretas os indivíduos resolveriam "ecleticamente" os seus problemas sem perder tempo com digressões intelectuais. Cito ao acaso um desses autores: "No que diz respeito ao ecletismo, sua ênfase numa mente prática oposta a uma aproximação mais intelectual da vida e do mundo, sente-se imediatamente a inevitável dificuldade que todo estrangeiro encontra na tentativa de compreender o povo japonês e sua mentalidade. Embora não exista essa coisa do Oriente e do Ocidente inescrutáveis, de todos os povos asiáticos os japoneses são talvez os mais difíceis de ser entendidos, em gênero e grau"[8]. É sintomático como o termo "enigma" recorrentemente aparece nos estudos que se fazem sobre o Japão[9]. Como diz um desses livros de divulgação sobre a história e a cultura do país, logo na sua introdução, sob um título um tanto pomposo, *O enigma deslumbrante*: "A despeito do esforço extraordinário que a inteligência ocidental vem desenvolvendo para se dar conta do portentoso fenômeno japonês e da solicitude japonesa em se fazer compreender — recebendo professores, empresários e estadistas em suas fábricas, laboratórios e centros de decisão, criando organismos para a difusão de suas técnicas, promovendo sistemas de bolsas, visitas e intercâmbios, produzindo jornais, revistas, estudos e livros —, não foi possível ainda aos ocidentais encontrar um nome, uma atitude, uma compreensão adequados ao desempenho do Japão"[10]. Desenvolveu-se um senso comum no qual diferentes intérpretes tomam a sério essa tarefa de decifradores, como se fosse plausível realizar um esforço hercúleo para se chegar ao entendimento de algo inacessível. Assim, não é surpreendente ler numa passagem sobre a vida dos samurais durante os séculos XVI e XVII afirmações do tipo: o êxito das tecnologias industriais modernas decorre dos mesmos princípios que os antigos samurais aplicavam às suas técnicas guerreiras[11]. Interpretação ingênua que descobre na prática do zen e das lutas marciais o fundamento do capitalismo japonês. O passado torna-se então a chave explicativa de um tesouro diligentemente descoberto pela perspicácia do autor. O desenvolvimento econômico, longe de afastar o véu de mistério,

---

[7] Ver J. Pelzel, "Human nature in the Japanese myths" in T. Lebra e W. Lebra (ed.), *Japanese Culture and Behavior*, Honolulu, University of Hawaii, 1986. Argumento inteiramente descabido, pois todo mito é "pragmático", no sentido em que os deuses e heróis míticos interferem no mundo dos homens a todo momento. Afinal, um dos traços do mito é seu caráter não metafísico.
[8] C. Moore, "The enigmatic Japanese mind" in C. Moore (org.), *The Japanese Mind*, Tóquio, Charles Tuttle Co., 1967, p. 296.
[9] Como o livro de K. van Wolferen, *The Enigma of Japanese Power*, Nova York, Vintage Books, 1990.
[10] B.F. de Barros, *Japão: a Harmonia dos Contrários*, São Paulo, T.A. Queiroz, 1988, p. 8.
[11] T. Cleary, *La Voie du Samouraï: Pratiques de la Stratégie au Japon*, Paris, Seuil, 1992.

parece tê-lo reforçado. Diante da modernização acelerada do país, florescem as explicações que buscam a revelação de um Japão "invisível", "profundo". Lugar único e verdadeiro, sub-reptício à modernidade, ele subsistiria no subterrâneo da alma nipônica[12]. Mesmo os executivos das transnacionais, geralmente homens práticos, orientados apenas pela ganância de seus negócios, não conseguem resistir ao charme do objeto oculto. Para explicar o sucesso econômico do país, eles se voltam para os "segredos" perdidos, procurando entender sua magia e sua eficácia[13].

As coisas se complicam quando os próprios escritores japoneses alimentam esse tipo de versão espontânea sobre o conhecimento da sociedade. Para um antropólogo como Eiichiro Ishida, os japoneses constituiriam uma "raça" cujo caráter seria inteiramente distinto do de outros povos. Sua preocupação é demonstrar como eles se separam, tanto do Ocidente quanto de seus vizinhos continentais, chineses e coreanos [exemplos: no Japão, contrariamente à Coréia, o confucionismo não se mistura com o catolicismo; diferentemente da China, não existe no Japão a instituição do eunuco]. A cultura japonesa contribuiria para formar uma espécie de homem único, excepcional, existente apenas nas ilhas nipônicas. Daí a dificuldade dos estrangeiros em compreender seus fundamentos. Dirá Ishida: "Os ocidentais declaram que não podem compreender o que os japoneses estão realmente pensando. O suposto sorriso japonês, isto é, o costume de sorrir quando uma situação nada tem de engraçado, é incompreensível para o ocidental. Alguns deles, olhando confusos, chegam a perguntar por que o japonês crê que a situação seria engraçada. Essa distância de entendimento entre japoneses e ocidentais está intimamente conectada à questão da estrutura cultural"[14]. Um fato corriqueiro encontra sua explicação na incompatibilidade de pontos de vista. Na verdade, como sublinha Kosaku Yoshino, o tema da intercomunicação, ou melhor, a sua ausência, é um dos aspectos centrais da literatura **nihonjinron** (retomarei este aspecto em seguida)[15]. Cito um exemplo que ele retira de sua análise crítica desse tipo de pensamento: "O marido chega em casa e vê na alcova o arranjo de flores feito por sua mulher. Há algo de desordenado nesse arranjo de flores, e ele sente que alguma coisa inquieta sua esposa — pergunta-se então o que está acontecendo. Supondo que esse desarranjo tenha sido deliberadamente feito por ela, isso seria uma

---

[12] Ver M. Random, *Japon: la Estrategia de lo Invisible,* Madri, Ed. Eyras, 1988.
[13] Refiro-me a livros do tipo de R.T. Pascale e A.G. Athos, *The Art of Japanese Management,* Nova York, Simon and Schuster, 1981.
[14] E. Ishida, *Japanese Culture: a Study of Origins and Characteristics,* Tóquio, University of Tokyo Press, 1974, p. 119.
[15] K. Yoshino, *Cultural Nationalism in Contemporary Japan,* Routledge, Londres, 1992.

forma não-verbal, muito japonesa, de enviar uma mensagem. Por exemplo, a esposa não pode confrontar diretamente sua sogra, mas mesmo assim quer que seu marido perceba que algum problema existe entre elas. Essa situação delicada pode ser contornada dessa maneira"[16]. Em princípio, o relato ilustraria apenas uma diferença cultural, o que em si nada tem de problemático. No entanto, o intérprete em questão retira desse evento uma conclusão mais genérica: os japoneses possuiriam uma forma de raciocinar não-verbal, empatética, alógica, radicalmente oposta ao modo de pensar "ocidental". Neste caso, haveria uma ruptura entre duas culturas incomunicáveis entre si (o argumento nos lembra as teses de Lévy-Bruhl e seu conceito de mentalidade pré-lógica). Tomado a sério, como observa criticamente Shunsuke Tsurumi, esse tipo de interpretação considera que "apenas os japoneses conseguem entender o Japão"[17]. Por isso, o debate sobre o idioma adquire um valor estratégico, isto é, ideológico. Cito Harumi Befu: "Para os estrangeiros, o componente intuitivo na compreensão da sociedade japonesa encontra-se inteiramente ausente, ou talvez presente apenas em doses inadequadas. Isso é verdade por duas razões: primeiro porque, em sua maioria, os acadêmicos entraram no campo dos estudos japoneses quando já eram adultos, eles não foram socializados desde a infância para desenvolver tentáculos sensitivos que lhes permitam ter uma disposição cultural para avaliar as proposições da cultura japonesa. Embora não seja impossível esse tipo de faculdade, não é fácil para os estrangeiros desenvolver essa intuição nativa para a compreensão da cultura. Uma segunda barreira refere-se ao fato de a maior parte dos estrangeiros não residir no Japão, onde cada um é exposto diariamente a estímulos sociais e culturais que ajudam a avaliar as proposições culturais sobre a sociedade japonesa"[18]. A idéia de um conhecimento intuitivo, evidentemente compartilhado apenas pelos nativos, sanciona e amplia a distância entre japoneses e estrangeiros. O enigma teria por fim uma solução, desde que restrito à autenticidade do espírito e da língua nipônicos.

Acercar-se do Japão implica enfrentar algumas questões. A primeira delas diz respeito a uma área de conhecimento, a japonologia, domínio que congrega os especialistas em estudos japoneses. Como em outras instâncias acadêmicas, eles se subdividem em grupos, publicam revistas, propõem considerações. Há, no entanto, algo de insólito nisso tudo. Tomando-se uma unidade geográfica como base para o reagrupamento de propostas diversas,

---

[16] Citação in K. Yoshino, op. cit., pp. 16-17.
[17] S. Tsurumi, *A Cultural History of Postwar Japan: 1945-1980*, Londres, Kegan Paul International, 1987.
[18] H. Befu, "A critique of the group model of Japanese society", Social Analysis, n° 5/6, 1980, pp. 41-42.

o ordenamento do conhecimento se faz levando-se em conta não o pertencimento disciplinar, mas o interesse manifesto por uma região do globo[19]. Isso faz com que um contorno territorial se torne o centro de reflexões cuja validade epistemológica deixa muito a desejar. Nada as vincula logicamente, a não ser uma certa conivência partilhada pelos membros de uma mesma comunidade intelectual. Por estar contido dentro de limites seguros, um conjunto de dúvidas e de formulações muitas vezes incômodas, pois envolvem um raciocínio alheio ao que foi consolidado pela tradição da área, deixa de ser formulado. Existem ainda insuficiências que "saltam aos olhos", mas são prudentemente preteridas. A noção de japonologia só faz sentido quando pensada em relação a algo que lhe é exterior. Os japonólogos são pesquisadores, predominantemente europeus e norte-americanos, cuja intenção é compreender um país específico. Passa-se o mesmo com os brasilianistas e os latino-americanistas. São grupos de pessoas que se encontram "fora" do Brasil e da América Latina, geralmente trabalham em instituições universitárias norte-americanas ou européias. Mas seria insensato um brasileiro ou um latino-americano se identificarem respectivamente como brasilianista ou latino-americanista. Isso somente ocorre quando, eventualmente, eles migram para o mercado acadêmico nos Estados Unidos ou na Europa. Aí, diante da necessidade de se inserir nas instituições estabelecidas, sua identidade profissional irá alterar-se. Por isso não há japonólogos entre japoneses, mas sociólogos, economistas, antropólogos, historiadores, cientistas políticos. Quando visto internamente, o universo da japonologia tem pouca consistência, sua coerência é fortuita, vive do alento dos influxos externos. Maxime Rodinson tem razão quando diz que "não existe orientalismo, sinologia, iranologia [e poderíamos acrescentar japonologia]. Existem disciplinas científicas definidas por seus objetos e por suas problemáticas específicas"[20]. Não obstante, apesar dessa fragilidade epistemológica, as áreas de estudos geograficamente localizadas são uma realidade. Desenvolvem-se nos departamentos e institutos dedicados ao Japão, ao Oriente, à América Latina. Isso não deixa de causar problemas. O leitor que tiver alguma familiaridade com essas especializações percebe que muitas vezes os autores se encerram em círculos buscando sobretudo reproduzir a autoridade de um campo científico (para falarmos como Bourdieu). Legitimidade que alimenta uma imagem distorcida do que se quer conhecer. Por isso,

---

[19] Um bom texto sobre os dilemas da japonologia é o de Ian Reader, "Do we need more Japanese studies or less?", Japan Forum, vol. 7, nº 1, 1995.
[20] M. Rodinson, "Les études arabes et islamiques en Europe" in *La Fascination de l'Islam*, Paris, La Découverte, 1989, p. 130.

Edward Said dirá que o orientalismo é um "discurso do poder", no caso das sociedades islâmicas, uma ideologia que justifica uma determinada visão do mundo árabe sem ter, no entanto, a capacidade de duvidar de seu próprio fundamento[21]. Entretanto, não devemos radicalizar as críticas a ponto de retornar à estaca zero do conhecimento. Os especialistas possuem uma tradição rica e diferenciada, sua erudição é matéria obrigatória para todo aquele que se inicia num ramo do saber. Seria inconseqüente negligenciar a produção intelectual dos japonólogos; pelo contrário, devemos valorizá-la, a astúcia está em considerá-los interlocutores privilegiados sem no entanto se deixar levar pelas armadilhas que os envolvem.

Outro aspecto refere-se à literatura **nihonjinron**˙. Trata-se de um conjunto de textos, romances, poesias, análises sociológicas, escritos de *marketing* cujo intuito é discutir a japonidade. A preocupação central desse tipo de trabalho gira em torno da questão nacional e da identidade nipônica. Apesar da diversidade das abordagens e das respostas formuladas pelos autores, é possível divisar um corpo coerente de premissas que articulam as diferentes perspectivas. Assume-se, primeiro, que o Japão constituiria uma sociedade social e racialmente homogênea cuja essência teria permanecido a mesma ao longo dos séculos[22]. Decorre desse postulado que a cultura japonesa seria radicalmente distinta de todas as outras, sua identidade demarcando de forma indiscutível a excepcionalidade de um povo[23]. As raízes do pensamento **nihonjinron** são antigas, podem ser encontradas nos séculos XVII e XVIII com o surgimento da escola **kokugaku**˙ ("Aprendizado Nacional"). Neste momento, um grupo de intelectuais se insurge contra o formalismo confucionista e, valorizando o estudo do passado, rompe com a tradição vigente. A vida no antigo Japão torna-se matéria de reflexão e de inspiração de um saber autóctone. A leitura do *Kojiki*˙, e por conseguinte a redescoberta do xintoísmo, permite que o Japão se afirme enquanto entidade autônoma em relação ao estrangeiro. Não se pode esquecer que na história japonesa a China

---

[21] E. Said, *Orientalismo*, São Paulo, Cia. das Letras, 1990.
˙ Nihon: nome dado pelos japoneses às ilhas onde vivem. O termo é antigo e encontra-se ligado à epopéia dos mitos xintoístas que narram a origem do povo japonês.
[22] A arqueologia desempenhou um papel fundamental na elaboração do mito da homogeneidade racial japonesa. Ver F. Ikawa-Smith, "L'idéologie de l'homogénéité culturelle dans l'archéologie préhistorique japonaise", Anthropologie et Sociétés, vol. 14, nº 3, 1990; C. Fawcet, "Archeology and Japanese identity" in D. Dennon (ed.), *Multicultural Japan*, Cambridge, Cambridge University Press, 1996.
[23] Para uma crítica do pensamento nihonjinron, ver Peter Dale, *The Myth of Japanese Uniqueness*, Londres, Routledge, 1988.
˙ Kokugaku significa "estudos clássicos japoneses". No entanto, progressivamente a idéia de "clássico" acaba se confundindo com a de "nação". A escola kokugaku passa então a ser conhecida como "Escola do Aprendizado Nacional".
˙ *Kojiki* (712 d.C.): utilizando os caracteres chineses, foi o primeiro livro publicado no Japão. Nele encontram-se relatados os mitos fundamentais do xintoísmo.

é simultaneamente fonte de reverência e presença incômoda. Seria o país um prolongamento do império celestial, expressão de uma sabedoria milenar, ou teria ele capacidade de absorção e de assimilação do que vinha de fora? Como o período histórico, isto é, o advento da cidade, de uma sociedade de classes, de uma administração centralizada (século VI), se faz sob a égide chinesa (introdução dos ideogramas, do budismo, do direito), a existência de um "ser" japonês é incerta desde o início. Os historiadores procuram demonstrar que o Japão sempre possuiu uma dinâmica própria, sendo capaz de reorientar os valores e as contribuições de outros povos. Foi dessa forma que a escrita chinesa se transformou no silabário **kana** e que a literatura cortesã conseguiu criar um gênero romanesco próprio[24]. Para a corrente nativista esta discussão não é meramente acadêmica, ela se reveste de um valor estratégico. Durante os séculos XVII e XVIII, a polêmica sobre a validade dos textos confucionistas e dos ensinamentos dos sábios chineses tinha um objetivo claro: desvalorizá-los diante da supremacia de um conhecimento autóctone. O xintoísmo, cuja encarnação máxima se encontrava na figura do imperador, se apresentava como configuração ritualizada da ontologia nipônica. A reinterpretação letrada da mitologia **shinto** é uma tentativa de transpor as crenças mágico-religiosas do período Yamato (anterior ao século VI) para um plano superior ao budismo e ao confucionismo, ambos considerados traços estranhos ao gênio japonês. O nativismo (creio que o termo nacionalismo, correntemente empregado pela literatura anglo-saxônica, é de certa forma impróprio) terá no entanto uma inclinação mais filológica do que propriamente política. Durante a era Tokugawa (1603-1867), o confucionismo é a ideologia oficial dos governantes, cabendo à escola **kokugaku** um papel secundário. Será apenas na primeira metade do século XIX, com Hirata Atsutane, que o nativismo irá radicalizar-se, deitando os germes de uma consciência nacionalista. Nesse momento a situação do Japão é outra em face da ameaça de uma invasão estrangeira, concretizada pela imposição dos tratados diplomáticos desiguais, o "outro" deixa de ser a China[25]. Os "bárbaros" trazem agora com eles a técnica, o capitalismo, os armamentos, a indústria e a dominação imperialista.

A Revolução Meiji (1868) redefine a relação entre o autóctone e o alienígena. Nos primeiros anos que a ela se seguem o país ainda buscava os

---

[24] Um texto exemplar desse tipo de literatura é *Genji Monogatari*, escrito por uma cortesã (Murasaki Shikibu) no século X, durante o período da sociedade de corte.
[25] Entre 1840 e 1868, o país vive uma crise constante, com as fronteiras sendo continuamente ameaçadas pela presença russa, inglesa e norte-americana. Ver W.G. Beasley, "The foreign threat and the opening of the ports", *The Cambridge History of Japan: the Nineteenth Century*, vol. 5, Cambridge, Cambridge University Press, 1989.

seus rumos. Esse estado de indefinição das coisas permitia que idéias e opiniões discordantes florescessem no seio da sociedade. A presença ocidental fazia sentir-se não apenas nas tentativas de organizar o aparato produtivo, os transportes e a burocracia estatal, mas também era palpável na vida política, na existência de movimentos pelos direitos civis e nas reformas educacionais de inspiração franco-republicanas. A voga ocidentalizante estende-se ainda aos costumes, atinge a vida cotidiana de setores da população, transformando a maneira de se vestir e de se comportar em público. No entanto, no final dos anos 80 delineia-se uma forte reação a essas mudanças julgadas excessivas. A fase de experimentos se encerra e a afirmação nacional se faz em torno da unidade inquestionável do imperador e da valorização da tradição. Kenneth Pyle considera que 1890 é uma espécie de divisor de águas na história japonesa: neste momento, o conservantismo político se funde ao culturalismo nacionalista, marcando de forma decisiva o debate sobre a japonidade[26]. A filosofia **kokugaku** será retomada segundo as conveniências e os desafios da época. Mas os parâmetros da discussão eram outros, pois desde a vitória na guerra sino-japonesa (1894-1895) o prestígio chinês se havia eclipsado. Também o destino do país já não era mais o mesmo, os sonhos de conquista seduziam a elite dominante. A invasão da Coréia, ainda no século XIX, e a guerra com a Rússia (1904-1905) prenunciavam a nova fase imperialista. O incentivo dado à indústria bélica foi certamente uma das maneiras encontradas para fazer a guerra e modernizar o país. Os economistas são unânimes em dizer que a fabricação de armamentos cumpre uma dupla função: militar e catalisadora da indústria pesada[27]. Por outro lado, a busca de novos mercados, seja como fornecedores de matéria-prima, seja como consumidores de produtos manufaturados, estava na base da política expansionista. Existiam ainda motivações de natureza política. O fim da sociedade feudal desestruturou a vida de um grande contingente de samurais; um grupo de guerreiros profissionais viu-se assim marginalizado, despossuído de suas regalias hereditárias. Fonte permanente de afrontamentos, ameaçando a estabilidade do governo (revolta de Satsuma, 1877), a guerra foi uma das soluções encontradas para galvanizar o descontentamento latente. A partir de 1920, a ascensão do militarismo impulsiona o império japonês para uma esfera de dominação territorial cada vez mais abrangente. Entre 1931 e 1945 uma parte considerável do Pacífico está nas mãos do poder nipônico. Da Birmânia ao sul da China, da atual Indonésia às Aleutas,

---

[26] D.B. Pyle, "Meiji conservantism" in *The Cambridge History of Japan: the Nineteenth Century,* op. cit.
[27] G.C. Allen, *Breve Historia Económica del Japón Moderno,* Madri, Technos, 1980.

os interesses militares e econômicos se impõem. O debate sobre a identidade segue os passos da política e da economia. O filósofo Nishida Kitaro dizia que para encontrar a verdade era preciso "simplesmente seguir a via que leva às coisas". Os céus preconizavam, no entanto, uma moralidade bem distinta dos tempos Tokugawa; já não bastava ao Japão se confinar a seu isolamento geográfico, caberia a ele a missão de edificar uma Ásia oriental[28]. Só assim sua cultura, caracterizada até então pela "verticalidade", isto é, pela restrição aos limites de uma ilha, poderia se "espacializar". A auto-identidade japonesa, coesa em torno do culto ao imperador, encontrava um sólido argumento ideológico para se extravasar.

A modernidade traz ainda um dilema. Em que medida ela não seria sinônimo de ocidentalização? A mudança não estaria comprometendo o âmago do "ser" japonês[29]? Desde a Revolução Meiji os intelectuais buscavam harmonizar os interesses antagônicos entre modernidade e tradição. O movimento de "japonização", reação aos exageros da ocidentalização, não podia, no entanto, reabilitar o tradicionalismo anterior. Industrialização, urbanização, migração do campo para a cidade, fim do regime estamental, monetarização da economia eram fatos irreversíveis. A solução encontrada foi uma espécie de compromisso fundado na dicotomia entre a alma e o corpo, polaridade até então inexistente na cultura tradicional religiosa (os estudiosos nos lembram que chineses e japoneses sempre ignoraram a oposição entre sagrado e profano*). O corpo, isto é, o arcabouço externo da sociedade, em princípio diria respeito apenas à sua organização e às inovações técnicas. Essas eram vistas como benéficas e essenciais ao progresso material. Um exemplo emblemático da avidez pelo conhecimento ocidental foi a missão diplomática Iwakura (1871-1873) cujo objetivo, ao percorrer diversos países (Estados Unidos, Inglaterra, França, Alemanha etc.), era colher informações detalhadas sobre assuntos variados: exército, polícia, transportes, ciência, educação, correio etc. A intenção era trazer para o Japão elementos que pudessem ser úteis na elaboração de uma política de modernização[30]. A alma teria seu refúgio assegurado no recôndito da natureza nipônica, permanecendo ilesa, intacta à degradação material. Por isso, nas primeiras décadas do século XX as idéias alemãs têm

---

[28] N. Kitaro, *La Culture Japonaise en Question*, Paris, Publication des Orientalistes de France, 1991.
[29] Ver T. Najita, "Japanese revolt against the West: political and cultural criticism in the twentieth century" in *The Cambridge History of Japan: the Twentieth Century*, vol. 6, Cambridge, Cambridge University Press, 1988.
* Lembro aqui o argumento clássico de Marcel Granet em sua crítica às categorias de sagrado/profano, direita/esquerda elaboradas pela escola durkheimiana. "Right and left in China" in R. Needham (ed.), *Right and Left: Essays on Dual Symbolic Classification*, Chicago, Chicago University Press, 1973.
[30] E. Soviak, "On nature of western progress: the journal of the Iwakura embassy" in D.H. Shively (ed.), *Tradition and Modernization in Japanese Culture*, Princeton, Princeton University Press, 1990.

um grande apelo entre os intelectuais japoneses. O romantismo dos anos 30 quer restaurar a confiança na cultura nacional quando ela se encontrava ameaçada pela engrenagem da modernidade[31]. Literatura e poesia buscam "captar a alma do povo", antídoto necessário à ocidentalização iminente. Os conceitos de *kultur* e de "civilização" têm nesse contexto um papel fundamental. Para o pensamento alemão, "civilização" significa força material, progresso técnico, racionalidade, esfera que se encontraria separada, e muitas vezes em contradição, com o universo da *kultur*, na qual predominariam os ideais de uma cultura autêntica. A *kultur*, *locus* privilegiado da realização do homem, seria o núcleo no qual se aninharia a vida espiritual. Os intelectuais japoneses, ao se apropriar desses conceitos, conseguem elaborar um diagnóstico plausível dos problemas que enfrentam. Um exemplo: o debate sobre a "superação da modernidade" ocorrido em plena guerra. Deixando-se de lado a dimensão propriamente política do evento, o que não é sempre fácil (um dos participantes afirma: "O eixo germano-ítalo-japonês nada mais é do que um novo ideal ante a decadência da cultura ocidental"), a questão central é a modernidade. Em que medida ela não seria um entrave à vida espiritual? Shimomura Torataro responde: "Ultrapassar a modernidade é primeiramente nos opor à Europa. Para tentarmos encontrar uma nova solução no seio da modernidade européia é preciso distinguir nossa posição da posição européia. Mas temos de reconhecer que a modernidade é, no entanto, parte integrante de nós mesmos. Pelo menos parcialmente, ela é constitutiva do que nos tornamos ao fim de 75 anos de modernização. Mas por que, tanto no Japão quanto na Europa, sentimos a necessidade de ultrapassar a modernidade? A resposta é sempre a mesma: porque a cultura moderna se degradou em civilização mecânica, maquinal, exterior ao que verdadeiramente faz o homem, seu saber interior"[32]. A crítica é semelhante à de muitos autores europeus. Mas a especificidade japonesa permite imaginar a solução do impasse em termos distintos. Industrialismo e técnica não são apenas "valores burgueses", eles se confundem com a modernidade, considerada uma dimensão intrínseca ao mundo ocidental. A *kultur* japonesa pode, assim, demarcar sua especificidade em relação à "civilização técnica", resguardando ainda sua integridade "oriental". A alternativa à mecanização do espírito passaria, portanto, pela revalorização da tradição.

---

[31] K. Doak, "Ethnic nacionalism and romanticism in early twentieth century Japan", Journal of Japanese Studies, vol. 22, nº 1, 1996; T. Morris-Susuki, "The invention and reinvention of Japanese culture", The Journal of Asian Studies, vol. 54, nº 3, agosto de 1995.

[32] A citação encontra-se no resumo do colóquio sobre a "superação da modernidade" organizado por Toru Araki, "Le colloque maudit — dépassement de la modernité", Ebisu, nº 6, julho-setembro de 1994, p. 82. Sobre o mesmo tema, ver H.D. Harootunian, "Visible discourse/invisible ideologies" in M. Miyoshi, H.D. Harootuniam (ed.), *Postmodernism and Japan*, Durham, Duke University, 1989.

A literatura **nihonjinron** se modifica ao término da II Guerra Mundial. A derrota do Japão e a ocupação americana (1945-1952) terão um impacto em todo o país. Como já não mais havia condições efetivas para a disseminação de um pensamento expansionista, as explicações anteriores perdem consistência. Importava compreender o país na sua "essência", desvinculando-o, porém, da aventura imperialista. As novas interpretações ganharão ainda em "cientificidade", a influência alemã sendo ofuscada pelas análises elaboradas nas universidades americanas. No fluxo da retomada da identidade nacional, o culturalismo surge como um artefato conceitual importante. Referindo-se ao momento do pós-guerra, Paul Akamatsu afirma: "O surgimento dos **nihonjinron** durante esse período de desânimo pode ser considerado a retomada da consciência nacio- nal. Se é impossível datar o primeiro **nihonjinron**, é razoável atribuir um papel determinante à difusão da obra de Ruth Benedict *O Crisântemo e a Espada*, traduzida em 1948 para o japonês"[33]. Pode parecer estranho que um texto elaborado por uma estrangeira venha a sobressair entre os estudos sobre a consciência nacional, sobretudo conhecendo as condições em que Ruth Benedict escreveu seu livro[34]. Mas Akamatsu completa seu racio- cínio: "A procura de um modelo cultural (*pattern of culture*) do Japão seduziu os jovens japoneses, despertando a idéia de que esse tipo de pesquisa deveria ser realizado pelos próprios japoneses em vez de ser deixado nas mãos dos cientistas estrangeiros"[35]. Não era o conteúdo que interessava, mas o método utilizado pela autora. Cabe lembrar que nos anos 40 a antropologia culturalista desloca as técnicas de estudo das sociedades primitivas para a análise da sociedade complexa. Cada cultura seria constituída por uma unidade vital, um "padrão" diferenciado, totalidade que envolveria a todos, determinando até mesmo a personalidade dos indivíduos (tema caro à escola, à cultura e à personalidade). É dentro desse quadro que surge a noção de "caráter". Por exemplo, Ruth Benedict diz que os zuni, indígenas do sudoeste americano, teriam um caráter apolíneo, isto é, um comportamento contido, cauteloso, cuja tendência seria eliminar os excessos da vida social. Também Margaret Mead se refere ao caráter estrutural dos habitantes do arquipélago de Samoa. Neste sentido, a identidade de uma cultura se

---

[33] P. Akamatsu, "Histoire et nihonjinron" in J. Cobbi, *Pratiques et Représentations Sociales des Japonais*, Paris, L'Harmattan, 1993, p. 25.
[34] *O Crisântemo e a Espada*, um texto bastante etnocêntrico, foi escrito como um relatório para o Departamento de Estado norte-americano durante a guerra. Seu objetivo era esclarecer as autoridades sobre certos traços da personalidade japonesa, auxiliando-as a derrotar o inimigo. Ver P. Kent, "Ruth's Benedict original wartime study of the Japanese", International Journal of Japanese Studies, nº 3, outubro de 1994.
[35] P. Akamatsu, op. cit., p. 26.

configura na idéia de "caráter", este é o fundamento teórico que inspira a reflexão sobre o caráter nacional[36]. Postula-se que a cultura seria um todo integrado no caso das sociedades complexas, seu contorno coincidindo com os limites físicos da nação. O culturalismo continha um instrumental analítico que atendia perfeitamente às expectativas japonesas[37]. Em contrapartida, ele conferia aos escritos sobre a nacionalidade uma credibilidade científica da qual não desfrutavam anteriormente.

O esforço coletivo em pensar a japonidade criou uma mitologia cuja abrangência envolve múltiplas dimensões da vida social. A cultura nipônica passa a ser vista como algo excepcional e unívoco, uma configuração social exclusiva, radicalmente distinta das sociedades ocidentais ou de qualquer outro povo asiático. Num pedaço de terra abençoado pela deusa Amaterasu, teria surgido uma sociedade harmônica e equilibrada, isenta de conflitos e de contradições. Harmonia que se desdobraria em diferentes níveis da realidade. Um exemplo: a relação entre homem e natureza. São vários os textos que sublinham o equilíbrio dessa interação. "O sentimento pela natureza, que simpaticamente no coração do povo japonês contribui para o amor da ordem e da vida comunal, deve-se em parte à influência da terra, do clima e da antiga ocupação do solo de uma civilização agrícola... O clima ameno, a variedade de paisagens, a rica flora e produtos do mar, a notável ausência de animais predadores, tudo isso combinado contribuiu bastante para desenvolver uma disposição amorosa e dócil, assim como a habilidade para estabelecer a ordem e manter a solidariedade"[38]. Amor ecológico que se associaria à idéia de ordem social. Essa visão implausível se trata, no fundo, de uma ideologia, decorre sobretudo da leitura dos textos antigos, poesia, literatura, escritos zen, pressupondo a existência de um vínculo ontológico religando o homem e a natureza. Em princípio, os japoneses teriam a capacidade inata para com ela interagir de forma inteiramente complementar. Contrariamente ao homem "ocidental", cujo propósito seria conquistá-la, submetê-la à sua vontade, ele preferiria preservá-la, convivendo com sua presença espontânea e exuberante (como se Meiji não tivesse sido responsável por uma drástica revolução industrial!). Outro exemplo: a política. Para diversos autores, o

---

[36] Consultar M. Mead, "The study of national character" in D. Lerner, H.D. Lasswell (ed.), *The Policy Sciences*, Stanford, Stanford University Press, 1951; G. Gorer, "National character: theory and practice" in M. Mead, R. Métraux (ed.), *The Study of Culture at Distance*, Chicago, Chicago University Press, 1953.
[37] O culturalismo predomina também entre muitos japonólogos de tradição norte-americana. Associado ao behaviorismo ele influenciou inúmeros trabalhos que buscavam decifrar o "comportamento japonês". Ver, entre outros, T.S. Lebra, *Japanese Patterns of Behavior*, Honolulu, University of Hawaii Press, 1976; T.S. Lebra e W. Lebra (ed.), *Japanese Culture and Behavior*, op. cit.
[38] Citação in P.J. Asquith, A. Kalland, *Japanese Images of Nature*, Londres, Curzon, 1997, p. 5.

Japão seria uma sociedade "sem classes" na qual diferentes grupos sociais, a família, o Estado, as grandes firmas complementariam uns aos outros. O todo seria o resultado de uma articulação harmônica e saudável. Chie Nakane não hesita em dizer: "As sociedades em que as distinções de classe são menos desenvolvidas oferecem aos homens mais oportunidades para o sucesso e para a livre competição do que as sociedades de classe ou de casta. Geralmente, no Japão, a habilidade pessoal e o desempenho contam muito mais do que as origens familiares"[39]. Já não se trata apenas de diferença, a sociedade japonesa seria mais democrática do que as outras. Sua organicidade, sendo de outra natureza, eliminaria inclusive o conflito de classes e de interesses. Estado, família e trabalho constituiriam os pilares da organização social. O conceito de harmonia se aplica ainda à família. Neste âmbito, a relação **oyabun-kobun** asseguraria o respeito à hierarquia entre pais e filhos, marido e mulher, envolvendo os membros de uma unidade doméstica num tipo de "solidariedade orgânica" que em muito nos lembra Durkheim. Os preceitos confucionistas de piedade filial se realizariam sem constrangimentos ou antagonismos. O consenso e a ordem prevaleceriam, visão que resvala para a ideologia, distorcendo a compreensão do passado (lutas entre senhores feudais, perseguição à heresia católica, aniquilação dos templos budistas no período de unificação do país etc.) e do presente, existência de um Japão moderno, diferenciado, pleno de contradições.

A divulgação dos textos **nihonjinron** alimenta e consolida as impressões do senso comum. Com razão Kosaku Yoshino os considera uma espécie de "sociologia popular"[40]. As interpretações propostas não se restringem ao campo das ciências sociais, elas o extravasam captando a imaginação do grande público. Os livros são publicados em grande tiragem, alguns deles são *best-sellers*, difundindo entre as pessoas um conhecimento ilusório, mas convincente. Eles conferem, para falar como Gramsci, solidez às crenças populares, particularmente entre os executivos das grandes empresas, ávidos consumidores desse tipo de literatura. Isso não se faz ao acaso. A firma tornou-se a metáfora por excelência da japonidade no mundo contemporâneo, ela aliaria modernidade e tradição, inovação e permanência. Sua presença expressaria o sucesso tecnológico e empresarial do Japão, sem abrir mão do que seria uma "tradição milenar". Por isso proliferam as explicações como as de Yasusuke Murakami, de que o mundo empresarial seria não apenas uma continuidade em relação ao passado, mas a realização

---

[39] C. Nakane, *Japanese Society*, Berkeley, University of California Press, 1970, p. 104.
[40] K. Yoshino, *Cultural Nationalism in Contemporary Japan*, op. cit.

plena da essência japonesa. Cito o autor: "Vimos que o atual sistema de gestão japonês é uma clara variante da organização **ie**... É certo que a firma moderna não é tão autônoma quanto a organização samurai, faltam-lhe as funções judiciais e militares, assim como a função de produtora dos alimentos. Contudo, comparada com o que seria equivalente em outras sociedades, a gestão japonesa é única quando tende a envolver não apenas as funções produtivas em si, mas também outras funções necessárias para a vida cotidiana de seus membros: moradia, educação, lazer, seguro-saúde, bens de consumo etc. A homogeneidade dentro da firma é um objetivo conscientemente perseguido"[41]. Como o **ie** é uma organização tipicamente japonesa (retomarei este ponto no próximo capítulo), justifica-se assim o emprego vitalício, a senioridade dos salários, a criatividade técnica, como se essas qualidades fossem realmente um prolongamento de virtudes imemoriais. Sabemos, no entanto, que as ciências sociais se desenvolvem num diálogo constante com a sociedade; neste sentido elas não são imunes ao debate ideológico. A questão nacional atravessa a todo momento sua reflexão, contribuindo para a constituição de um outro tipo de senso comum, agora universitário, igualmente petrificado como o da "cultura popular". Isso fica explícito em instituições acadêmicas do tipo Kokugakuin University, onde de maneira sistemática e "científica" se estudam os princípios ontológicos da japonidade. Aí se compreende e se milita pela restauração de uma identidade étnica compatível com a "verdadeira" cultura japonesa. Por outro lado, o debate sobre a identidade nacional tem implicações políticas imediatas, favorecendo a manutenção do *status quo* e a autoridade dos grupos dominantes. O Estado, ao se tornar o principal foro de definição da japonidade, preconiza uma ideologia de manutenção da ordem que afasta toda mudança como um desvio em relação ao "verdadeiro" destino nipônico. Distinguir entre o autóctone e o alienígena não é meramente um exercício de autonomia, trata-se também de uma estratégia que busca manter o "outro" distante de questões relevantes. Como observam Yoshio Sugimoto e Ross Mouer, o discurso **nihonjinron** desempenha um papel importante na tática utilizada pelo Estado e pela elite em suas negociações com o mundo exterior. "Se os japoneses são vistos pelos estrangeiros como seres inescrutáveis e se o modo de decisão japonês é encarado como um processo singular impossível de ser compreendido pelos que

---

[41] Y. Murakami, "Ie society as a pattern of civilization", The Journal of Japanese Studies, vol. 10, nº 2, 1984, p. 356. O texto provocou um debate entre os especialistas. Para as críticas e a resposta do autor, ver The Journal of Japanese Studies, vol. 11, nº 1 e nº 2, 1985.

estão de fora; se a doutrina do relativismo cultural é utilizada para defender a maneira própria de fazer as coisas, então uma barreira tremenda se ergue no caminho do entendimento que teria o estrangeiro em relação ao envolvimento e às atividades dos japoneses. Cria-se uma mística na qual o Japão se encontra envolto. Nessa névoa espessa, fica fácil para os japoneses se contrapor aos negociadores estrangeiros"[42]. Na verdade, apenas recentemente é que este modelo interpretativo, cujas implicações atingem as ciências sociais como um todo, passa a ser contestado de maneira mais conseqüente. Os anos 80 vêem surgir um conjunto de estudos que reorientam o campo da japonologia[43]. As críticas podem algumas vezes parecer imprecisas e insatisfatórias, muitas têm uma certa tendência a reproduzir o debate sobre a pós-modernidade tal como ele foi desenvolvido nos Estados Unidos, sem se perguntar sobre a pertinência da discussão quando aplicada ao Japão. Mas elas têm o mérito de romper com uma visão idílica em que a harmonia, a ordem e a consciência nacional prevaleceriam como elementos centrais da explicação sociológica[44]. Os trabalhos afastam-se, assim, de um Japão culturalmente homogêneo, coeso e sem conflitos, abrindo-se a perspectiva para a compreensão de sua diversidade e complexidade.

---

[42] Y. Sugimoto e R. Mouer, *Images of Japanese Society*, Londres, Routledge & Kegan Paul, 1986, p. 388.
[43] Para um um balanço bibliográfico, ver R. Goodman, "Sociology of Japanese state, the state of Japanese sociology: a review of the 1980s", Japan Forum, vol. 2, n° 2, 1990.
[44] Ver J. Maher (alii, ed.), *Diversity in Japanese Culture and Language*, Londres, Kegan Paul International, 1995; D. Denoon (alii, ed.), *Multicultural Japan*, op. cit.

Insularidade, Modernidade, Fronteiras

Inicio minha reflexão com uma longa citação de Michio Morishima. No primeiro parágrafo do capítulo I de seu livro *Por que o Japão Teve Êxito?*, sugestivamente traduzido para o francês sob o título *Capitalismo e Confucionismo*, ele escreve: "Até a Revolução Meiji, durante toda sua história, o Japão sofreu a influência da cultura chinesa. Este estímulo cultural se fez diretamente a partir da China ou por intermédio da Coréia. Colocando essa cultura de importação nos moldes de sua própria herança cultural, adaptando--a às condições locais, o Japão foi capaz de empreender e de alcançar um processo de desenvolvimento único em seu gênero. Apesar disso, o enorme fosso cultural existente entre os dois países não foi preenchido, o que levou o Japão a passar por diferentes fases de importação, de "digestão" e de transformação da cultura chinesa, no sentido de fazer progredir seu próprio nível de conhecimento e de civilização. Inútil dizer que após Meiji um processo de trocas similar ocorreu entre o Japão e os países ocidentais, o Japão colocando à sua disposição a ciência e a tecnologia ocidental importadas para desenvolver sua cultura e sua economia"[1]. A passagem pode ser interpretada de duas maneiras. A primeira, de inspiração weberiana, sublinha o interesse em se compreender o vínculo entre economia e ética religiosa, essa é a preocupação central do autor. Morishima quer definir a natureza do capitalismo articulando-o a um dado específico da cultura japonesa: o confucionismo. Ciência e tecnologia, "importados" do Ocidente, teriam encontrado no Japão um terreno fértil para se desenvolver. Sua tese, em princípio, não é nova, porque já nos anos 50 Robert Bellah havia orientado seus trabalhos na mesma direção[2]. Ao estudar a sociedade Tokugawa, ele procurava entender certos traços da vida religiosa que pudessem ser aproximados da esfera econômica.

---

[1] M. Morishima, *Capitalisme et Confucianisme*, Paris, Flammarion, 1987, op. cit., pp. 41-42.
[2] R. Bellah, *Tokugawa Religion: the Cultural Roots of Modern Japan*, Londres, The Free Press, 1985.

A proposta é sugestiva e problemática. Sugestiva na medida em que vincula a ação econômica à esfera cultural deixando de compreendê-la apenas como uma orientação utilitária, conduta voltada exclusivamente para o mercado. Tema familiar aos economistas, o mercado é geralmente visto como uma unidade autônoma, autocentrada, cujo funcionamento seria inteiramente independente das injunções políticas e culturais. Mas também problemática, pois a relação entre economia e ética religiosa está longe de ser imediata. No caso do confucionismo, as coisas se complicam quando se sabe que ele predomina em diversos países do leste asiático — China, Coréia, Vietnã —, sem que necessariamente, em nenhum desses lugares, tenha incentivado um comportamento de tipo capitalista[3]. Pelo contrário, algumas vezes ele foi um obstáculo tenaz à modernização industrial. A rigor, a relação entre economia e ética religiosa não varia apenas com as particularidades de cada país, porque a cada momento de sua história a religião possui papel e significado diferentes. O caso da China é esclarecedor. Sua tradição filosófica nasce no século IV a.C. tendo sido codificada pelos discípulos de Confúcio (551-479 a.C.) ao longo dos anos. O ensinamento religioso, condensado em aforismos sobre diferentes aspectos da vida material e espiritual (ver *Os Analectos*), se restringia, porém, ao horizonte de uma escola. O caminho da sabedoria exigia do fiel disciplina e fidelidade ao mestre. A unidade do grupo, nos diz Marcel Granet, o aproximava de uma seita ou de uma corporação, cada uma delas cultivando um estilo de conduta (na escola de Tseu, um boné redondo e sapatos quadrados identificavam os adeptos; na de Mozi, os tamancos e os tecidos grosseiros)[4]. Com Mêncio (371-289 a.C.), o confucionismo ganha em organicidade, reforçando uma dimensão que lhe era inerente mas até então não possuía uma coerência teórica. Sua proposta de um "governo pela beneficência" idealmente funda o elo entre o príncipe e seus súditos, legitimando a autoridade e o mando das famílias aristocráticas. Os debates teológicos se restringem ao âmbito de cada escola, e não se pode esquecer que o confucionismo é uma entre várias delas. É somente com a unificação do Estado chinês (221 a.C.) que seu destino se modifica. O declínio do feudalismo exige que um elemento de consenso legitime a dominação do governo central, e caberá à ortodoxia religiosa justificar sua existência. O sábio e o príncipe se encontram, a autoridade real é definitivamente concebida como uma manifestação da vontade divina[5]. Mesmo assim,

---

[3] Ver Tu Wei-Ming (ed.), *Confucian Traditions in East Asian Modernity*, Cambridge, Harvard University Press, 1996.
[4] M. Granet, *O Pensamento Chinês*, Rio de Janeiro, Contraponto, 1997.
[5] A relação entre o letrado chinês e o Estado é muito bem trabalhada por Weber em seu livro *The Religion of China*, Nova York, The Free Press, 1964.

seria incorreto dizer que a China dessa época se tenha transformado numa sociedade confucionista. As constantes disputas com o taoísmo e o budismo confirmam esse fato. Há ainda uma diferença entre ser uma ideologia de Estado e efetivar sua disseminação enquanto crença popular. Jacques Gernet observa que é apenas a partir do século XI que isso acontece[6]. Até esse momento o confucionismo não tinha conquistado na sociedade chinesa a importância que virá a adquirir com a dinastia dos Song. Existem razões para isso. Gernet compara a China do século XI à Europa ocidental dos séculos XVI-XVII. Esse é o momento em que a difusão da escrita e a educação das camadas superiores culminam com uma profunda transformação das mentalidades da classe dirigente. Um discurso religioso torna-se ideário social, adquirindo uma materialidade e uma extensão que nos permitem tratá-lo como um fenômeno sociológico abrangente.

Algo semelhante se passa no Japão. Até a época Tokugawa o confucionismo desfrutava de uma posição secundária diante das outras escolas de pensamento. Na corte Heian (794-1185) o budismo era o centro das atenções, intimamente ligado à classe dominante. Os sacerdotes aprendiam nos templos como ler em chinês as escrituras traduzidas do sânscrito, eram especialistas em engenharia, arquitetura, medicina e realizavam cerimônias e preces demandadas pelos cortesãos. As transformações ocorridas na China dos Song irão repercutir imediatamente na sociedade japonesa. Há no século XII todo um movimento cultural introduzindo no Japão a caligrafia, a pintura, a literatura, a cerimônia do chá, o desenho e a jardinagem. No caudal dessas inovações vêm a renovação do budismo e o florescimento das práticas zen. Não obstante, o neoconfucionismo de Chu Hsi, responsável na China pela revigoramento religioso, irá confinar-se no Japão aos monastérios zen. Será necessário esperar alguns séculos para que ele venha a ocupar um lugar de destaque, sua ascensão é fruto de mudanças muito específicas. Entre 1336 e 1573 o Japão vive um período turbulento de rivalidades e guerras entre os senhores feudais. O feudalismo pulveriza a autoridade do sistema militar (**bakufu**), impedindo que ela se exerça em escala mais abrangente. Cada **daimyo** (senhor feudal) é dono de suas terras, de seu exército, de seus súditos, ocupando-se ainda da administração da riqueza. As guerras de unificação do país modificam esse quadro de descentralização do poder. A dinastia Tokugawa, após a vitória das armas, coloca em funcionamento um novo sistema de organização social fundamentado na estrita separação dos

---

[6] J. Gernet, "À propos des influences de la tradition confucéenne sur la société chinoise" in Y. Mizoguchi e L. Vandermeersh (ed.), *Confucianisme et Sociétés Asiatiques*, Paris, L'Harmattan, 1991.

estamentos sociais: samurai, camponês, artesão, comerciante. Esta divisão hierárquica, decorrente de uma idealização das relações harmônicas entre o céu e a terra, justifica a ordem social, prescrevendo ainda um ideal que encoraja o samurai a servir como funcionário civil. O confucionismo desempenha um papel vital na constituição de uma sociedade guerreira. Recorro neste ponto a uma observação de Masao Maruyama: "Para que o senhor pudesse assegurar sua dominação sobre um grande número de guerreiros, impunha-se a existência de um código ético que ultrapassasse o quadro do simples vínculo pessoal. Coube ao confucionismo, graças à sua moral fundada nas relações de mestre e servidor, oportunamente superar este vazio"[7]. Permanece, no entanto, a distância entre classe letrada e classes populares. É somente a partir do século XVII, graças ao trabalho de reinterpretação dos textos sagrados feita pela "Escola do Antigo Aprendizado", que o confucionismo irá difundir-se entre as camadas mais baixas da população. Ele se torna então uma ideologia popular.

Esse é o tema que interessa a Morishima. Partilhadas pelo conjunto dos japoneses, sobretudo pelos trabalhadores, frugalidade e submissão à autoridade, pilares da doutrina confucionista, são virtudes que favoreceriam o dinamismo capitalista. Como o protestantismo para Weber, a ética religiosa teria implicações na vida econômica. Diligência no trabalho e abnegação às orientações industrialistas seriam elementos endógenos que explicariam o sucesso do capitalismo nipônico. A tese, como a de Weber (Braudel nunca a levou demasiadamente a sério), é evidentemente discutível. Seria realmente plausível considerar a cultura a dimensão que "em última instância" explicaria o êxito econômico japonês? Nada mais duvidoso. O desenvolvimento da esfera econômica se deve a um conjunto de fatores: mudança das relações de trabalho, papel do Estado na política industrial, situação da política internacional (por exemplo, a Guerra Fria beneficia o Japão) etc. Dentro desse contexto a inclinação cultural religiosa é certamente relevante, sem porém excluir, como pondera Bernard Bernier, outras dimensões igualmente importantes[8].

Uma outra interpretação da passagem anterior é, no entanto, possível. Neste caso, sublinho os termos "cultura de importação", "digestão", capacidade em assimilar os elementos "importados" do exterior. A citação sugere

---

[7] M. Maruyama, *Essais sur l'Historie de la Pensée Politique au Japon*, Paris, PUF-Orientales, 1996, p. 37. Consultar também P. Nosco (ed.), *Confucianism and Tokugawa Culture*, Princeton, Princeton University Press, 1984.
[8] B. Bernier, "Révisionnisme, japonisme, culturalisme: comment expliquer le succès économique japonais?", Anthropologie et Sociétés, vol. 14, nº 3, 1990. No mesmo número da revista, uma visão mais propriamente antropológica sobre a relação entre economia e cultura pode ser encontrada em R. Smith, "Le concept de culture dans l'analyse du dévelopment économique au Japon".

ainda que teriam existido no Japão duas situações historicamente distintas, mas estruturalmente análogas. A China e o Ocidente, respectivamente nos séculos VI e XIX, seriam centros cuja influência teria definitivamente marcado a cultura japonesa. Entretanto, os elementos exógenos introduzidos no país teriam se adaptado às condições existentes. Ideograma chinês, budismo, cerimônia do chá, forma de governo, ciência, tecnologia, trabalho seriam traços socioculturais nativizados, ressemantizados em solo japonês. Esta não é uma perspectiva exclusiva de um único autor. Ela predomina nas diversas visões da história japonesa. Por isso Eisenstadt pode falar em "civilização japonesa", isto é, numa unidade cultural com a propriedade de se reproduzir autonomamente ao longo dos séculos. Civilização que se definiria por meio de uma estrutura e de um conteúdo matricial. Para o autor, o Japão teria conseguido, até os dias de hoje, se adaptar às diversas circunstâncias históricas segundo sua própria maneira de ser[9]. Retomo da literatura disponível um outro exemplo. Num desses livros publicados pelos órgãos oficiais do governo, lemos: "Embora seja um produto da herança cultural do Oriente, a cultura japonesa é notada, não obstante, por sua singularidade. Se alguém tentasse caracterizá-la em poucas palavras, poderia dizer que ela revela uma preferência pela graça interna em oposição ao esplendor externo... O senso de beleza característico do japonês, quando expresso em conceitos como **miyabi** (elegância refinada), **mono no aware** (*pathos* da natureza), **wabi** (gosto tranqüilo) e **sabi** (simplicidade elegante), sugere um mundo de harmonia emocional e estética. A característica cultural japonesa que temos hoje é o resultado de uma série de encontros entre a cultura japonesa tradicional e as culturas estrangeiras, através dos quais as últimas foram importadas, absorvidas e misturadas harmoniosamente à primeira... Em vez de rejeitar as últimas, o japonês preferiu ajustá-las à sua própria estrutura estética, adaptando-as freqüentemente, de modo bastante criativo, às necessidades nacionais"[10]. Não resta dúvida, a citação destila toda uma ideologia **nihonjinron**, harmonia e equilíbrio caracterizariam a "verdade" da identidade nipônica. Quero, porém, ressaltar que a idéia de singularidade se realiza por meio de um movimento de constante absorção e filtragem das influências estrangeiras. Em princípio, elas teriam sido "deglutidas" (para utilizar uma expressão de Oswald de Andrade) segundo uma lógica intrínseca à cultura indígena.

---

[9] S.N. Eisenstadt, *Japanese Civilization,* Chicago, The University of Chicago Press, 1995. Cito o autor: "Até agora, seguindo o próprio caminho, o Japão foi capaz de se adaptar às mudanças... O futuro dirá não se ele mudará, mas em qual direção essas mudanças serão feitas" (p. 445).
[10] Y. Tazawa (alii), *História Cultural do Japão,* Ministério dos Negócios Estrangeiros do Japão, 1980, p. 1.

Singularidade, autóctone, estrangeiro. Gostaria de explorar melhor esses termos. Entretanto, como o assunto nos encaminha para um terreno ideologicamente minado, deixo claro ao leitor que não compartilho as premissas que orientam o debate sobre a japonidade. Elas reiteram não apenas uma visão essencialista da cultura como constituem o substrato de uma ideologia nacionalista no mínimo preocupante. Peter Dale tem razão quando fala da existência de um mito da unicidade nipônica[11]. Mas, apesar de sua importância, este não é o aspecto que me interessa diretamente. Trata-se de uma dimensão já trabalhada por diversos autores. Minha leitura se encaminha noutra direção, ela deliberadamente privilegia a problemática do espaço. É isso que me permitirá vinculá-la ao tema da globalização.

*
* *

É freqüente, na narrativa da história japonesa, a utilização da metáfora da "ilha", espaço físico e simbólico no interior do qual se desenvolveria uma cultura singular. Pedaço de terra destacado do continente, separado pela distância e pelas condições inóspitas de navegação, o Japão teria em grande medida permanecido ao abrigo dos influxos alheios. Um manual de história, quando analisa a relação entre o Japão e o Ocidente, faz a seguinte afirmação: "A história moderna do Japão é a história de um país imerso num ambiente internacional. O ativo desenvolvimento entre o Japão e o mundo ocidental, que começou em 1850, foi tão importante, para ambos os lados, que qualquer consideração sobre o lugar do Japão na ordem mundial deve tomar essa data como ponto de partida para a compreensão de sua história recente. No entanto, as distâncias geográficas contribuíram no passado para minimizar os contatos até mesmo com os países vizinhos. O legado do isolamento permaneceu fundamentalmente importante. A sociedade japonesa desenvolveu traços particulares em que um profundo sentido de singularidade, separação e isolamento se tornou elemento central"[12]. Reischauer retoma o mesmo argumento. Apesar de considerar o Japão "filho da civilização chinesa", ele acrescenta em seguida: "O fator geográfico imprimiu sua marca na história japonesa: o isolamento. Mesmo se a técnica aboliu as distâncias e permitiu ao Japão tomar lugar entre as potências mundiais, as barreiras da língua e da cultura continuaram a ser obstáculos consideráveis para a comunicação com o mundo

---

[11] P. Dale, *The Myth of Japanese Uniqueness*, op. cit.
[12] J.E. Hunter, *The Emergence of Modern Japan: an Introductory History Since 1853*, Londres, Longman, 1989, p. 15.

exterior"[13]. Também Irokawa Daikichi, na introdução de seu livro *A Cultura do Período Meiji*, adverte o leitor: "O Japão é um país peculiar... Apesar de sua localização, a algumas centenas de milhas da costa da China, a maior e a mais antiga cultura da Ásia, o Japão nunca, durante 2 mil anos de história, foi incorporado dentro de seu império; constantemente manteve sua independência nacional preservando sua cultura distinta"[14].

Os exemplos poderiam ser multiplicados. A metáfora da "ilha" sugere isolamento, sentimento que se revigora quando se sabe que o Japão praticamente não conheceu invasões de outros povos. A presença dos mongóis durante o século XIII foi efêmera, reduzindo-se a uma fracassada expedição de conquista. O encontro com o Ocidente frustrou-se com o fechamento dos portos (1639-1859). Durante a era Tokugawa as trocas comerciais restringiam-se ao porto de Nagasaki, onde uma pequena representação holandesa tinha permissão para realizar seus negócios. Mas a idéia de isolamento nos dá uma falsa impressão dos acontecimentos. Ela nos induz a pensar o Japão como uma unidade geográfica que sempre soube "resistir" aos impactos vindo de fora. O que é enganoso. George Samson nos recorda que o "fechamento" em relação à China derivava em boa parte dos dilemas chineses. Preocupada com suas fronteiras continentais, freqüentemente ameaçadas pelos seus vizinhos, a China tinha, de fato, pouca disposição em dominar o Japão[15]. Algo semelhante se passa em relação ao mundo ocidental. O poderio dos impérios europeus — Inglaterra, França, Espanha, Portugal — é certamente efetivo quando considerado do ponto de vista do continente americano. Estados Unidos, América portuguesa e espanhola são extensões dos projetos metropolitanos. Deslocando, porém, nosso olhar para a realidade do mundo asiático, é necessário pontuar as limitações impostas à expansão ocidental. Durante os séculos XVI, XVII e XVIII, apesar do desenvolvimento do capitalismo comercial, uma parte substantiva do mundo asiático ainda se encontrava fora do *world system*. A China imperial continuava sendo um país fechado em si mesmo. Jean Chesnaux afirma que entre 1820 e 1830 as relações entre Ocidente e Oriente atingem um nível nitidamente mais baixo do que nos séculos anteriores[16]. No plano comercial há

---

[13] E.O. Reischauer, *Histoire du Japon et des Japonais*, Paris, Seuil, 1973, pp. 19-20. Ainda sobre a noção de insularidade como argumento na história japonesa, ver P. Pelletier, "La création du complexe insulaire japonais" in *Japon Pluriel 2*, Actes du deuxième colloque de la société française des études japonaises, Paris, Ed. Philippe Picquier, 1998.
[14] I. Daikichi, *The Culture of Meiji Period*, Princeton, Princeton University Press, 1985, p. 3.
[15] G. Samson, *The Western World and Japan*, Nova York, Knopt, 1950. Sobre o fechamento da China em relação ao comércio ocidental, particularmente inglês, consultar A. Peyrefitte, *L'Empire Immobile ou le Choc des Mondes*, Paris, Fayard, 1989.
[16] J. Chesnaux, *A Ásia Oriental nos Séculos XIX e XX*, São Paulo, Pioneira, 1976.

retrocessos, pois na China as missões inglesas fracassam e na Indochina a Companhia das Índias Orientais tem pouco êxito em seus empreendimentos. As grandes descobertas marítimas nos levam algumas vezes a um entendimento simplificado do poderio ocidental. John Wills nos recorda, porém, que o comércio marítimo era um espaço de concorrência acirrada[17]. No mundo árabe, até o declínio das rotas terrestres, o que ocorre no século XVIII por problemas internos ao Império Otomano, o comércio muçulmano na área do Oceano Índico era altamente competitivo em relação ao europeu. Em todos os lugares, com exceção da Indonésia, os europeus controlavam apenas enclaves e tinham ainda de ajustar sua ambição às normas dos governos asiáticos. Neste sentido, a política de restrição comercial inaugurada pela dinastia Tokugawa foi possível na medida em que o Japão era um país periférico à economia-mundo capitalista. Até o século XIX, a Rússia ainda não havia completado sua expansão em direção ao leste asiático, os Estados Unidos não haviam ocupado o Oeste americano, e a Inglaterra possuía outros interesses coloniais mais imediatos (seu objetivo principal era o mercado chinês). De certa forma, foi essa posição secundária que protegeu o Japão do contato com os "bárbaros". Situação que se reverte inteiramente com o êxito da Revolução Industrial[18]. As novas condições econômicas e tecnológicas dão à política expansionista ocidental uma base concreta de atuação. O capitalismo industrial deixa pouca liberdade aos desígnios do xogunato, e a partir de 1840 torna-se impossível ao Japão manter o equilíbrio anterior. A assinatura dos "tratados desiguais" foi a forma encontrada de se inserir subalternamente no contexto da ordem internacional. Por outro lado, a força da metáfora não nos deve iludir. A rigor, o Japão nunca foi uma comunidade isolada. A presença de um fluxo de trabalhadores chineses especializados, sacerdotes, artesãos, mecânicos foi sempre uma constante em sua história. É bom ter claro que até o século XVI a sociedade chinesa detinha um conhecimento tecnológico capaz de rivalizar com o mundo ocidental; daí provinham os maiores estímulos para o desenvolvimento técnico japonês[19]. Mesmo o contato com o Ocidente, apesar de controlado, se fazia regularmente por meio dos navios holandeses. No século XVIII, a censura em relação aos

---

[17] J. Wills, "European consumption and Asian production in the seventeenth and eighteenth centuries" in J. Bruwer e R. Porter (ed.), *Consumption and the World of Goods*, Londres, Routledge, 1993.
[18] Carlo Cippola argumenta que o predomínio europeu na Ásia se limitava à costa marítima. A conquista e o controle de vastos territórios no interior do continente se realizam mais tarde como subproduto da Revolução Industrial. Ver *Canhões e Velas na Primeira Fase da Expansão Européia: 1440-1700,* Lisboa, Gradiva, 1989.
[19] Ver o clássico livro de Joseph Needham, *The Great Titration: Science and Society in East and West,* Londres, George Allen & Unwin Ltd., 1969. Sobre o Japão: T. Morris-Susuki, *The Technological Transformation of Japan,* Cambridge, Cambridge University Press, 1994.

livros ocidentais traduzidos para o chinês foi levantada, e o xogunato começa a incentivar o estudo da língua holandesa. Em Nagasaki havia um grupo de intérpretes que importava livros e traduzia para o japonês o que mais lhe interessava (navegação, astrologia, medicina etc.). Foi assim que as primeiras obras científicas européias se tornaram conhecidas[20].

No entanto, mesmo relativizando o dado do isolamento, a noção de insularidade é interessante. Ela nos permite falar de uma territorialidade definida a partir dos interesses internos ao universo japonês. Neste sentido, a insularidade pode ser vista como um espaço que se constitui a partir de uma centralidade endógena. A oposição entre "nós" e "eles", autóctone e estrangeiro, é algo que se exprime com toda a clareza. O conceito de "japonização" articula justamente essas dimensões antitéticas. Um exemplo: o budismo. Enquanto permaneceu unicamente vinculado à aristocracia, a ascendência chinesa foi preponderante. No período Kamakura (1180-1336), quando na forma zen se difunde entre os samurais e, nas classes populares, se vincula às crenças mágicas, ele se transforma radicalmente. Introduzindo-se entre os samurais, molda-se à uma ética guerreira em que a disciplina e o controle da mente se tornam essenciais; mesclando-se com o xintoísmo, o budismo se populariza, ganhando uma audiência religiosa mais generalizada. Kazuo Ozumi considera o estabelecimento do budismo Kamakura uma espécie de divisor de águas na história japonesa, quando adapta sua complexidade interpretativa às necessidades do homem comum[21]. Japonização que aclimata uma crença religiosa às condições particulares do país. O mesmo ocorre em relação ao confucionismo. Na China, sempre houve uma ênfase na teoria da "natureza humana", com as virtudes morais sendo cultivadas diferencialmente em cada indivíduo. O sistema de exames, utilizado no recrutamento dos funcionários estatais, valorizava justamente esse aspecto da educação pessoal. Os quadros mais competentes eram selecionados em detrimento dos demais. O confucionismo estimulava, portanto, o desenvolvimento individual. Ser recrutado como funcionário era um mérito, a recompensa colhida pelos esforços empreendidos durante anos de uma labuta incessante. No Japão, os ideais religiosos deviam ser contemporizados com as exigências mundanas. A sociedade estamental, organizada segundo a hereditariedade, dava apenas aos descendentes de samurais o direito de exercer cargos administrativos.

---

[20] Ver D. Keene, *The Japanese Discovery of Europe: 1720-1830,* Stanford, Stanford University Press, 1969.
[21] K. Ozumi, "Budism in the Kamakura period" in *The Cambridge History of Japan: Medieval Japan,* vol. 3, Cambridge, Cambridge University Press, 1990.

A posição de casta falava mais alto do que as qualidades laboriosamente adquiridas com o estudo. Como mostra brilhantemente Masao Maruyama em seus *Ensaios sobre o Pensamento Político no Japão*, o modelo de reflexão neoconfucionista teve de evoluir numa direção distinta, integrando elementos que inexistiam na sociedade chinesa[22].

Uma outra maneira de tratar o tema da centralidade e da japonização é considerarmos a nação como unidade espacial de referência. As questões colocadas a partir da discussão anterior se repõem, embora adquiram neste caso um novo sentido. Mas o que entender por nação japonesa? Para evitar mal-entendidos, é bom explicitar a diferença conceitual entre nação e Estado. Sobretudo quando se trata da história japonesa, na qual a tentação **nihonjinron** nos ronda a todo instante. Tomo um exemplo de Reischauer. Logo no início de seu livro *Japão: História de uma Nação*, ele afirma: "O isolamento cultural e o caráter distintivo de sua cultura e de sua língua fizeram com que os japoneses estivessem conscientes de suas diferenças. De certo modo isso foi uma vantagem em um mundo moderno de nações-Estado, pois não tiveram de enfrentar nenhum problema de identidade nacional. É certo que o Japão constitui o que poderia ser a mais perfeita nação-Estado: unidade geográfica perfeitamente delimitada contendo quase todos os elementos de um povo de cultura e língua distintas"[23]. O enunciado pressupõe que a nação japonesa, uma unidade geográfica, lingüística e étnica, seria uma realidade desde os tempos mais antigos. Isso é possível desde que, através de um *tour de force* conceitual, a identifiquemos ao período Yamato, momento em que surge o Estado no Japão. Por isso, o capítulo que se dedica a compreender as guerras de unificação do país (século XVI) se intitula "O restabelecimento da unidade nacional". Tudo se passa como se a nação em germe, um fato do século VI, tivesse sofrido um acidente de percurso durante o período do feudalismo. A fragmentação feudal, ao esfacelar o poder central, anunciaria, porém, no futuro próximo, a sua restauração. Reischauer não se dá conta de que a categoria "nação" se aplica mal às épocas passadas. Como diria Renan, unidade geográfica, étnica e lingüística não são características suficientes para defini-la enquanto tal[24]. A nação pressupõe um movimento de integração, uma "consciência coletiva" que envolve os habitantes de um determinado território. Ou, como nos propõe Marcel Mauss, ela é uma unidade moral, mental e cultural dos habitantes que aderem

---

[22] M. Maruyama, *Essais sur la Pensée Politique au Japon*, op. cit.; ver, ainda, H. Watanabe, "Différences entre les histoires du confucianisme en Chine et au Japon" in *Confucianisme et Sociétés Asiatiques*, op. cit.
[23] E.O. Reischauer, *Japon: Historia de una Nación*, Cidade do México, Fondo de Cultura Econômica, 1985, p. 19.
[24] E. Renan, *Qu'est-ce que une Nation?*, Paris, Presses Pocket, 1992.

conscientemente ao Estado e às suas leis[25]. Diferentemente do Estado, no qual a coesão se estabelece por meio da força e da coerção administrativa, a nação se funda em vínculos sociais de outra natureza. Neste sentido, não há "nação" japonesa antes da Revolução Meiji; para falarmos como Hobsbawm, ela é uma "novidade histórica"[26].

A nação é na verdade um tipo inteiramente novo de organização social. Gellner tem o mérito de sublinhar esse aspecto quando compara as sociedades agrárias às sociedades industriais[27]. As primeiras são formações sociais segmentadas marcadas por uma rígida separação das classes e dos poderes. Há um abismo entre a elite dominante e as outras camadas sociais, comerciantes, artesãos, camponeses. Cabe ao Estado coletar os impostos, manter a paz e exercer a violência quando isso lhe convém. A dominação é aberta e sem maiores subterfúgios. A elite, aristocrática ou militar, vive num circuito culturalmente restrito, praticamente isolada do resto da população. Em contrapartida, os grupos subalternos encontram-se enraizados em suas culturas locais, encerrando-se na especificidade de seus costumes e crenças. Trata-se, portanto, de uma sociedade hierarquizada e heterogênea, composta de vários "universos" articulados entre si. A sociedade industrial rompe os limites desses "mundos". A complexidade da divisão de trabalho exige que os indivíduos circulem constantemente, deixando pouca margem para a existência de espaços fechados. A mobilidade torna-se um fator determinante. Por isso, a cultura já não pode mais reproduzir os padrões tradicionais, deve possuir um grau de integração capaz de envolver o conjunto dos membros da sociedade. A nação cumpre este papel. Expressão da modernidade, ela representa a totalidade que integra os indivíduos, grupos e classes sociais no seio de uma mesma "comunidade".

Creio ser possível recorrer às teses de Gellner para entender o caso que nos interessa. O Japão da era Tokugawa é, de fato, uma sociedade compartimentada. No plano político, a unificação do país estava longe de ser um exemplo de centralização[28]. Cada **daimyo** era senhor de seu próprio **han**, domínio territorial ao qual se vinculavam cidades, terras, guerreiros, lavradores etc. O poder provincial tinha uma relativa autonomia. Do outro lado da cadeia de mando encontrava-se o **bakufu**, o governo militar. O sistema de

---

[25] M. Mauss, "La nation" in *Oeuvres*, tomo 3, Paris, Minuit, 1969.
[26] E. Hobsbawm, "A nação como novidade: da revolução ao liberalismo" in *Nações e Nacionalismo desde 1780*, Rio de Janeiro, Paz e Terra, 1991.
[27] E. Gellner, *Naciones y Nacionalismo*, Cidade do México, Alianza Editorial, 1991.
[28] Ver C. Totman, *Politics in the Tokugawa Bakufu: 1600-1843*, Berkeley, University of California Press, 1988; S. Oishi, "The Bakuhan system" in C. Nakane (ed.), *Tokugawa Japan: the Social and Economic Antecedents of Modern Japan*, Tóquio, Tokyo University Press, 1991.

organização política era composto da articulação entre o **bakufu** e o **han** (os historiadores o denominam **bakuhan**), o que faz com que o exercício do poder fosse um constante esforço de equilíbrio entre as partes. Uma das formas de controlar as atividades dos **daimyo** era pelo sistema de "alternância da moradia". Esta prática consistia na obrigação de cada senhor residir em Edo (futura Tóquio, sede do **bakufu**) um em cada dois anos. Não obstante, sua família permanecia na capital como réfem dos militares. O xogunato também não possuía o monopólio da força, pois cada chefe provincial era comandante de seu exército privado. O Estado Tokugawa pouco tem do Estado absolutista descrito por Norbert Elias[29]. As exigências de centralização administrativa, militar e política encontravam-se sempre contrapostas aos interesses paroquiais. A compartimentalização da sociedade se traduzia ainda nas divisões estamentais. Cada classe estava separada das outras, cada segmento era uma unidade de ofício, de *status* e de ocupação. O samurai era guerreiro e funcionário, dedicava-se às armas e ao estudo, sendo-lhe vedadas a posse da terra e as atividades comerciais. O camponês vivia enclausurado em sua aldeia, sua principal função era plantar, colher e pagar regularmente as taxas cobradas pelo governo. Os comerciantes eram os únicos que podiam auferir lucro de suas transações comerciais, mas, apesar da riqueza que conseguiam acumular, de acordo com a moralidade vigente pertenciam à camada mais baixa da sociedade. A ordem era mantida por meio de uma rígida hierarquia e de uma controlada divisão de tarefas. A própria indumentária revelava essa diversidade de "mundos". As ordenações vestimentárias da casa militar regulavam de maneira estrita o uso das roupas. A classe e a posição de cada indivíduo definiam a cor, o corte e o tipo de modelo apropriado a seu *status*. Não era permitido aos camponeses usar tecidos de seda, as cores que lhes convinham tinham sempre uma tonalidade opaca. Como no Antigo Regime francês, a vestimenta estava sujeita a uma codificação austera ordenando de maneira clara as relações estatutárias.* Até mesmo na corte a sutileza das cores demarcava as posições dos grupos e das pessoas. "O **hakama**, roupa cerimonial do imperador em exercício, tinha mangas compridas e era adornado com doze figuras emblemáticas. Sua indumentária cotidiana era

---

[29] N. Elias, *O Processo Civilizador*, vol. 2, Rio de Janeiro, Zahar, 1993. Para uma discussão sobre o Estado no Japão, ver J.P. Arnason, "State formation in Japan and West", Theorie Culture & Society, vol. 13, nº 3, 1996.
* Lembro que após a Revolução Francesa a Convenção revoga todas as restrições vestimentárias consagradas pelo Antigo Regime. O decreto do 8 brumário, ano II (29 de outubro de 1793), diz: "Nenhuma pessoa, de nenhum dos sexos, sob pena de ser considerada e tratada como suspeito e perseguido como perturbadora da ordem pública, poderá obrigar nenhum cidadão ou cidadã a se vestir de uma maneira particular; cada um é livre de usar a roupa ou o acessório que convém a seu sexo". Consultar, P. Perrot, *Les Dessus et les Dessous de la Bourgeoisie*, Paris, Fayard, 1981.

cinza ou amarela, quando o modelo era decorado, e verde, quando o modelo era liso. Por outro lado, o imperador aposentado usava um tecido de seda, chamado **tsurubami**, tingido de vermelho e de uma mistura de cor madeira, ou ainda uma roupa de tom amarelo-licoroso. Os ministros de Estado usavam confecções cor de chá com modelos simples. Os nobres e os lordes da corte podiam usar vestimentas de cores compostas, como púrpura e vermelhão, proibidas para as pessoas comuns. Esse privilégio se estendia aos filhos e netos de ministros de Estado e dos secretários do imperador, que pertenciam ao quinto e ao sexto nível da hierarquia da corte. Para os oficiais e guardas, de quarto nível, a cor apropriada era o chá: para os do quinto nível, o vermelhão sobre o fundo vermelho da roupa; para os do sexto nível, azul-escuro; para as camadas mais baixas da hierarquia, azul-claro"[30]. A visibilidade torna-se critério de distinção, os mínimos detalhes refletiam o destino e os privilégios de cada um. A mobilidade social, cultural e individual era pequena. Um exemplo disso: o mundo rural. Cada aldeia constituía uma unidade autônoma de produção. Sua população, cuidadosamente recenseada pelo poder central, era submetida a um controle severo, sendo praticamente impossível para as pessoas mudar de uma localidade para outra. As gerações de um mesmo tronco familiar estavam circunscritas à sua terra natal, só em casos excepcionais podiam deslocar-se para outro lugar; a aldeia rural constituía um sistema comunal virtualmente fechado[31]. Havia, é claro, alguma movimentação nesse conjunto formado de vasos pouco comunicantes entre si: dos chefes de aldeia à cidade, lugar de moradia dos **daimyo**, e dos camponeses aos templos. Os deslocamentos se faziam, no entanto, sob a estrita vigilância dos poderes. Os viajantes eram obrigados a passar por postos de controle e necessitavam ter uma permissão especial para deixar seus lugares de origem[32]. As peregrinações, atividades sazonais mas importantes, pois mobilizavam um grande número de pessoas, se faziam dentro de um quadro rígido e restrito.

Não se deve imaginar a sociedade Tokugawa como uma comunidade imóvel, imune às mudanças. A idéia de compartimentalização não implica necessariamente a de imobilidade, como se a Ásia fosse a prova viva da tese hegeliana sobre a "ausência da história". Os historiadores têm demonstrado que ao longo dos séculos XVII e XVIII a sociedade japonesa vê emergir um

---

[30] H. Munsterberg, *The Japanese Kimono*, Oxford, Oxford University Press, 1996, pp. 26-27.
[31] Ver T. Sato, "Tokugawa villages and agriculture" in *Tokugawa Japan,* op. cit.
[32] Ver C.N. Vaporis, "The early modern origins of Japanese tourism", Japanese Civilization in Modern World IX, Senri Ethnological Studies, nº 38, 1995; S. Ishimori, "Popularization and commercialization of tourism in early modern Japan", Japanese Civilization in Modern World IV, Senri Ethnological Studies, nº 26, 1989.

conjunto de transformações: surgimento de uma indústria rural, crescimento das trocas comerciais, emergência de centros urbanos (Edo e Osaka), enriquecimento dos comerciantes, empobrecimento dos samurais etc. Elas têm, inclusive, conseqüências na crise política que irá eclodir em meados do século XIX. O Japão anterior a Meiji não é um mundo estático, ele traz em seu bojo um conjunto de contradições. Entretanto, essas contradições encontravam-se confinadas a limites bem precisos. A estabilidade da ordem Tokugawa não era apenas política, ela revela o sentido de uma formação social tradicional. Trata-se de uma sociedade agrícola, 80% da população vivia no campo, cujos recursos tecnológicos e energéticos estavam circunscritos à exploração da natureza. Como nas sociedades européias do Antigo Regime essas limitações restringiam o crescimento econômico e populacional. Do século XVII ao final do século XIX a população japonesa permaneceu praticamente a mesma, algo em torno de 30 milhões de habitantes, dado que os historiadores interpretam como um índice que reforça o grau de estabilidade da sociedade como um todo[33]. Também a composição dos estratos sociais pouco se alterou — 7% de samurais; 85% de camponeses; 6% de artesãos e mercadores; e outros 2%. São essas barreiras que permitiam a existência de "mundos" específicos em seu interior, conjunto composto de elementos heterogêneos, regulamentando de maneira estrita o fluxo entre as partes que o compunham.

Meiji significa modernidade e unidade nacional. A ordem tradicional é desorganizada e em seu lugar surgem arranjos sociais de outra natureza. Não se trata apenas de uma revolução industrial, um profundo movimento de integração rearticula os elementos da sociedade japonesa no seio de uma nova totalidade (por isso Takeo Kuwabara o considera uma "revolução cultural"[34]). Integração econômica, estabelecendo a existência de um mercado e de uma moeda nacional[35]. Integração lingüística, pois o Japão tradicional convivia com diferenças dialetais consideráveis. Durante o período Tokugawa a língua escrita e falada variava consideravelmente nas diversas regiões do país[36]. Havia dois tipos predominantes de japonês falado, **edogodo** (de Edo, capital política) e **kyotogodo** (de Kyoto, capital cultural), variação dialetal à qual se somavam as diferenças lingüísticas entre as classes sociais. A segmentação geográfica e estamental impedia qualquer movimento de unificação. O governo teve de iniciar uma política de padronização lingüística,

---

[33] Ver, entre outros, C. Cippola, *Historia Económica de la Población Mundial*, Barcelona, Grijaldo, 1983.
[34] T. Kuwabara, *Japan and Western Civilization*, Tóquio, University of Tokyo Press, 1983.
[35] Ver T. Hirokichi, "The modernization of Japanese currency system", Acta Asia nº 39, outubro de 1980.
[36] N. Twine, "Standardizing written Japanese: a factor in modernization", Monumenta Nipponica, vol. 43, nº 4, 1988.

pois somente dessa forma poderia envolver o conjunto dos habitantes dentro de uma mesma norma. A integração territorial se deu, primeiro, com o desmantelamento dos domínios senhoriais. A extinção dos estamentos sociais eliminou a ordem dos **han,** base geográfica cujos interesses se encontravam prescritos localmente. O fim da era Tokugawa levou necessariamente a uma redistribuição das terras, vinculando agora cada pedaço de chão à entidade nacional. Segundo, incorporando novos espaços dentro da nação japonesa. Tessa Morris-Susuki nos mostra que nos antigos mapas, inspirados na tradição chinesa, o mundo era representado a partir de um centro (**ka**) em torno do qual um conjunto de círculos (**i**) indicava um afastamento em relação a seu núcleo[37]. Essa perspectiva topográfica **ka-i,** ilustrada nas enciclopédias do século XVIII, mostrava o Japão como um centro circundado por "países estrangeiros" (China, Coréia) em que se escrevia com caracteres chineses e se comia com palitos e, mais distante, pelos "longínquos bárbaros" (Java, Holanda etc.) lugares em que se escrevia de forma horizontal e comia-se com as mãos. Nessa divisão geográfica, as ilhas Ryukyu (futura Okinawa) e o país dos ainos (futura Hokkaido) eram "países estrangeiros". Ryukyu e a terra dos ainos tinham, respectivamente, uma relação de dependência com os domínios de Satsuma e de Matsumae, e não com o governo do **bakufu.** A criação da nação japonesa irá integrá-los em seu interior, processo que se faz em nome dos ideais civilizatórios. O Japão, agora se modernizando, sente-se responsável pela disseminação dos valores industrialistas em suas imediações. Okinawa e Hokkaido, antes lugares remotos, passam a ser vistos como espaços povoados por "selvagens", por pessoas potencialmente "perigosas". Da mesma forma que o Estado francês via com desconfiança seus camponeses, testemunho do passado bárbaro que deveria ser eliminado, uma "classe perigosa" à parte da nação francesa, o Estado japonês legitima sua missão civilizatória conquistando novas terras e integrando-as dentro de sua unidade territorial[38].

A construção da nação japonesa é também uma reinterpretação do passado. Para a historiografia conservadora, Meiji será considerado uma Restauração, e não um tempo de mudanças. Nesta perspectiva, a velha ideologia **kokugaku** desempenha um papel crucial. A "Escola do Aprendizado Nacional" (século XVII) tinha como objetivo principal resgatar os valores "essencialmente" japoneses num momento em que a presença da China lhe parecia

---

[37] T. Morris-Susuki, "A descent into the past: the frontier in the construction of Japanese identity" in *Multicultural Japan,* op. cit.
[38] Ver, por exemplo, o livro de E. Weber, *Peasant's into Frenchmen,* Stanford, Stanford University Press, 1976.

indesejável. A polêmica com os confucionistas tinha várias frentes, sendo uma delas o papel político do imperador. Os nativistas, olhando para a civilização chinesa, diziam que aí várias dinastias haviam se sucedido umas às outras, levando o país à desordem e ao caos. O caso do Japão teria sido diferente, pois desde a época Yamato o povo japonês teria reverenciado com ardor uma única casa dinástica. O imperador seria o descendente legítimo das divindades xintoístas. Ele representaria fielmente os ideais sagrados, daí provindo a força de sua autoridade. Os nativistas recusavam a idéia de um "mandato celeste", maneira pela qual o neoconfucionismo justificava o poder militar. Segundo essa interpretação, isso teria ocorrido por causa da imoralidade e dos excessos ocorridos na corte Heian[39]. A ociosidade e a imoralidade dos nobres haviam se tornado incompatíveis com os preceitos divinos. A "vontade dos céus" teria então transferido o poder da corte para o **bakufu**. O pensamento nativista, ao desconfiar da teoria do "mandato celeste", introduz uma sutil diferença em relação à legitimação do poder. Ele preserva a dicotomia entre o imperador e o xogum, mas inverte o raciocínio anterior: o imperador é a fonte de legitimidade que investe o **bakufu** de poder. Investidura que em princípio poderia, pelo menos teoricamente, ser retirada a qualquer momento. Cabe, no entanto, sublinhar que, apesar das discrepâncias interpretativas, o nativismo não questiona na prática o domínio Tokugawa. Aceita-se sua existência e seu mando. Meiji abre possibilidade para que as lembranças do passado venham a eclodir. A ideologia **kokugaku** será reativada, reelaborada e, em 1870, o governo declara o xintoísmo religião de Estado. A nova autoridade, moderna e industrializante, encontra sua justificativa no pretérito. O imperador, supostamente o descendente direto da divindade Amaterasu, torna-se o elemento unificador da nação. Tudo se passa como se o poder imperial, usurpado pela liderança militar, reemergisse séculos depois. Íntegro, imaculado, intacto.

Como bem aponta Robert Smith, Meiji "cria" outra tradição[40]. O passado, convenientemente lido pela ótica do presente, se apresenta como um *continuum* que teria sempre existido. A memória nacional "inventa", portanto, os seus mitos[41]. Mas o que é um mito? Temos às vezes tendência a pensá-lo pelo lado exclusivamente negativo, atribuindo-lhe uma conotação

---

[39] Na China clássica, o poder de toda dinastia resultava de uma Virtude que passava por momentos de plenitude e declínio. A Virtude real era produto da obediência às ordens celestes, sendo arruinada pela soberba dos tiranos. O mandato celeste era, dessa forma, transferido periodicamente de uma dinastia para outra. Ver M. Granet, *La Civilisation Chinoise*, Paris, Albin Michel, 1994.
[40] R. J. Smith, "The creation of tradition" in *Tradition, Self and the Social Order*, Cambridge, Cambridge University Press, 1986.
[41] Ver C. Gluck, *Japan's Modern Myths: Ideology in the Late Meiji Period*, Princeton, Princeton University Press, 1985.

de falsidade, de distorção da realidade. Em parte, isso é verdadeiro. O mito do imperador, união harmônica da diversidade japonesa, é certamente uma linguagem ideológica com funções precisas: legitimar o novo poder em escala ampliada. Legitimação que oculta as diferenças e os interesses de classe. Contudo, os antropólogos e os historiadores da religião nos lembram que um mito é também uma explicação exemplar, ele orienta as condutas. A história mítica se passa em tempos imemoriais, num passado longínquo. Ela paralisa a história real e, ao descrever um momento pretérito idealizado, vivifica o presente. Mircea Eliade dá uma atenção especial aos mitos de fundação. São explicações que "alicerçam" a origem de um povo, de uma etnia, de uma religião[42]. Mas todo mito de fundação possui um centro, espaço nodal a partir do qual se difunde a narrativa mítica. Sua centralidade "instala" um território, reiterando seu valor cosmogônico. Núcleo que delimita um espaço simbólico, lugar de identidade e de pertencimento. O mito da memória nacional arquitetonicamente projeta uma "planta", explora um "partido", seu centro confere sentido às ações coletivas. Por isso, Halbwachs insiste em dizer que a memória coletiva não diz respeito apenas ao tempo, para existir ela deve necessariamente se espacializar[43]. Sua territorialidade é o lugar da materialização das lembranças. No entanto, como o ato mnemônico passa pelo Estado-nação, este torna-se o princípio ordenador da vida social. Sua centralidade é o eixo de compreensão do mundo, sua fronteira atribui identidade aos grupos, classes sociais e indivíduos, circunscrevendo-os à sua pertinência política, econômica e cultural.

Nesse contexto, o tema da japonização se repõe. Meiji implicou a necessidade de se absorver uma massa de elementos desconhecidos até então. O ritmo da modernização estava diretamente relacionado à capacidade de utilizar determinadas "ferramentas" que pudessem impulsionar o desenvolvimento econômico, tecnológico e social. Dentre elas, encontravam-se aquelas que alguns autores chamam de "revolução organizacional". Alfred Chandler demonstrou que o progresso do capitalismo moderno não se deveu apenas, como pensava Adam Smith, à "mão invisível" do mercado, foi necessário que os administradores o trabalhassem com obstinação e rigor, talhando-o segundo seus objetivos e seus interesses[44]. A emergência da empresa moderna teve de combinar aspectos diversos: ser uma burocracia dividida em unidades operativas e controladas por uma hierarquia de assalariados; criar padrões de consumo

---

[42] Mircea Eliade, *O Sagrado e o Profano*, Lisboa, Livros do Brasil, 1981.
[43] M. Halbwachs, *La Mémoire Collective*, Paris, PUF, 1968.
[44] A. Chandler, *The Visible Hand*, Cambridge, Harvard University Press, 1977.

entre as classes sociais; elaborar procedimentos de organização formal (regulamentação do comportamento no interior da firma, treinamento de pessoal, estocagem de arquivos etc.); vincular produção e vendas às técnicas de publicidade etc. Ela estimulava a produção e a difusão de tecnologias centralizadoras, normalmente disponíveis em espaços que exigiam a coordenação e a manipulação de um grande número de informações e de pessoas: fábricas, sistema postal, telégrafo, ferrovias. Como o Japão era carente dessas tecnologias, devia voltar-se para os países industrializados. "Imitar" o que se encontrava "lá fora" foi a solução encontrada. Neste ponto, o tema da "cópia" se impõe. Seria o Japão um país sem originalidade, um mero imitador das coisas dos outros? Diante da influência estrangeira, teria alguma autonomia para afirmar sua identidade? O que surpreende no caso japonês é a amplitude da importação sistemática e seletiva dessas ferramentas[45]. Da Bélgica vem o modelo do Banco Japonês; da Alemanha o do exército; dos Estados Unidos, o da escola primária, do sistema bancário nacional; da França, o do exército, da escola primária, da polícia civil, da polícia militar, do sistema judiciário; da Grã-Bretanha, o da marinha, do sistema telegráfico, postal e de poupança. Os padrões importados são testados, algumas vezes trocados (o modelo do exército alemão prevalece sobre o francês), para em seguida ser colocados em funcionamento. Este movimento de transferência de "ferramentas" é fundamental para o desenvolvimento do país, contudo ele não deixa de levantar um problema de identidade. Qual seria sua extensão? Não transbordaria ele os horizontes da esfera econômica e organizacional? O lema dos governantes japoneses era "ciência ocidental e moralidade japonesa". Mas estariam os domínios de um e de outro inteiramente assegurados? Numa esfera mais sensível da vida cultural, a indumentária, as mudanças eram visíveis[46]. Já em meados do século XIX o xogunato havia adotado para os soldados os uniformes militares. Meiji irá expandir o raio de ação das roupas ocidentais, disseminando-as entre os carteiros, policiais, empregados de escritórios, escolares. Em 1872, o imperador começa a aparecer em público vestindo-se à ocidental. Em 1884, o ministro de Assuntos Exteriores ordenou a construção do pavilhão Rokumeikan, onde os oficiais e suas esposas se reuniam todas as noites para comemorar e dançar ao estilo estrangeiro. Agora é a vez de a imperatriz abandonar os trajes tradicionais, cedendo aos ditames da moda. Ela chega até mesmo a externar sua opinião na revista feminina *Choya Shinbun*, recomendando às mulheres as novas

---

[45] Ver D.E. Westney, *Imitation and Innovation: the Transfer of Western Organizational Patterns to Meiji Japan*, Cambridge, Harvard University Press, 1987.
[46] K. Hirano, "The westernization of clothes and the state in Meiji Japan" in K. Hirano (ed.), *The State and Cultural Transformation: Perspectives from East Asia*, Tóquio, United Nations University Press, 1993.

técnicas ocidentais de costura⁴⁷. Favorece-se o abandono das vestimentas tradicionais por trajes mais adequados aos "tempos modernos". Os exemplos anteriores, apesar de distintos, não são fortuitos. Nos primeiros anos, Meiji irá idealizar os feitos, os valores e as maneiras de ser da civilização ocidental, a modernidade sendo vivida como um ideário do indivíduo e da sociedade⁴⁸.

Um movimento contrário a essa tendência se esboça sobretudo entre grupos da classe dominante e entre os intelectuais. À ocidentalização desenfreada contrapõem-se a valorização das tradições ancestrais, o espírito de continuidade histórica. Vejamos um documento desse período: "Existem pessoas que, destruindo o trabalho dos antigos governantes, confundem o espírito nacional, ferem a organização da sociedade, minam os fundamentos da moralidade, injuriam o espírito de lealdade e de patriotismo e, o pior de tudo, buscam substituir o espírito de nosso país pelos ensinamentos das nações estrangeiras. Os ensinamentos nacionais formam o espírito de nossa nação. Deles dependem os templos ancestrais e os altares nacionais, a linha e a política imperial, moral e ética. Se a grandeza do império japonês, cuja independência no mar oriental existe por 3 mil anos, sem por um instante curvar sua cabeça ou perder um palmo de seu solo, deve ser mantida pela eternidade, é preciso respeitar escrupulosamente o trabalho dos antigos governantes e desenvolver um espírito nacional coeso, trazer a ordem para a estrutura social, cultivar os fundamentos da moralidade, elevar o espírito de lealdade e de patriotismo"⁴⁹. A passagem tem certamente um sabor exageradamente nacionalista, mas ela exprime bem a atmosfera predominante. Outro autor, queixando-se da orientação imprimida pelo governo à educação popular, afirma: "A corrente de educação de uma pessoa é uma moldagem da civilização ocidental, mas não apenas uma moldagem: para se ter satisfação é preciso que o próprio corpo se transforme num corpo ocidental. Além do mais, atingimos um ponto em que há pessoas que advogam que a mudança do corpo já não é mais suficiente, é preciso que o espírito se transforme em ocidental, assim todas as raças humanas seriam raças ocidentais"⁵⁰. A menção à educação não é casual. De certa forma, é na área educacional que as críticas se concentram. Elemento-chave no processo de

---

⁴⁷ Consultar L. Frédéric, *La Vie Quotidienne ao Japon au Début de l'Ère Moderne: 1868-1912*, Paris, Hachette, 1984.
⁴⁸ Uma forma de perceber esta idealização da modernidade pode ser vista nas exposições promovidas pelo governo japonês. Inspiradas nas exposições universais do século XIX, elas tinham por função disseminar os valores de uma civilização técnica. Ver P.F. Kornicki, "Public display and changing values: early Meiji exhibitions and their precursor", Monumenta Nipponica, vol. 49, nº 2, 1994.
⁴⁹ Citação in D. Shively, "The japanization of middle Meiji" in *Tradition and Modernization in Japanese Culture*, op. cit., p .107.
⁵⁰ Ibid., p. 106.

transformação do país, ela começa a ser questionada por várias correntes de opinião. Na verdade, as autoridades haviam tentado aplicar ao longo dos anos diversos modelos pedagógicos[51]. Em 1872, o sistema escolar foi montado sob a influência francesa, mas a ênfase na educação republicana entrava em confronto com a moralidade confuciana. Tenta-se então o modelo norte-americano, favorecendo-se uma gestão descentralizada do ensino. No entanto, devido a problemas de implantação das escolas em cada região e nas diversas localidades, o número de matrículas cai vertiginosamente e a experiência redunda em fracasso. Em 1885, ocorrem novas mudanças. Desta vez, o modelo prussiano, centralizado e mais conveniente aos objetivos controladores do Estado, é a referência escolhida. Os resultados permanecem insatisfatórios. Os problemas serão superados apenas com a promulgação do Édito para a Educação (1890). Redigido numa linguagem religiosa e metafórica, ele é uma peça ideológica importante e que orienta o modelo educacional japonês para uma configuração nitidamente conservadora:

"Nosso império foi fundado por nossos ancestrais imperiais tendo como fundamento a virtude duradoura firmemente implantada entre nós; sua beleza ilustra como nossos súditos, de geração em geração, estão unidos pela lealdade e pela piedade filial; esta é a glória do caráter fundamental de nosso império e aí jaz a fonte de nossa educação; súditos nossos, sejam filiais com seus parentes, afeiçoados a seus irmãos e irmãs; como maridos e esposas sejam harmônicos, e como amigos, verdadeiros; sejam modestos e moderados; partilhem sua benevolência com todos; engajem-se nos estudos e no cultivo das artes; desenvolvam as faculdades intelectuais e aperfeiçoem os poderes morais; sobretudo, respeitem o bem público e promovam o interesse público; respeitem sempre a Constituição e observem as leis; caso uma emergência aconteça, corajosamente se ofereçam ao Estado; assim será mantida e preservada a prosperidade de nosso império junto com a do céu e a da terra. Não sejam apenas súditos bons e sujeitos de fé, mas entreguem-se ao melhor da ilustrada tradição de seus antepassados"[52].

O texto fala por si. Ele incide diretamente sobre a política pedagógica que se estrutura a partir de então. Por exemplo, os livros didáticos, na sua função de socialização das crianças, exaltam as virtudes caras ao pensamento religioso e ao conformismo político: piedade filial, coragem, lealdade, patriotismo. Como dizia um autor da época: "Creio que nosso país é governado

---

[51] Ver M. Nagai, "Westernization and japanization: the early Meiji transformation of education" in *Tradition and Modernization in Japanese Culture,* op. cit.
[52] "The imperial rescript on education" in T. Horio e S. Platzer (ed.), *Educational Thought and Ideology in Modern Japan,* Tóquio, Tokyo University Press, 1990.

por um imperador que representa 10 mil anos de linhagem. Temos sido súditos do imperador desde o tempo de nossos ancestrais. O imperador, com sua indulgência partidária, com magnificência, ama seus súditos, e seus súditos, herdeiros do espírito de seus antecessores, são completamente leais e justos para com o imperador. O imperador e seus súditos formam um único corpo, lealdade e piedade convergem, é isso que faz nosso país superior aos outros. É importante que todos os japoneses entendam como nossa política é preciosa"[53]. As tentativas educacionais anteriores são portanto abandonadas e as ambigüidades porventura existentes removidas, afirma-se sem subterfúgios a importância da tradição, dos princípios da moralidade confucionista e, sobretudo, a necessidade de todos se unirem em torno da figura do imperador. "Japonização" tem, portanto, uma conotação específica. Não se trata pura e simplesmente de rechaçar os elementos vindos do exterior nem de retomar a tradição tal como ela havia prevalecido no passado. Isso seria insensato. "Japonização" significa: a) selecionar e adaptar as influências ocidentais; b) escolher e direcionar parte da tradição na construção da modernidade. Nos dois casos, a centralidade do Estado-nação é decisiva. Ele é o fórum capaz de dar sentido à "digestão" dos elementos "importados" e de reformular o patrimônio legado pela história. Sua territorialidade se afirma e se constitui nesse processo.

É possível ainda trabalharmos a problemática da territorialidade e da centralidade considerando-se outra dimensão. Refiro-me ao **ie**, quadro no interior do qual se moldam algumas relações sociais específicas à sociedade japonesa. A palavra **ie** tem vários significados: "lar", "família", "residência", "linhagem". Trata-se na verdade de uma unidade de organização social que existia nos diversos estamentos sociais. Sua origem data do século XIII, momento em que o país vivia uma situação de incerteza e de guerras[54]. Para o soldado e o camponês a vida era freqüentemente interrompida pelas batalhas e pelos avatares econômicos. É neste contexto que se desenvolve um conjunto de regras que asseguram a continuidade familiar e a transmissão da herança através do filho mais velho. A primogenitura torna-se um elemento de coesão e de manutenção da unidade doméstica. No entanto, o **ie** não corresponde propriamente à idéia de família, embora de alguma forma ele contemple também as relações familiares. Seus vínculos transbordam os laços de consangüinidade. A propriedade doméstica podia passar apenas

---

[53] Citação in S.H. Yamashita, "Confucianism and the Japanese State, 1904-1945" in *Confucian Traditions in East Asian Modernity*, op. cit., p. 147.
[54] Ver M. Yasusuke, "Ie society as a pattern of civilization", op. cit.

para o filho mais velho. No caso de não existirem filhos, o marido da filha podia ser "adotado", o casal recebendo como espólio a moradia e os negócios domésticos. Quando um casal não tinha filhos, a adoção de alguém de fora da família se fazia necessária. Em princípio, o **ie** era formado de um casal por geração. Os membros não herdeiros deviam deixar a casa após o casamento[55]. Algumas vezes, dois ou mais filhos casados partilhavam com os pais a mesma moradia, mas essa situação era considerada provisória, pois se esperava que em breve eles saíssem para fundar sua própria linhagem. Estamos portanto diante de um conceito que evoca simultaneamente uma dimensão genealógica e econômica. Do ponto de vista genealógico ele preserva a continuidade da família e dos antepassados. Como os filhos mais novos, ao se casar, deviam fundar o seu próprio **ie**, cada nova "casa" tornava-se um ramo de uma "casa principal", núcleo irradiador do processo. O conjunto dessas "casas" era denominado **dozoku**. Uma das formas de assegurar a permanência dos vínculos entre essas unidades diversas era pelo culto dos antepassados, que alimentava a ligação entre os vivos e as futuras gerações. Por isso, cada casa possuía um altar (**butsudan**) onde eram feitas as preces e as oferendas aos espíritos, rememorização constante que atualizava sua presença entre os membros de uma mesma "família". O **ie** constitui ainda uma entidade hierarquizada[56]. As coisas e a vida da casa eram dirigidas por um chefe que eventualmente podia delegar a membros da família algumas de suas funções. O chefe era legalmente responsável por todos os seus subordinados. Dentro da casa eram-lhe atribuídos certos privilégios, como ser servido primeiro durante as refeições ou ter o direito a tomar o primeiro banho. As relações entre os familiares eram ordenadas de acordo com a idade e o sexo: as mulheres e os mais jovens ocupavam uma posição inferior e deviam acatar com benevolência e lealdade, virtudes confucionistas, a "ordem estabelecida". A estrutura social reforça a relação **oyabun-kobun** articulando os preceitos religiosos à obediência e ao respeito aos mais velhos.

Do ponto de vista econômico, o **ie** assegurava a transmissão da propriedade. Por isso, alguns autores o associam à idéia de corporação. Mark Fruin considera que "a idéia de unidade doméstica como uma organização corporativa distinta mas não necessariamente diferente do lar, concebido como um grupo de parentesco, acabou se identificando ao conceito de chefe da empresa doméstica. Neste caso, **ie** e **dozoku** tornaram-se entidades corporativas administradas pelo chefe da unidade doméstica que era nomeado para a empresa

---

[55] Chie Nakane, "Tokugawa Society" in *Tokugawa Japan,* op. cit.
[56] J. Hendry, *Understanding Japanese Society,* Londres, Routledge, 1991.

mais com base no mérito e nas promessas dos negócios do que na descendência. O chefe era usualmente conhecido como «chefe da casa», e sua posição enquanto membro da corporação podia subsistir até mesmo sem a existência real do encarregado dos negócios. Neste sentido, a unidade doméstica era uma ficção legal esperando ser preenchida por um executante capaz de exercer as funções corporativas e principalmente manter a continuidade da genealogia empresarial"[57]. Foi dessa maneira que as famílias dos ricos comerciantes conseguiram perpetuar os seus negócios ao longo dos anos. Família e corporação constituíam nessa época uma unidade. Mas o **ie** tinha ainda outra função importante entre os camponeses: ele enraizava a população na terra, pois cada moradia era um lugar de produção com tarefas específicas em relação ao cultivo, principalmente do arroz. Papel que se reforça quando se sabe que o **ie** de cada família pertencia a uma categoria mais ampla, **dozoku,** no interior da qual se reproduziam as relações hierárquicas e as responsabilidades de cada um. Uma aldeia era, portanto, formada por um conjunto de **ie** e **dozoku** agrupados numa totalidade maior. O vilarejo, unidade agrícola, possuía uma estabilidade produtiva e social, uma vez que a comunidade rural reproduzia em seu interior os laços de solidariedade existentes em cada "família". Uma aldeia era um microcosmo que circunscrevia a produção, o consumo e a vida social de seus membros: assistência mútua nos casamentos e funerais, cooperação no trabalho, na construção e reparação das casas etc. Unidade simbolizada no **ujigami,** o altar da divindade protetora de cada vilarejo[58]. O seu isolamento relativo propiciava ainda o desenvolvimento de um espírito identitário que se fortalecia nas disputas dos direitos pela água e pela terra com as comunidades vizinhas. Reforçavam-se, assim, as amarras existentes entre sua população, conferindo-lhe uma irrefutável sensação de pertencimento coletivo.

    A estrutura **ie** é evidentemente posta em xeque com o processo de industrialização e de urbanização acelerada. Muitas de suas funções tornam-se anacrônicas dentro de um novo quadro de organização social. É possível dizer que o espírito de "comunidade" existente na zona rural ainda persiste por alguns anos, pelo menos até metade do século XX, quando o Japão inicia sua segunda revolução industrial. Mas à medida que a sociedade se torna predominantemente urbana os laços tradicionais se afrouxam. Meiji havia ainda mantido certos costumes consagrados pelo regime jurídico anterior,

---

[57] M. Fruin, "The family as a firm and the firm as a family in Japan", Journal of Family History, vol. 5, nº 4, 1980, pp. 434-435.
[58] Ver T. Fukutake, *The Japanese Social Structure,* Tóquio, University of Tokyo Press, 1982.

preservando desta forma as imunidades da primogenitura masculina. Contudo, durante a Ocupação os americanos impõem aos japoneses uma contundente mudança do código civil. A autoridade inconteste do chefe de família se desfaz, a mulher passa legalmente a ter direitos iguais aos do homem e a partilha da herança deixa de ser prerrogativa do filho mais velho. A família linear pouco a pouco cede lugar a uma família de tipo nuclear. Não obstante, o choque entre modernidade e tradição não se faz exclusivamente em detrimento desta última. Pode-se até mesmo dizer que em certos aspectos, de maneira perversa, a tradição foi um elemento dinâmico no processo de modernização. Um exemplo: a condição da mulher. Dentro da estrutura **ie**, a filha ideal era aquela destinada a se casar fora da família. Mas num sistema masculinamente orientado um número elevado de filhas era inútil à subsistência e à vida familiar. Por isso, com o advento da sociedade urbano-industrial, as mulheres jovens deixavam suas casas para trabalhar na cidade. Sua posição subalterna lhes permitia migrar mais facilmente do que os homens. O Japão é um dos poucos casos conhecidos em que a industrialização se fez predominantemente por intermédio da força feminina de trabalho[59]. Até a década de 20, as mulheres eram mais da metade dos trabalhadores das fábricas, quadro que se altera somente nos anos 30.

A discussão sobre o **ie** é importante quando se sabe que este tipo de organização social irá adaptar-se, metamorfoseando-se, ao contexto da sociedade moderna. Um conjunto de relações sociais pode então se articular preservando alguns aspectos do passado, desde que funcionalmente "corrigidos" pelas exigências do presente. Foi isso que levou diversos autores a considerar o Japão uma sociedade eivada de relações "familialísticas", isto é, de práticas, condutas, expectativas, cujo modelo originário seria o **ie**. Cito Tadashi Fukutake: "Para os japoneses, educados numa atmosfera familialística, o mundo além da família era um mundo turbulento, um **ukiyo**... A única maneira de se conseguir alguma segurança neste **ukiyo** era forjar relações fora da família que de alguma forma fossem também familialísticas. A relação entre pais e filhos, axial na relação familiar, era fortemente marcada por traços de subordinação, e foram esses traços que proliferaram na sociedade japonesa como um todo. A dependência contida na relação **oyabun-kobun,** que ficticiamente recriava as relações familiares, propiciava a sobrevivência das vicissitudes no **ukiyo.** Alguém encontrava sempre alguém mais poderoso que pudesse ser tratado de **oyabun** — literalmente, "aquele que desempenha o papel de pai", e em

---

[59] K. Taira, "Economic development, labor market and industrial relations in Japan:1905-1955" in *The Cambridge History of Japan,* vol. 6, op. cit.

contrapartida o trataria como seu **kobun** — "aquele que desempenha o papel de filho". Este familialismo feudal — pode-se considerá-lo assim, pois tais relações fundiam o status familiar com o status de mestre-servo — continuou a caracterizar a sociedade japonesa durante o mundo moderno: as relações familialísticas persistiram"[60]. Elementos tradicionais são acionados na estruturação de uma nova ordem. Diz Iwao Ishino: "Na virada do século o sistema **oyabun-kobun** tornou-se o meio mais significativo em que as relações sociais eram formadas. Os modernos movimentos políticos e as organizações partidárias eram freqüentemente modelados nessa linha. Organizações de empregadores para recrutar os camponeses para trabalhar nas fábricas, organizações de trabalho, particularmente entre os mineiros, os estivadores, trabalhadores de construção e trabalhadores não especializados, eram tipicamente estruturadas de acordo com o modelo **oyabun-kobun**"[61]. É isso que explica como as grandes empresas puderam estruturar-se de forma tão distinta de suas similares no mundo capitalista. Para muitos trabalhadores, a firma passa a ser vista como um prolongamento do **ie**, unidade orgânica no interior da qual eles deveriam se inserir com disciplina e devoção.

Pode-se, assim, compreender como a noção de grupo é crucial na constituição de determinados traços da sociedade japonesa. Mas o que entender por grupo? De maneira concisa, eu diria: analogamente ao **ie**, trata-se de um tipo de articulação social capaz de produzir uma determinada "ordem". O indivíduo, ao circular de um grupo para outro, agiria de acordo com uma moralidade situacional. Conhecendo a expectativa do que lhe é pedido, ele mudaria de "cara" quando exposto a ambientes distintos. Os japoneses têm inclusive um termo específico para denominar essas "caras": **tatemae**. Tudo se passa como se o indivíduo tivesse de pautar seu comportamento em função das exigências dos grupos aos quais pertence. Teríamos assim um Eu definido situacionalmente, a cada contexto ele desdobraria um aspecto de sua existência. Percebe-se, portanto, como no Japão a discussão sobre a individualidade adquire uma particularidade. Teria o indivíduo a liberdade de escolher seu caminho? Ao se adaptar ao grupo ele não estaria negando sua própria verdade? Quais as implicações dessa maneira de ser na práxis política? Essas questões alimentam um constante debate na literatura de japonólogos e japoneses[62]. Não quero, porém, enveredar nessa direção. Sei que ela é

---

[60] T. Fukutake, *The Japanese Social Structure*, op. cit., pp. 49-50.
[61] I. Ishino, "The Oyabun-Kobun: a Japanese ritual kinship institution", American Anthropologist, vol. 55, 1953, pp. 698-699.
[62] Ver, entre outros, J.V. Koschamann (ed.), *Authority and Individual in Japan*, Tóquio, Tokyo University Press, 1978; E. Ben-Ari e S.N. Eisenstadt (ed.), *Japanese Models of Conflict Resolution*, Londres, Kegan Paul International, 1990.

importante, contudo o fio da argumentação me conduz a explorar outra dimensão do problema. Retomando a idéia de espacialidade, posso dizer que um grupo é um território capaz de delimitar suas próprias fronteiras. Isso significa, como coloca Thomas Rohlen, que na sociedade japonesa "famílias, companhias, religiões, organizações educacionais e fraternais criam aparentemente seu mundo social distinto em que a ordem é aprendida e mantida"[63]. Cada um desses "mundos" tem sua identidade. Esta dimensão da espacialidade dos grupos fica clara nos critérios utilizados por Chie Nakane para defini-los. A autora distingue entre "atributo" e "quadro" dois conceitos que lhe permitem compreender a realidade japonesa. O "atributo" seria algo mais definitivo, como ser membro de uma determinada casta ou ter uma profissão qualquer. O "quadro" seria mais circunstancial, posicionando os "atributos" num determinado lugar. Por exemplo, numa empresa, ser operador ou ser executivo seriam "atributos" diferentes, mas ser "membro da companhia X" definiria o pertencimento de todos a um "quadro" comum. Da mesma maneira, professor é um "atributo", trata-se de uma profissão, porém "ser professor da universidade Y" especifica o "quadro" no qual ele se encontra inserido. Cito a autora: "O quadro pode ser uma localidade, uma instituição ou um tipo particular de relacionamento que amarra um conjunto de indivíduos num grupo; em qualquer caso, ele indica um critério que estabelece uma fronteira e confere ao conjunto de indivíduos uma base que os localiza e os envolve. Na verdade, o termo quadro (*frame* em inglês) é a tradução de **ba,** conceito difícil de encontrar o equivalente exato em inglês. **Ba** significa "localização"... o termo **ba** é também utilizado pelos físicos para denominar campo (*field* em inglês)"[64]. Campo, localização, fronteira. Os termos podem ser intercambiados, mas o sentido principal está claro: eles se referem a territorialidades específicas.

Os limites desses territórios devem, portanto, ser cuidadosamente demarcados. Há para isso maneiras de denominar o que se encontra dentro ou fora de suas fronteiras. **Uchi** (dentro) e **soto** (fora) são conceitos que as crianças aprendem desde a infância. A casa, a família são **uchi,** o que se encontra fora de seu âmbito tem uma conotação negativa, perigosa. Os antropólogos, inspirados nos trabalhos desenvolvidos por Mary Douglas, mostram que o universo da família é associado à noção de "limpeza". Ele seria por natureza "seguro", contrapondo-se à "sujeira" e às adversidades existentes "lá longe"[65]. O que se encontra "dentro" está protegido, fora do alcance dos elementos

---

[63] T. Rohlen, "Order in Japanese society: attachment, authority and routine", Journal of Japanese Studies, vol. 15, nº 1, 1989, p. 11.
[64] C. Nakane, *Japanese Society,* op. cit., p. 1.
[65] Mary Douglas, *Pureza e Perigo,* São Paulo, Perspectiva, 1972.

estranhos existentes no dia-a-dia dos "outros". Esta forma dicotômica de se perceber as coisas é reforçada na escola maternal: aí as crianças são introduzidas à "vida em grupo" e um novo **uchi** se contrapõe ao que se passa em seu exterior. Socialização que se prolonga durante o período escolar. Joy Hendry nos diz a esse respeito: "Os emblemas e os uniformes escolares são usados publicamente em várias ocasiões inteiramente desconectadas da vida escolar: o mundo exterior pode classificar seus membros mais jovens de acordo com suas ocupações apropriadas e com a idade. Muito da responsabilidade em relação às crianças está nas mãos dos professores — qualquer acidente ou incidente envolvendo uma criança deve ser comunicado à escola e aos pais. O mau comportamento, mesmo quando fora do horário escolar, representa um mau comportamento da escola, e os professores gostariam de ser envolvidos em qualquer ação disciplinar que lhes dissesse respeito. Durante os feriados, espera-se ainda que as crianças venham à escola, e várias atividades são pensadas para ocupar seu tempo quando estão ausentes. Muito tempo livre para as crianças é perigoso. Fica então evidente que a escola no Japão é uma influência marcante na constituição da pessoa, e o sistema de classificação já trabalhado pelos pais e pelas escolas maternais providencia uma base para futuras elaborações e desenvolvimentos"[66]. As marcas do "mundo" escolar se projetam para "fora", exercendo sua autoridade em lugares que em princípio deveriam escapar à sua "jurisdição". Pode-se entender **uchi** e **soto** como categorias de classificação do real, elas têm um valor cognitivo e ético, configuram o pensamento e orientam a ação. Esta é a dimensão trabalhada por Durkheim e Mauss quando analisam as representações religiosas dos povos primitivos[67]. Os sistemas classificatórios do pensamento têm sempre uma origem social, reproduzindo as relações historicamente determinadas. Não é por acaso que na obra pedagógica de Durkheim ele se interessa justamente por este aspecto. A escola não tem apenas a função de inculcar nos alunos uma moral, uma ideologia, ela deve ainda moldar as próprias categorias que presidem a interpretação do real. Tais categorias são históricas, o que significa dizer que reproduzem as relações hierarquizadas que estruturam a sociedade. É este o argumento que Bourdieu retoma na sua definição de *habitus*. O *habitus* se realiza por meio de "esquemas generativos": por um lado eles antecedem e orientam a práxis, por outro estão na origem de outros "esquemas generativos" que presidem a apreensão do mundo.

---

[66] J. Hendry, *Understanding Japanese Society*, op. cit., p. 87.
[67] E. Durkheim e M. Mauss, "De quelques formes primitives de classification" in E. Durkheim, *Journal Sociologique*, PUF, 1969.

"O *habitus* adquirido na família está no princípio da estruturação das experiências escolares, o *habitus* transformado pela escola, ele mesmo diversificado, está por sua vez no princípio da estruturação de todas as experiências ulteriores"[68]. A socialização cuidadosa e bem orientada das escolas japonesas prepara "corretamente" a entrada dos indivíduos nos grupos dos quais futuramente farão parte. Por isso, Robert Smith pode afirmar: "O argumento que considera a educação doméstica e escolar como singulares da cultura japonesa está relacionado com a importância dos grupos e o envolvimento de seus membros. A distância entre dentro (**uchi**) e fora (**soto**) é fundamental no Japão contemporâneo. É dentro dessas esferas fechadas da sociedade japonesa que se encontra a mais clara evidência de exclusividade — o que "nós" de nosso grupo conhece e faz é diferente do "eles" que os outros grupos crêem e praticam. Portanto, o novo membro recrutado para um grupo qualquer deve necessariamente controlar os detalhes desta herança única"[69]. A centralidade do grupo define assim um "nós" enraizando-o no solo de um território específico.

*
* *

Insularidade, nação, grupo. Encontramo-nos diante de territorialidades delimitadas a partir de um centro. Cada uma delas configurando uma identidade, uma especificidade envolta pela exterioridade de suas fronteiras. Há sempre um "nós" e um "eles", um "dentro" e um "fora", um "familiar" e um "estranho". Não devemos, porém, imaginar a identidade como algo ontológico, uma substância que "realmente existe". Não há "o" japonês, assim como seria insensato falarmos na materialidade "do" americano ou "do" brasileiro. Uma identidade é sempre uma construção simbólica que se faz em relação a um referente*. Os referentes podem certamente variar, eles são múltiplos: cultura, etnia, nação, cor, gênero. Mas sua existência não deve ser tomada como uma substância, um "ser" ontológico, ela serve apenas como baliza para a definição das territorialidades particulares. Neste sentido, a discussão sobre a autenticidade ou a inautenticidade das identidades é um falso problema. Desde que

---

[68] P. Bourdieu, *Esquisse d'une Théorie de la Pratique*, Genebra, Librairie Droz, 1972, p. 188.
[69] R. Smith "Self and order" in *Japanese Society: Tradition, Self and the Social Order*, op. cit., p. 94.
* Retomo a definição de identidade que venho trabalhando desde meus estudos sobre o Brasil. R. Ortiz, *Cultura Brasileira e Identidade Nacional*, São Paulo, Civilização Brasileira, 1985. Ver também "Modernidade-mundo e identidades" in *Um Outro Território*, op. cit.

convincente, isto é, socialmente plausível, uma identidade é sempre válida, o que não significa que seja "verdadeira" ou "falsa". Dizer que a identidade é uma construção simbólica nos permite ainda indagar sobre os seus artífices, como elas são construídas, a que interesses se vinculam. No caso do Japão, pode-se dizer que até recentemente predominavam os elementos internos no processo de construção das identidades. A "ilha", a "nação" e os "grupos" (família, **ie**, firma) são referentes endógenos com base nos quais uma territorialidade nipônica pode articular-se sem maiores problemas. No entanto, sabendo que o processo de mundialização da cultura redefine a própria noção de espaço, quais seriam suas implicações nas esferas culturais? Diante da desterritorialização e da reterritorialização das relações de produção, das manifestações de uma cultura "internacional-popular", da presença planetarizada de uma modernidade-mundo, qual é o lugar das identidades endógenas?

Até o final dos anos 70, início dos 80, a discussão sobre a japonidade se resumia ao aspecto propriamente centrípeto de sua dimensão. Prevalecia uma certa idealização do "isolamento", a necessidade de se "digerir" a todo custo as influências externas. Com as mudanças pelas quais passa a sociedade japonesa e sobretudo em razão de sua posição no cenário mundial, os parâmetros do debate começam a se modificar. Como observa Michel Richard. "Os anos 80 representam para o Japão o decênio mais importante desde a Revolução Meiji. Com efeito, durante esse período o Japão atingiu um dos objetivos fundamentais de Meiji, a construção de um país moderno capaz de alcançar o Ocidente e rivalizar com ele — as fricções comerciais entre o Japão e os Estados Unidos confirmam essa superação, fazendo com que os japoneses tomassem verdadeiramente consciência de sua potência econômica. É também nos anos 80 que o Japão confronta a necessidade de redefinir seu papel e seu lugar no mundo"[70]. A emergência do país enquanto potência mundial, os dados sobre as trocas comerciais, investimento estrangeiro, ajuda externa, produção tecnológica vão situá-lo num outro patamar[71]. O sucesso econômico, a presença nos países asiáticos, agora parte integrante de seus interesses econômicos e estratégicos, tornam o Japão um pólo regional e mundial importante. Pouco a pouco o tema da internacionalização se impõe. A metáfora da "ilha" cede lugar a um espaço cada vez mais integrado ao contexto internacional.

---

[70] M. Richard, "Le Japon à l'âge de l'internationalisation", Anthropologie et Sociétés, vol. 14, nº 3, 1990, p. 97. Consultar também o capítulo "Internationalization and Japanese society" in Y. Sugimoto e R. Mouer, *Images of Japanese Society*, op. cit.
[71] Consultar C. Higashi e G.P. Lauter, *The Internationalization of the Japanese Economy*, Boston, Kluwer Academic Publishers, 1992.

Não se trata apenas de um fenômeno de natureza econômica. O turismo japonês no exterior, até então incipiente, torna-se uma indústria promissora, levando pessoas de diversas classes sociais a ter um contato mais próximo com as coisas "lá fora". A imigração, embora restrita e controlada rigidamente pelo Estado, traz com ela novos estoques étnicos e culturais — chineses, coreanos, **dekasegui** brasileiros etc. O tema da diversidade cultural se contrapõe à imagem harmônica de um país racialmente homogêneo, isolado em sua geografia insular. A abertura do mercado coloca ainda à disposição do consumidor produtos que inexistiam no mercado interno, difundindo padrões de beleza, gosto e comportamento. Os intelectuais japoneses dizem que este é o momento em que o Japão, integrando-se ao mundo, perde seu "complexo de inferioridade" diante da primazia ocidental. Lembrando que a noção de "complexo de inferioridade" é uma das chaves de compreensão da relação entre colonizador/colonizado na literatura terceiro-mundista, pode-se ter uma idéia das mudanças em curso. Como dizia Franz Fanon, colonizador e colonizado são antinomias que mobilizam elementos excludentes: metrópole/colônia, estrangeiro/autóctone, externo/interno[72]. Dentro dessa perspectiva, a afirmação da niponidade seria uma espécie de "superação", no sentido hegeliano, de uma condição adversa.

A idéia de internacionalização nos remete à noção de forças centrífugas. O Japão já não mais seria um mero receptáculo das influências alheias, sua nova posição mundial implicaria um dinamismo que ultrapassa suas próprias fronteiras. Os elementos internos seriam agora lançados na órbita de outros "mundos". Comida japonesa, revistas em quadrinhos, programas de televisão, moda, televisores, máquinas fotográficas, câmeras de vídeo etc. atestariam este fato. Até mesmo o japonês, considerado até então um idioma restrito, passa a ser compreendido de uma outra forma. Alguns intelectuais dirão que o interesse que atualmente os estrangeiros têm pela língua japonesa indica que o Japão estaria emergindo como um importante centro civilizatório[73]. Diante dos avanços tecnológicos conquistados, ela estaria se transformando numa *língua franca*, um idioma sem fronteiras. Deixo de lado esse otimismo nada ingênuo, pois no fundo destila um ufanismo nacionalista mal disfarçado. Importa entender que a imagem do país se modifica para

---

[72] F. Fanon, *Les Damnés de la Terre*, Paris, Maspero, 1968.
[73] "The globalization of Japanese: a round table", Japan Echo, vol. XVL, 1989. Na discussão em questão fica evidente o nacionalismo exacerbado dos participantes. Um deles dirá: "O centro da civilização está mudando do Atlântico para o Pacífico, por isso está mudando também a importância das várias línguas" (p. 64). Donde se conclui: "O povo japonês deve pensar seriamente no idioma japonês como se tratasse de uma língua franca internacional" (p. 65).

os japoneses e para os que o vêem do exterior. Resumindo: "Nos anos 50, o Japão era conhecido por sua exportação de produtos baratos; nos 60, pelo seu rápido desenvolvimento econômico; nos 70, por sua habilidade em contornar os efeitos da crise do petróleo; nos 80, por seu tipo de gestão administrativa. Na década de 90, a imagem do Japão já não é apenas econômica. Sushi, sashimi e karaokê são agora símbolos tão bons como Honda e Mitsubishi. Eles são parte do fluxo externo da cultura japonesa. As dimensões do Japão fazem com que este fluxo seja inevitável. Assim, torna-se impossível para o país deixar de ser influenciado por outros países, isto é, internacionalizar-se. Ambos os processos vieram para ficar, visto que o Japão não existe no vácuo e está envolto por outros países do mundo"[74]. Interdependência. Esta seria a palavra adequada para descrevermos o mundo contemporâneo (o termo é muito utilizado nos documentos oficiais das autoridades japonesas[75]). Cada país teria seu lugar apropriado no concerto das nações. Caberia ao Japão, em consonância com sua estatura econômica e tecnológica, desempenhar "seu" papel. Ou, como diz Tadao Umesao, a civilização japonesa tinha até então se conformado em ser um instrumento de comunicação cujo aparelho receptor era dotado de uma grande sensibilidade para captar o que se passava em torno. Teria chegado a hora de abandonar esta posição passiva e desenvolver uma atitude ativa de emissor de informação e de cultura[76]. Resta, no entanto, uma dimensão que, apesar das mudanças, permanece intacta: a noção de centro. Michel Richard percebe bem este aspecto quando nos diz que as forças centrífugas do Japão moderno dirigem-se certamente para o exterior, mas com o intuito de reforçar o centro irradiador deste movimento[77]. Postula-se assim a existência de um núcleo da japonidade a partir do qual alguns de seus elementos se desdobrariam para fora. Os tempos mudaram, passa-se de uma fase centrípeta, voltada para a assimilação do que vinha de fora, para outra mais acelerada, agressiva, projetando os traços de niponidade no circuito mundial. Não obstante, o centro encontra-se idêntico a si mesmo. Sua identidade, previamente estabelecida, seria inquestionável.

Essa maneira de tratar a questão é convincente quando se toma como ponto de partida a internacionalização. Mas teria ela a mesma validade

---

[74] B. Edstrom, "Internationalization of Japan – Japanazition of the world", Center for Pacific Asia Studies, Stockholm University, Occasional Paper 21, outubro de 1994, pp. 39-40.
[75] Por exemplo, entre outros, o documento "The global trend toward regional integration", Tóquio, Foreign Press Center, Reference Reading Series 25, 1993.
[76] T. Umesao, *Le Japon à l'Ère Planétaire*, Paris, Publications Orientalistes de France, 1983.
[77] M. Richard, "Le Japon à l'âge de l'Internationalisation", op. cit.

explicativa quando referida à problemática da globalização? De fato, o conceito de internacionalização privilegia a centralidade das culturas e do Estado-nação. O pensamento pressupõe a existência de unidades autônomas interagindo entre si. Este é o caso dos estudos sobre as relações internacionais. Cada país atuaria enquanto entidade específica, sua projeção para "fora" não comprometeria sua "independência" interna, ela seria apenas sua extensão. Dentro desta perspectiva, o mundo seria o resultado do cruzamento das diversas intenções nacionais. A dinâmica internacional derivaria do movimento das partes. O conceito de globalização nos coloca diante de uma compreensão distinta. Quando se fala em sociedade global, modernidade-mundo, mundialização, nos referimos a um fluxo que atravessa as diversas formações sociais existentes. Afirma-se, assim, a existência de um conjunto articulado de relações sociais planetárias. Sua inteligibilidade já não mais decorre da interação entre as partes. Pelo contrário, devemos inverter nossa perspectiva e perguntar como esse conjunto articulado reordena as partes que o compõem. Neste caso, as relações deixam de ser percebidas como sendo "inter" (nacionais, culturais ou civilizatórias) para se constituir como "intra", isto é, estruturais ao movimento da globalização. Os limites dentro/fora, centro/periferia tornam-se insuficientes para o entendimento dessa nova configuração social. Como têm observado diversos autores, o mundo contemporâneo torna-se descentrado[78].

Neste contexto, a idéia da autonomia das diversidades culturais deve ser revista, pois as nações e as culturas já não podem mais coexistir como se fossem espaços bem delimitados. Elas são atravessadas pelo fluxo da modernidade-mundo, sendo redefinidas segundo outros parâmetros. Uma implicação disso pode ser encontrada na literatura de *marketing* escrita por executivos japoneses. Profissionais de uma ideologia neoliberal, eles acreditam que cada país é uma ínfima parte do planeta e que as fronteiras econômicas entre as nações entravariam o "livre" jogo da concorrência[79]. Keinichi Ohmae, um dos ideólogos da transnacionalização dos mercados, pode falar do mito do nacionalismo econômico: "Para a maioria das companhias e dos consumidores, independentemente ou não de estarem no Japão, na América do Norte ou na Europa, as fronteiras nacionais tornaram-se irrelevantes. Os conflitos e fricções entre os níveis nacionais podem ser sérios, mas são insignificantes no nível microeconômico em que os consumidores compram e as companhias vendem. Os americanos estão orgulhosos em comprar *walkman*

---

[78] Ver O. Ianni, *Teorias da Globalização*, Rio de Janeiro, Civilização Brasileira, 1995.
[79] Ver o diálogo entre P. Drucker e I. Nakauchi, *De l'Asie e du Monde en Général*, Paris, Maxima, 1997.

da Sony e usar blusas da Benetton. Nos países avançados, como todos os consumidores cosmopolitas, eles conhecem o valor dos bons produtos e os adquirem independentemente de sua origem nacional. Os japoneses não se importam se estão ou não contribuindo para a importação quando bebem produtos como Coca-Cola, nem sentem o dever de, em seu lugar, beber alguma marca japonesa. Eles não têm nenhum problema em consumir produtos importados. Não prestam atenção, se é que têm consciência disso, ao fato de a Coca-Cola ser uma companhia americana"[80]. Num "mundo sem fronteiras", as grandes firmas já não mais possuiriam uma origem fixa. Sei que este tipo de afirmação, corriqueira entre os quadros das transnacionais, encerra muito de ideologia (a globalização não significa o fim, mas a criação de novas fronteiras)[81]. Quero, entretanto, sublinhar o fato de o discurso empresarial ver-se constrangido a mudar diante da situação atual. Como as companhias japonesas vendem seus produtos no mercado global, a ênfase na unidade nacional deve ser matizada. Os próprios interesses econômicos projetam a classe empresarial transnacionalizada para fora dos limites da unicidade nipônica. Torna-se, pois, evidente a vulnerabilidade do Estado-nação[82]. Sua primazia em ordenar a vida política, social e econômica é posta em causa. Outros intelectuais percebem ainda como o processo de mundialização traz novos dilemas para a esfera cultural. Dirá Nobutaka Inoue: "Como resultado, o processo de globalização coloca um desafio para as culturas étnicas contidas em cada nação. Ele freqüentemente invade e transforma as formas culturais indígenas que haviam sido estabelecidas pelos grupos étnicos e pelas nações. Quando bem-sucedido, o contato cultural da internacionalização promove o entendimento mútuo entre as entidades isoladas dos Estados-nação e dos grupos étnicos. Embora certas transformações em cada cultura coincidam com ele, o processo em si é possível sem que tais transformações ocorram. Entretanto, o processo de globalização tende a ser incompatível com a manutenção das culturas indígenas"[83]. Enquanto a unidade isolada do Esta-do-nação prevalecia, as dúvidas sobre uma identidade endógena inexistiam, ou melhor, encontravam-se submersas em sua totalidade. A centralidade de cada cultura/nação atuava enquanto filtro depurador do contato. Agora, a situação é outra. O núcleo cultural já não é mais

---

[80] K. Ohmae, *Beyond National Borders: Reflections on Japan and the World*, Tóquio, Kodansha International, 1987, p. 13. Ver também *Mundo sem Fronteiras*, São Paulo, Makron Books, 1991.
[81] Pude tratar este aspecto de maneira mais detalhada em *Mundialização e Cultura*, op. cit.
[82] Y. Yamamoto, "Globalization and the state: a Japanese perspective", Japan Review of International Affairs, vol. 12, nº 3, 1998.
[83] N. Inoue, "Globalization's challenge to indigenous culture" in N. Inoue (ed.), *Globalization and Indigenous Culture*, Tóquio, Institute for Japanese Studies and Classics, Kokugakuin University, 1997, p. 13.

"indestrutível", sua existência é abalada por um movimento que o penetra e o transcende. Por isso, Inoue dirá que a globalização traz com ela problemas inquietantes. "Entre eles, um dos maiores problemas diz respeito ao sistema ético e moral que tem sustentado cada cultura e que agora tende a se tornar sem sentido e sem raiz. Por exemplo, no Japão, valores tradicionais como polidez, vergonha ou evitar criar problemas para os outros e a comunidade foram quase praticamente perdidos para os membros das gerações mais novas. A perda de valores não é um problema limitado ao Japão. Uma tendência similar, com a mesma lógica, parece estar ocorrendo em outras áreas culturais"[84]. A passagem pode ser interpretada de duas maneiras. A primeira, como uma reação ao processo de mundialização da cultura. Sua amplitude e intensidade "ameaçariam" os valores tradicionais. Essa é, sem dúvida, a intenção inicial do autor. Afinal, como um representante dos estudos **kokugaku**, ele está preocupado com uma possível degenerescência do "ser" nacional. Outra linha interpretativa pode ser sugerida ao retermos a idéia de ética e de moral. Retiro desses termos a conotação moralista que muitas vezes os envolve. Não me interessa tanto considerá-los elementos definidores de uma conduta "justa" ou "correta", contraposta a uma degradação espiritual materializada num comportamento "inapropriado" ou "incorreto". Tomo ética e moral no sentido durkheimiano. Ou seja, enquanto solidariedade, vínculo social que solda os indivíduos de uma mesma sociedade. A moral é o cimento cultural e ideológico que articula uma ordem social. Sua ruptura tem, portanto, um duplo significado. Primeiro, a tradição encontra-se debilitada diante da mudança social. Segundo, a modernidade-mundo traz com ela elementos que escapam ao controle da "ordem" interna da nação, dos grupos, do **ie**. Ela carrega consigo uma outra intenção, definindo novos territórios, outras identidades. Lógica que se vincula a interesses, forças e articulações que transcendem as "insularidades" até então prevalentes.

---

[84] Idem, p. 18.

Ética, Trabalho, Ócio

Quando Oliveira Lima visitou o Japão, ainda durante a era Meiji, sua descrição dos hábitos e dos modos populares retrata um ambiente culturalmente pouco marcado pelo ritmo da modernidade. Referindo-se à capacidade de trabalho das pessoas, ele constata: "Não obstante sua aparência indolente ou antes pachorrenta, [ela] é simplesmente prodigiosa, e, tendo em conta a densidade da população, o esforço de cada um, por mais desajustado que estivesse dos petrechos fornecidos pela invenção humana para minorar a intensidade individual daquele esforço, obraria, somado com os demais, verdadeiras maravilhas... O trabalhador japonês, com seus modos geralmente brandos e descansados, é discreto e industrioso como a formiga... Diz-se que um japonês produz menos trabalho do que um europeu, e talvez seja verdade, mas a desproporção parece-me antes provir da falta de coadjuvação dos maquinismos modernos e da diversidade dos modos do trabalhador, que fazem reputar indolência o que é apenas suavidade. Os mesmos populares que neste momento vemos numa **chaya**, rindo e conversando jovialmente; fumando despreocupados os seus longos cachimbinhos de madeira e metal, coroados de uma pitada de tabaco louro que dois tragos consomem, e saboreando aos goles taçazinhas fumegantes do chá mais inofensivo do mundo pela fraqueza da infusão, ou contemplando num embevecimento sentimental a pompa quase real de uma cerejeira em flor — vê-los-emos cinco minutos depois chafurdando quase nus na lama, negra de estrume, do arrozal, ou, pelos atalhos ínvios das montanhas, transportando sozinhos e em fila fardos pesados dependurados das duas extremidades da grossa vara de bambu, ou, aos pares, carregando viajantes reclinados, de pernas cruzadas, no **kago** ou no palanquim nacional"[1]. Sua visão simpática e afável contrasta, todavia, com a

---

[1] Oliveira Lima esteve no Japão entre 1901-1902 como encarregado de negócios do governo brasileiro. Ver *No Japão: Impressões da Terra e da Gente,* Rio de Janeiro, Topbooks, 1997, pp. 42-43.

impressão de outros viajantes que conheceram o país na mesma época. Esses relatos, marcados talvez pela intransigência e pelo rigor protestante, num tom um tanto mais áspero descrevem o japonês como "impulsivo, incansável, mas suas maneiras desatentas o levavam à inconsistência e à superficialidade, portanto, à sua falta de confiabilidade. Procuramos em vão por um procedimento tranqüilo, coordenado, para constância e continuidade. O japonês vai para o trabalho muito rapidamente, mas logo perde o interesse"[2]. Ou, ainda: "Até agora o trabalho constante tem sido pouco conhecido no Japão. Esta parece ser a principal razão alegada por todos os estrangeiros de que os trabalhadores japoneses rendem relativamente pouco, porque o trabalho avança muito lentamente"[3]. Os retratos esculpidos pelos viajantes, sejam eles realistas ou não, expressivos ou parciais, têm o mérito de nos afastar de uma compreensão falaciosa que impregna o senso comum. Como se existisse um imutável "caráter" japonês definindo a todos como robôs, abelhas, um povo inteira e unicamente voltado para o trabalho. Se esta é hoje uma imagem corrente para os que olham o Japão "de fora", mesmo distorcida, foi necessário um certo tempo para que ela se cristalizasse. Os relatos permitem ainda colocar a questão do trabalho e abordar um aspecto que me interessa particularmente: o lazer. O contraponto entre os dois temas nos conduzirá à discussão do consumo e de sua dimensão mundializada.

Qual a noção de trabalho no contexto da sociedade japonesa? Retomo de Robert Bellah algumas idéias para encaminhar minha argumentação. Lembro ao leitor de que Bellah não estava diretamente interessado nesta temática, seu intuito era compreender como a ética confucionista podia funcionar de modo semelhante à ética protestante servindo de motor, de incentivo à vida produtiva. Creio, porém, que seu livro *A Religião Tokugawa* pode ser lido dentro de outra ótica que traz elementos que ajudam a esclarecer nossa problemática. Bellah parte do princípio de que na história japonesa teria havido, pelo menos a partir de um certo momento, uma prevalência dos valores políticos sobre os outros valores existentes. "O Japão é caracterizado por uma primazia dos valores políticos, sendo que a organização política tem precedência sobre a economia. Formalmente, os valores políticos são caracterizados pelas variáveis-padrão de desempenho e particularismo. A preocupação central é com os objetivos coletivos (mais do que com a produtividade), e a lealdade é a virtude primeira. Controlar e ser controlado

---

[2] Depoimento de um missionário alemão que viveu no Japão entre 1890-1896. Citação in S. Linhart, "From industrial to post-industrial society: changes in Japanese leisure-related values and behavior", Journal of Japanese Studies, vol. 14, nº 2, 1988, p. 271.
[3] Testemunho de um economista alemão, ibid.

são atividades mais importantes do que 'fazer', e o poder é mais importante do que a riqueza"[4]. Em princípio, a política subsumiria as outras dimensões sociais, inclusive a análise e a escolha econômica, daí as dificuldades de uma estrutura tipo capitalismo historicamente emergir em um país como o Japão. Sublinho da passagem dois termos: particularismo e lealdade. A idéia de particularismo é interessante, pois se contrapõe à de universal. O sistema social Tokugawa, devido à sua compartimentalização, não podia operar com valores universais, isto é, igualmente válidos para todos. Sua validação tinha de se efetivar em cada situação específica. Como nos diz o autor: "É o sistema particular ou a coletividade da qual cada um faz parte que conta, seja ela família, **han**, ou o Japão como um todo"[5]. Caberia aos indivíduos combinar sua performance às situações nas quais se encontravam inseridos. A ordem social depende assim da realização diferenciada dos valores centrais em cada estrato da sociedade: samurai, camponês, artesão, mercador. Um valor central é a lealdade, ou seja, respeito e submissão ao "chefe", da família, da comunidade, do feudo ou do governo militar. As ações individuais são válidas quando reforçam a manutenção dessa hierarquia. Cada estamento tem, portanto, um modo próprio de agir. A ética samurai não lhe permitia lucrar, exigindo que se dedicasse à guerra e à administração pública; a ética mercadora justificava o lucro honrado, mas sem considerá-lo um bem em si; a ética camponesa incentivava o cultivo árduo da lavoura. A filosofia confucionista ajusta os indivíduos e os estratos dentro de sua concepção de harmonia celeste e social. Para caracterizá-la, Bellah recorre ao conceito de ocupação. Esta não seria simplesmente uma atividade-fim, algo relativo ao exercício de uma habilidade qualquer. Uma "ocupação" é parte integrante de uma totalidade mais ampla, e seu preenchimento só faz sentido quando a ela se refere. A "ocupação" de cada estamento e daqueles que a ele pertencem não se define como um fim geral (por isso é particular), mas como um átomo, uma parcela discreta da sociedade. A dinâmica das partes asseguraria a estabilidade do todo.

Dentro dessa perspectiva, a noção de trabalho dificilmente poderia ser compreendida como um valor universal. Não que a sociedade Tokugawa favorecesse o ócio ou a vida desregrada. Pelo contrário, os ideais confucionistas e budistas preconizavam uma conduta frugal e ascética. Há, como veremos em seguida, uma exaltação da conduta laboriosa no interior de cada camada que compunha a sociedade. O camponês devia obrigatoriamente laborar a

---

[4] R. Bellah, *Tokugawa Religion*, op. cit., p. 5.
[5] Ibid., p. 13.

terra, mas cabia ao samurai voltar-se seriamente para as artes marciais e as técnicas de combate. "Não perder tempo", um dos princípios básicos da ética protestante, não significa inclinar-se ao trabalho produtivo. "Não perder tempo" quer dizer não se desviar das atividades prescritas pelo código partilhado socialmente. Neste sentido, o trabalho é valorizado apenas parcialmente, enquanto valor particular ele "ocupa" os indivíduos, situando-os em seus devidos lugares. Evidentemente, uma sociedade industrial e moderna não podia se desenvolver com base nessa preliminar. Foi necessário redefini-la. Creio que neste ponto Morishima tem razão ao enfatizar o papel do Estado. Ele soube reorientar elementos da tradição confucionista a seu favor, aproveitando virtudes como lealdade e disciplina, deslocando-as do âmbito estamental e transferindo-as para o domínio da esfera pública (não estou utilizando o termo no sentido de Habermas). Lealdade e disciplina, virtudes que se realizavam diferencialmente segundo as "ocupações", passam agora a ter validade universal, isto é, vinculam-se ao "bem comum", à ordem dirigida e controlada pelo Estado. Neste quadro, o conceito de trabalho adquire outra conotação, ele deixa de ser uma qualidade "ocupacional" para ser entendido como um imperativo genérico. Trabalhar, à revelia da origem social das pessoas, é estar integrado numa sociedade cujo ideal se nucléia em torno da nação. Esta é uma exigência que agrega operários e empresários, funcionários e comerciantes. Da mesma maneira que na Inglaterra a Revolução Industrial exigiu uma disciplinarização da classe operária, temos no Japão um movimento análogo, que tem como pano de fundo a tradição renovada. Dado cultural que envolve não apenas as classes populares, mas também samurais e mercadores. Como é desses estratos que emerge a nova classe dominante, é preciso que eles também estejam voltados para os mesmos objetivos. Como nos diz Morishima: "Os homens de negócios japoneses tinham plena consciência de que mais do que 'ganhar dinheiro' era preciso fazer 'alguma coisa a mais' pela sociedade e pelo país"[6]. Não tenhamos, porém, ilusões. "Alguma coisa a mais" significava adequar-se ao espírito de união nacional. O culto à figura do imperador e também a ideologia familialística prevalente (o Estado era visto como um prolongamento das obrigações e das lealdades familiares) preenchem, assim, um papel catalisador. Eles dão um sentido comum ao trabalho de todos.

Se a noção de trabalho pode ser associada à de "ocupação", como pensar a sua contrapartida (ou melhor, o que imaginamos como sendo sua

---

[6] M. Morishima, *Capitalisme et Confucianisme,* op. cit., p. 138.

contrapartida), o lazer? A filosofia confucionista sempre foi severa em relação aos divertimentos, à ostentação e ao luxo. Seu ideal de moralidade dignifica a conduta equilibrada voltada para o aperfeiçoamento pessoal, os estudos, o trabalho e a obediência às regras estabelecidas[7]. Marcel Granet, comentando o ensinamento dos antigos filósofos chineses, diz: "As danças e os cânticos (desde que não sejam irritantes e dissolutos) alimentam a concórdia humana. As festas, desde que ritualizadas, moderam o apetite de alegria e a paixão pelo jogo. Para os apetites mais brutos, porém, há que haver uma disciplina constante. A arte suprema que a proporciona é a etiqueta... Todos os homens sentem desejos e todos experimentam os mesmos desejos, comer, aquecer-se, repousar. Todos os homens são, por essência, iguais: é esse o mal. Os ritos são o artifício de que procede o bem. Os ritos, de fato, permitem fazer com que os homens aceitem uma divisão convencional das ocupações e dos recursos"[8]. As vontades, os desejos, os prazeres são percebidos como fraquezas, um ônus a ser corrigido pelas maneiras discretas e moderadas. Rito e etiqueta. São essas as fórmulas prescritas pela moral exemplar. O que significa dizer: ordenamento e controle. O rito é um artifício de ordenação e de hierarquização das relações sociais, ele designa de maneira inequívoca o lugar de cada um e a sua forma de agir. Internalizado pelas pessoas, ele transmuta-se em etiqueta, materializa-se no corpo submetendo-o à rigidez da conduta ideal. Ele é uma técnica de contenção das vontades, circuns-crevendo-as aos padrões genéricos de uma determinada ordem[9]. Esse ideal de moralidade (freqüentemente contradito pela realidade) torna-se no Japão Tokugawa ideologia de governo e, gradativamente, "cultura popular". Os éditos do **bakufu**, assim como os códigos de cada domínio feudal, procuravam a todo custo evitar os excessos, regulando os divertimentos, o luxo, os esportes e o jogo. Eles pregavam a importância do trabalho sem interrupção e as virtudes de uma vida frugal. Dizia, por exemplo, um desses éditos (de 1649): "O trabalho agrícola deve ser feito com toda a diligência; os camponeses devem levantar cedo, preparar a terra antes de cultivá-la. À noite devem fabricar cordas e sacos de palha, todos os trabalhos deste tipo devem ser

---

[7] São inúmeras as passagens dos analectos que prezam o comportamento módico e moderado. Cito algumas delas. "O Mestre disse: 'Em Yu não encontro nenhuma falta. Com a maior devoção de todo descendente, enquanto faz oferendas para os deuses e os seus ancestrais, ele come e bebe moderadamente. Nas ocasiões de sacrifício, ele usa roupas e chapéus rudes, sem nenhum esplendor. Vive em moradias despretensiosas e devota toda sua energia na construção dos canais de irrigação. Em Yu não encontro nenhuma falta'" (livro VII, versículo 21); "O Mestre disse: 'Extravagância significa ostentação, frugalidade significa andrajosidade. Prefiro ser andrajoso do que ostentatório'" (livro VII, versículo 36).
[8] M. Granet, *O Pensamento Chinês*, op. cit., p. 338.
[9] Norbert Elias mostra muito bem como esta técnica de ordenação se realiza em um outro contexto, o das cortes européias. *A Sociedade de Corte*, Lisboa, Ed. Estampa, 1987.

realizados com muito cuidado; não devem, inclusive suas mulheres, tomar chá nem saquê; os camponeses não podem vestir roupas de seda, só podem usar as de algodão ou de cânhamo. Não estão autorizados a fumar porque faz mal à saúde, toma tempo e consome dinheiro. Além de representar risco de incêndio"[10]. As próprias comunidades rurais, em suas prescrições públicas, tentavam conter as orientações julgadas impróprias: "a) os jovens estão proibidos de se congregar em grande número; b) divertimentos inadequados aos camponeses, como tocar o **shamisen** ou cantar canções, são proibidos; c) as lutas de sumô estão proibidas para os próximos cinco anos; d) o édito de frugalidade promulgado pelo **han** no final do ano passado deve ser observado; e) as relações sociais na aldeia devem ser conduzidas harmoniosamente; f) não se deve nunca ficar bêbado ou causar problemas aos outros; g) os camponeses que trabalharem diligentemente devem ser recompensados; h) os camponeses que trabalharem suas terras de maneira descuidada e negligente devem ser punidos"[11]. A comunidade buscava controlar dessa forma a vida de seus membros. Cada um devia interiorizar os mandamentos coletivos, sem o que corria o risco do opróbrio e da vergonha. Frugalidade e contenção eram também qualidades apreciadas e cultivadas pelo budismo, religião predominante entre os mercadores. Robert Bellah nos dá um exemplo de uma máxima budista exaltando os fiéis a trilhar o caminho reto[12]:

"Pense sempre na divina proteção
Alegremente não negligencie suas atividades matinais e noturnas
Trabalhe duro nas atividades familiares
Seja moderado no luxo não lucrativo
Não jogue
Mais do que desejar muito, deseje pouco".

A tradição neoconfucionista opõe ainda a lei da natureza (**oyake**) aos desejos humanos (**watakushi**). A vida é uma luta incessante contra os apelos insidiosos do **watakushi,** empecilho que se interpõe entre o indivíduo e sua perfeição. O mundo do consumo e do lazer, expressão dos desejos egoístas, vem portanto marcado pela negatividade. Ele é um descaminho que afasta os homens da senda virtuosa. O moderno Estado japonês irá sacar vantagens dessa tradição ascética. Como observa Isao Hirota: "O emprego do termo

---

[10] Citação in G. Samson, *Histoire du Japon,* Paris, Fayard, 1988, pp. 838-839.
[11] Citação in T. Sato, "Tokugawa villages and agricultural" in *Tokugawa Japan,* op. cit., pp. 51-52.
[12] R. Bellah, *Tokugawa Religion,* op. cit., p. 119.

yoka em japonês, ou da palavra *leisure* em inglês, que significa lazer, tempo livre, é relativamente recente. É possível avançar que não existia no Japão o conceito de lazer antes da I Guerra Mundial. Este fenômeno reflete o fato de que o termo lazer foi marcado de uma forte conotação pejorativa ao longo da modernização do Japão... O governo Meiji forjou uma ideologia de trabalho destinada a sustentar a industrialização, ideologia que não teve uma contrapartida de uma ética do lazer... A organização do tempo de trabalho decidida pelo Estado exaltava apenas as virtudes do trabalho, dando ao lazer um valor negativo"[13]. O tempo não produtivo é percebido como um esbanjamento, uma dissipação de energia. Caberia ao trabalhador conter-se diante das tentações moral e politicamente adversas.

Se com Meiji o trabalho se constitui num valor genérico, os economistas acrescentam que a modernização do Japão se fez a partir de uma forte contenção do consumo. Sidney Crawcourt observa que até 1945 ele dificilmente poderia ser correlacionado com o crescimento da renda nacional[14]. As informações apresentadas por outros autores confirmam que o consumo *per capita* entre 1870 e 1945 permanece em níveis bastante baixos[15]. Um primeiro significado disso é que o padrão de vida das pessoas era modesto. Aspecto que pode ser relacionado aos preceitos religiosos e políticos. Ao incentivar a disciplina e o trabalho, o Estado exige de seus governados uma cota de sacrifício em nome do "bem geral". O esforço comum pode ser canalizado para uma maximização do progresso técnico e material sem que se obtenha uma melhoria de vida como sua real contrapartida. Em termos mais amplos, os dados nos permitem situar melhor a sociedade japonesa. Do ponto de vista econômico, as medidas tomadas em 1868 só começam a ter um efeito concreto a partir de 1885. Há um grande investimento do Estado em bancos, ferrovias, transportes urbanos, comunicações, correios, telégrafos, portos, indústrias. Este setor moderno da economia toma fôlego durante a I Guerra Mundial, mas não irá imediatamente substituir as antigas formas de organização produtiva. Até o final da II Guerra os setores moderno e tradicio- nal coabitam entre si, sendo muitas vezes complementares[16]. Se as produções de ponta se agregam em torno dos maquinários, indústria têxtil, processamento

---

[13] I. Hirota, "Le concept des loisirs dans le Japon moderne" in C. Condominas (ed.), *Les Loisirs au Japon*, Paris, L'Harmattan, 1993, pp. 24, 35 e 36.
[14] S. Crawcourt, "Economic change in the nineteenth century" in *The Cambridge History of Japan*, vol. 5, op. cit.
[15] C.Y. Horioka, "Consuming and saving" in G. Andrew (ed.), *Postwar Japan as History*, Berkeley, University of California Press, 1993.
[16] Ver S. Crawcourt, "Industrialization and technological change: 1885-1920", e T. Makamura, "Depression, recovery and war: 1920-1945" in *The Cambridge History of Japan*, vol. 6, op. cit.

químico, armamentos, o setor tradicional é sobretudo responsável pelos bens de consumo. Henry Rosovsky e Kazushi Ohkawa, em um estudo detalhado, trazem alguns elementos que nos ajudam a caracterizá-lo[17]. Retirando do censo de ocupações algumas categorias, e desmembrando-as em função de suas atividades — floresta, agricultura, pesca, transporte (riquixá e marinheiros), trabalhadores não especializados (de estrada, entregadores etc.), serviços (domésticos, cozinheiros, atendentes de banhos públicos, gueixas), venda (ambulantes) —, tem-se que, em 1930, 73% da força de trabalho estava envolvida em atividades tradicionais. Em 1955, esse número decresce mas é ainda muito expressivo: 62%. Por outro lado, a quantidade de unidades de produção doméstica suplanta em muito as unidades industriais. Portanto, uma parcela considerável da população empregada encontra-se fora do setor produtivo moderno. Também o consumo vem marcado pelos produtos nativos, isto é, processados pelas pequenas indústrias locais e familiares. Apesar das mudanças relativas às formas de vestir, os autores nos lembram que nos gastos das famílias as roupas japonesas compõem uma parte considerável do orçamento doméstico. Particularmente entre as mulheres, o quimono de seda e seus acessórios são itens que drenam boa parte dos recursos familiares. Outros observadores confirmam a importância das vestimentas tradicionais antes do pós-guerra. Kayoko Aikawa diz a esse respeito: "Durante o período de guerra, entre 1930 e 1945, o quimono foi rejeitado como uma vestimenta para o uso diário em favor de outras roupas tradicionais mais práticas. Esse também foi um tempo em que muitas pessoas reconheceram as vantagens funcionais da roupa ocidental e passaram a ver as mangas longas, as faixas largas e o vestir trespassado do quimono como algo incômodo. A vestimenta recomendada para o uso durante a guerra consistia em um tipo de quimono simplificado, já conhecido nas eras anteriores de Meiji e Taisho, como as roupas padronizadas dos camponeses"[18]. Em outras dimensões da vida social pode-se também perceber a força da tradição. No orçamento familiar, a alimentação é ainda responsável pela maior parte dos gastos* e, entre 1878 e 1940, quando se analisa historicamente o padrão alimentar no Japão, observa-se que não houve nenhuma mudança drástica na forma como os japoneses tomavam suas refeições[19]. Daí a importância e

---

[17] H. Rosovsky e K. Ohkawa, "The indigenous components in the modern Japanese economy", Economic Development and Cultural Change, abril de 1961.
[18] K. Aikawa, "The story of kimono" in A. Ueda (ed.), The Electric Geisha: Exploring Japan's Popular Culture, Tóquio, Kodansha International, 1994, p. 113.
* Os economistas utilizam o coeficiente de Engel para medir a parte dos gastos relativa à alimentação. No caso do Japão, ele é de 2/3 em 1875, decresce para 1/2 em 1940 e, devido aos problemas advindos do fim da guerra, torna a crescer até 1950.

o peso de produtos como arroz, saquê, carne de baleia, **mochi***, macarrão, soja na composição da dieta.

Num país em que a maioria da população ainda vivia na zona rural, aí se concentrando a força de trabalho, o setor moderno era apenas uma dimensão da dinâmica social. Pode-se dizer que uma parte do mundo do consumo repercute traços dessa modernidade. Como na França do século XIX, o Japão conhece o florescimento das lojas de departamento cujo mecanismo Zola tão bem descreveu em *A Felicidade das Senhoras*. Também os grandes jornais e as companhias ferroviárias produziam eventos com a nítida intenção de promover a venda de seus produtos. Um exemplo disso são as feiras, espaço no qual se buscava conjugar lazer e consumo[20]. Entretanto, essas manifestações de modernidade se confinavam a grupos muito restritos da população, atingindo apenas alguns setores das classes altas urbanas. É isso que nos permite compreender alguns testemunhos da época: "A multidão de homens e mulheres vestidos com roupas ocidentais, saindo da estação de Tóquio todas as manhãs, indo para o trabalho em seus escritórios nos enormes prédios de ferro e concreto no bairro de Marunouchi, dá a aparência de uma sociedade totalmente modernizada. Mas, quando essas pessoas voltam à noite para casa, elas vivem em pequenas casas de madeira, cada uma com um pequeno jardim, numa maneira não muito diferente daquela do início da era Meiji. Elas querem vestir roupas japonesas e comer e beber aquilo que seus pais costumavam consumir"[21]. Este retrato impressionista nos ilumina sobre a dualidade existente. Tudo se passa como se a modernização "ocidental" estivesse restrita ao domínio público, o espaço privado preservando as normas costumeiras (estilo das casas, comida, vestimentas etc.). Um autor como Harumi Befu reforça este tipo de argumentação: "Trabalho, lugares, repartições públicas, escolas são todos lugares públicos, e como tal requerem uma roupa ocidental. Hoje em dia, qualquer pessoa indo ao trabalho vestida com roupas japonesas seria considerada louca. As formas ocidentais são requeridas em lugares públicos não apenas na vestimenta, mas também na comida e na aparência das casas... Portanto, a invasão do estilo de vida ocidental na área pública resultou numa substituição quase completa do estilo de vida

---

[19] H. Kaneda, "Long-term changes in food consumption patterns in Japan: 1878-1964", Yale University, Economic Growth Center, Center Paper nº 127, 1969.
* Bolinho de arroz macerado.
[20] Ver S. Yoshimi, "The evolution of mass events in prewar Japan", Japanese Civilization in Modern World XI: Amusement, Senri Ethnological Studies nº 40, 1995.
[21] Relato escrito em 1938. Citação in Rosovsky e Ohkawa, op. cit., p. 488.

japonês, que, em geral, está confinado à área da vida privada"[22]. Do ponto de vista cultural, isso tem um significado importante, pois muitas das atividades vinculadas à cultura popular — festas, peregrinações, folguedos —, longe de desaparecer, continuam a ter presença ativa e expressiva. Quando, em 1951, Ronald Dore faz seu trabalho de campo na comunidade de Shitayama-cho, em Tóquio, sua descrição do lazer da população revela a força das manifestações tradicionais[23]. Entre as diversas formas de divertimento, o cabúqui é uma das mais populares. Sua apresentação se faz agora nos *music hall*, e não mais nos antigos teatros em que as pessoas se sentavam no chão, mas o programa, o humor, as histórias são os mesmos, inclusive contados com a mesma linguagem e o mesmo sabor das gerações anteriores. Apesar das mudanças, há lugar para que um conjunto de manifestações populares venham a se exprimir. Não que elas determinem o rumo da nação japonesa, este já se encontra comprometido noutra direção. Sua presença nos revela, porém, a face de um país no qual muito do que existe está ligado a padrões anteriores. Se ele conseguiu transformar sua esfera econômica e produtiva, resta que a modernidade não se constitui ainda em modo de vida. Ela se debate nas malhas da tradição.

*
* *

No **Hagakure**, escrito após a Ocupação, Mishima enumera os males de sua época[24]. Inspirando-se no *Livro dos Samurais*, de Yamamoto Tsunetomo (século XVIII), sua crítica ácida se dirige à "paixonite da juventude pela moda Cardin", à "feminização do homem" (decorrente da influência democrática norte-americana), aos "aristocratas de contas de despesas", aos "esportistas endeusados e estrelas de televisão" e ao "clima de concessão" da vida moderna. Mishima vive uma profunda rejeição da realidade que experimenta. Ele conhece o niilismo, pois é um intelectual pós-Meiji, e tem à sua disposição a herança samurai japonesa. A moda, o dinheiro, a emancipação feminina, o sucesso da mídia são para ele sinais de fraqueza, de perda das raízes, uma debilitação dos "autênticos" princípios ancestrais (em sua visão conservadora e masculina ele a aproxima à idéia de "feminização" dos sentidos). A morte, oculta e temida pela assepsia racionalista, torna-se um artifício de contestação

---

[22] H. Befu, "Civilization and culture: Japan in search of identity", Japanese Civilization in Modern World: Life and Society, Senri Ethnological Studies nº 16, 1984, pp. 65-66.
[23] R.P. Dore, *City Life in Japan: a Study of Tokyo Ward*, Berkeley, University of California Press, 1967, p. 247.
[24] Y. Mishima, *O Hagakure: Ética dos Samurais e o Japão Moderno*, Rio de Janeiro, Rocco, 1987.

radical, um mecanismo de redenção. Seu suicídio pungente e espetacular foi um ato desesperado diante das garras do presente iniludível. O gesto dramático caiu talvez no esquecimento, mas as críticas de Mishima indubitavelmente apontam para as mudanças substantivas que o Japão conhece. No pós-guerra, a modernidade inacabada tem os seus dias contados.

Entre 1946 e 1973 o PIB japonês manteve um crescimento médio de 10% ao ano. O parque industrial se transforma (ferro, aço, máquinas etc.), novas tecnologias são introduzidas e a produtividade no setor manufatureiro atinge uma das taxas mais elevadas do mundo[25]. Não se trata apenas de uma mudança quantitativa, expansão do volume da produção, do número de trabalhadores, das receitas, da organização empresarial. Os economistas sublinham que a estrutura industrial se altera, preparando o país para sua terceira revolução industrial. Durante esse período, desenvolve-se um forte mercado interno e a partir dos anos 60 o Japão torna-se um grande exportador de bens da indústria pesada (maquinários) e de produtos manufaturados confeccionados por uma tecnologia sofisticada, câmeras fotográficas, automóveis[26]. O nível da poupança é alto, facilitando o financiamento da expansão econômica. Num primeiro momento, a ocupação americana tem um papel desagregador. O inimigo deve ser desarmado, desarticulado, mantido sob vigilância. Os eventos internacionais irão, no entanto, reorientar a política dos Estados Unidos. A Guerra da Coréia (1950) e a Guerra Fria fazem com que o Japão se transforme no bastião do capitalismo americano na esfera de influência asiática. Os interesses geopolíticos têm um papel decisivo na propulsão da economia. Este é também o momento em que são reestruturadas as grandes corporações (**zaibatsu**), configurando no Japão uma duplicidade do mercado de trabalho, um regido por normas como o emprego "vitalício" e os salários por senioridade, outro regulado pelo *laisser-faire*[27]. O crescimento econômico não atingiu unicamente as classes mais abastadas. Os dados indicam que a distribuição de renda favorece a população como um todo, sendo responsável pela expansão de uma nova classe média e pela melhoria do nível de vida. A estrutura social do país também se modifica. O crescimento das cidades é vertiginoso, a zona rural se despovoa e a mão-de-obra empregada nos

---

[25] Taxa de produtividade da indústria para alguns países — 1950-1955: Japão, 17,5; Estados Unidos, 2,8; Alemanha Ocidental, 9,3. Entre 1970-1973: Japão, 10,4; Estados Unidos, 4,7; Alemanha Ocidental, 3,0. Dados in S. Tsuru, *Japan's Capitalism*, Cambridge, Cambridge University Press, 1993.
[26] Em 1957, o Japão produz 47.121 unidades de automóveis, exporta apenas 410 unidades e importa 6.179. Em 1974, os números são outros. São produzidas 3.931.842 unidades e as exportações ultrapassam as importações. Exportação: 1.727.396; importação: 42.218. Dados in Tsuru, op. cit.
[27] Não se deve idealizar o emprego "vitalício". Na verdade, apenas 25% da força de trabalho japonesa dele participa. Ver B. Eccleston, *State and Society in Post-War Japan*, Cambridge, Polity Press, 1989.

setores secundário e terciário suplanta a população economicamente ativa na agricultura[28]. O decréscimo da população rural ocorre de maneira drástica. Em 1950, 16 milhões de trabalhadores estavam empregados em atividades agrícolas; em 1967, esse número cai para 10 milhões, o equivalente a 20% da força de trabalho[29]. Se, em 1955, 49% dos domicílios encontravam-se concentrados na zona rural, em 1975 esse número cai para 23,8%[30]. A composição dos domicílios por ocupação é reveladora: em 1955, 49% são constituídos por empregados e 26,9% por agricultores; em 1975, esses números passam, respectivamente, para 63,4% e 11,7%. A maioria da população é assalariada, o que é compatível com o incremento da classe média, e aqueles envolvidos nos trabalhos agrícolas tornam-se cada vez mais uma minoria. Ocorre ainda uma diminuição do número de membros de uma família vivendo sob um mesmo teto. Em 1955, 51,3% dos domicílios são compostos de famílias com cinco ou mais pessoas, contra 10,8% e 9,3% de famílias com uma e duas pessoas. Em 1980, apenas 21,4% dos domicílios são compostos de famílias com cinco ou mais pessoas, 18,4% e 18,5% de famílias com uma e duas pessoas. O tamanho médio da unidade doméstica cai de 4,68 pessoas/moradia em 1955 para 3,28 em 1980 e 3,05 em 1990. Como dizem os especialistas, a alteração na ocupação, local e tamanho das unidades domésticas indica claramente a ruptura da família extensa e a generalização da família nuclear. Os laços tradicionais, cultivados pela modernidade Meiji, são dissolvidos e redefinidos.

As transformações socioeconômicas têm implicações diretas no mundo da cultura. Paralelamente a um mercado de bens materiais, desenvolve-se um mercado nacional de bens simbólicos (utilizo o conceito de Bourdieu). Apoiados nos meios de comunicação e na indústria cultural, eles serão veiculados em larga escala, penetrando os distintos estratos, camadas e classes sociais. Antes da derrota (1945), os meios de comunicação se desenvolviam sob estreita vigilância do governo militar. Rádio, cinema e imprensa eram rigidamente controlados pela censura[31]. A política fascista do Estado predominava sobre qualquer outro interesse, fossem as posturas contestadoras ou a razão de

---

[28] Em 1940, do total de 32.482 milhões de trabalhadores, 13.557 milhões encontram-se ocupados na agricultura, 6.863 milhões na indústria e 4.097 no comércio e atividades afins. Em 1970, esses números passam, num total de 53.015 milhões de trabalhadores, para 9.333 milhões (agricultura), 13.540 milhões (indústria) 10.059 milhões (comércio/afins). Dados in Y. Kosai, "The postwar Japanese economy: 1945-1973" in *The Cambridge History of Japan*, vol. 6, op. cit.
[29] Ver T. Fukutake, *Rural Society in Japan*, Tóquio, University of Tokyo Press, 1980.
[30] H. Miyajima, "The family structure in contemporary Japan", Japanese Economic Studies, vol. 21, n° 6, 1993-94.
[31] Consultar G.J. Kasza, *The State and the Mass Media in Japan: 1918-1945*, Berkeley, University of California Press, 1988.

mercado. Foi somente em 1950, com a nova legislação sobre a radiodifusão, que as rádios comerciais começaram a operar. Durante a guerra havia ainda problemas de outra natureza. A gradual falta de papel levou, por exemplo, à diminuição do número de jornais, reduzindo sua importância entre a população[32]. O racionamento de papel limitava também o espaço consagrado à publicidade na imprensa. Como forma de aumentar a receita do Estado, os jornais tinham ainda de reverter para ele 10% dos lucros arrecadados com os anúncios. Havia, portanto, uma forte sujeição e adequação da mídia às restrições impostas pela guerra. O quadro seria outro a partir de então. Entre 1951 e 1985 a circulação diária dos jornais passa de 29,9 milhões de cópias para 68,3 milhões (um crescimento de 125%, enquanto a população japonesa cresce apenas 43%). Também a indústria cinematográfica se desenvolve, com o número de películas produzidas aumentando sensivelmente: em 1946, 69 filmes; em 1950, 215 filmes; em 1960, 555 filmes[33]. Comparado a outros países, no Japão o rádio tem uma curta "era de ouro". Censurado duramente pelo regime militar, ele terá pouco tempo para se consolidar como um aparato efetivo de comunicação, sendo suplantado pela televisão já no final dos anos 50. Implantada em 1951, a TV terá um futuro promissor. No início, os aparelhos eram importados dos Estados Unidos, mas o preço elevado restringia sua difusão. No entanto, entre 1957 e 1959 a indústria japonesa aumenta sua produção de 613 mil para 2,8 milhões de aparelhos[34]. A fabricação em escala industrial e o barateamento irão torná-lo um bem de massa. Se em 1960 a média diária de sintonia de televisão por domicílio era de 56 minutos, em 1965 ela sobe para 2,52 horas, atingindo 3,19 horas em 1975[35]. O hábito de ver televisão se cristaliza entre 1960 e 1965. Como em outros lugares, a televisão influi diretamente na expansão do mercado cinematográfico. Em 1960, havia 7.457 salas de cinema, com a freqüência de 1 bilhão de pessoas; em 1965, esses números caem para 4.649 salas e 372 milhões de assistentes. Também a produção de filmes é desacelerada, embora se mantenha alta quando comparada a outros países: 1970, 423 filmes; 1975, 333 filmes; 1980, 310 filmes[36]. A emergência de uma "cultura de massa" é concomitante à ascensão das indústrias culturais. Apesar da existência de nichos de meios públicos de

---

[32] Dos 1.200 jornais diários existentes em 1930 restam em 1944 apenas 55. Dados in "Japan's mass media", About Japan Series nº 7, Tóquio, Foreign Press Center, 1997.
[33] Dados in Y. Oshima, "Stratégies des industries audiovisuelles japonaises", doutorado do 3º ciclo, Paris X (Nanterre), 1988.
[34] Ver B. Stronach, "Japanese television" in R. Powers e H. Kato (ed.), *Handbook of Japanese Popular Culture*, Nova York, Greenwood Press, 1989.
[35] Dados in *50 Years of Japanese Broadcasting*, Tóquio, NHK, 1977.
[36] Dados in Y. Oshima, "Stratégies des industries audiovisuelles japonaises", op. cit.

comunicação (por exemplo, NHK), predominam os grandes monopólios na imprensa e nas telecomunicações. A produção é orientada pela demanda de mercado, o que significa que a lógica comercial, embora não seja a única, se torna cada vez mais prevalente. Pode-se acompanhar esse movimento pela evolução dos gastos de publicidade na mídia – 1951: 24,3 milhões de ienes; 1955: 60,9 milhões; 1960: 174 milhões; 1964: 349,1 milhões[37]. A composição desses gastos dos veículos de comunicação também se altera em virtude da natureza de cada um deles e de sua eficácia. Em 1953, as despesas com publicidade se distribuem assim: 62,5% jornais; 5,1% revistas; 9,2% rádio; 0,2% televisão; 20,3% outros. Em 1964 temos: 37,1% jornais; 5,6% revistas; 4,9% rádio; 31% televisão; 21,4% outros[38]. Os meios de comunicação com maior abrangência captam a maior parte da verba publicitária, tendência que irá consolidar-se nos anos vindouros. A emergência da indústria cultural e de um mercado ampliado de bens simbólicos difunde agora outros tipos de "produtos": dramas televisivos, programas de auditório, esporte (sumô, beisebol etc.), jogos, filmes, outdoors publicitários etc. Um exemplo, as revistas em quadrinhos (**manga**). Embora seja possível encontrar a origem dos quadrinhos no jornalismo do século XIX, eles são "importados" da Europa. Nos anos 40, os desenhistas japoneses cada vez mais se aperfeiçoam neste gênero expressivo, mas é somente com o desenvolvimento econômico que o *boom* dos **manga** se concretiza. Literatura barata, dirigida para um público diversificado, adultos e crianças, os quadrinhos tornam-se um hábito popular[39]. Essas novas expressões culturais irão deslocar a supremacia das antigas manifestações populares. Tendência que se repete em todos os países que passam por um processo acelerado de transformação socioeconômica e possuem uma forte indústria cultural. A tradição torna-se cada vez mais diluída. No caso do Japão, o próprio idioma nomeia essa realidade emergente. Cito Tetsuo Kogawa: "O termo cultura popular pode ser traduzido por duas palavras em japonês: **taishu bunka** e **minshu bunka**. Enquanto o termo **bunka** cobre a extensão semântica do termo cultura, popular tem dois significados diferentes, **taishu** e **minshu**. **Taishu** significa um grande número (**tai**) de pessoas ou grupos. **Minshu** designa um número relativamente grande (**shu**) de pessoas comuns (**min**). Por exemplo, **min-shushugi** significa democracia; **min-kan hoso,** redes privadas de comunicação, **min-po**, código civil; **min-yo**, canções folclóricas; **min-zoku gaku,** etnologia. Portanto, **minshu bunka** seria uma tradução mais fiel de cultura

---

[37] Dados in *50 Years of Japanese Broadcasting*, op. cit.
[38] Ibid.
[39] Ver S.B. Luyten, *Mangá: o Poder dos Quadrinhos Japoneses,* São Paulo, Estação Liberdade, 1991. Consultar também J.A. Lent, "Japanese comics" in *Handbook of Japanese Popular Culture,* op. cit.

popular do que **taishu bunka**. Contudo, a expressão **minshu bunka** é tão usada quanto **taishu bunka**. Isso significa que no contexto japonês a idéia de cultura popular foi absorvida pela cultura de massa"[40]. Não se deve pensar que as manifestações de cultura popular tradicional declinem inteiramente. As apresentações teatrais como cabúqui e nô mantêm de alguma maneira sua vitalidade. Contudo, elas já não mais afetam a popularidade dos dramas televisivos ou das histórias em quadrinhos. Também as festas populares, sobretudo nas regiões menos urbanizadas do país, encontram lugar para afirmar sua tradicionalidade, principalmente quando associadas aos eventos e às promoções turísticas. No entanto, a cultura popular perde em atração e convencimento, e o eixo de legitimidade transfere-se definitivamente para o pólo dos "produtos" culturais.

Um outro aspecto decorrente das mudanças socioeconômicas refere-se ao consumo. Entre 1957 e 1980 a difusão de bens duráveis cresce vertiginosamente[41]. Geladeiras, televisores, ar-condicionado, aspiradores de pó, automóveis, máquinas de lavar roupa, câmeras fotográficas, considerados até então raridades, tornam-se cada vez mais corriqueiros. Em 1957, do total dos domicílios urbanos, apenas 7,8% possuíam aparelho de televisão; em 1965, esse número sobe para 95%[42]. Com o advento da televisão em cores, no espaço de dez anos (1965-1975) os aparelhos em preto-e-branco são praticamente substituídos pelos novos (90,9% do total em 1975). Em 1957, 2,8% das casas tinham geladeira; em 1975, 97,3% são equipadas com elas. A posse de automóveis passa de 10,5% em 1965 para 37,4% em 1975, e a de ar-condicionado, de 2,6% para 21,5%. Comparados aos outros, esses são os itens que crescem mais lentamente, por causa do preço relativamente elevado desses produtos. No caso dos carros, devem ser levadas em conta as condições ainda pouco adequadas da rede rodoviária (ela se altera posteriormente). A expansão dos bens duráveis pode ainda ser relacionada à mudança do padrão alimentar. A parte do orçamento doméstico gasto com comida (coeficiente de Engel) varia historicamente da seguinte forma: 1946: 66,4%; 1955: 44,5%; 1965: 36,3%; 1973: 30,4%; 1994; 20%[43]. Se antes da II Guerra Mundial uma parte substantiva das despesas se fazia com alimentação, tem-se

---

[40] T. Kogawa, "News trends in Japanese popular culture" in G. McCormack e S. Yoshio (ed.), *The Japanese Trajectory: Modernization and Beyond,* Cambridge, Cambridge University Press, 1988, p. 54. Ver também T. Sato, "Popular culture in modern Japan", Japan Review of International Affairs, vol. 10, n° 2, 1996.
[41] Ver A. Maki, "Private postwar consumption patterns of Japanese households: the role of consumer durables", Australia-Japan Research Center, Pacific Economic Paper n° 262, dezembro de 1996.
[42] Dados in Y. Kosakai, "The postwar Japanese economy: 1945-1973", op. cit.
[43] Dados in Y. Kosai, op. cit., "Food and agriculture in Japan", About Japan Series n° 18, Tóquio, Foreign Press Center, 1996.

gradativamente a sua diminuição. O dinheiro poupado pode ser então empregado na compra de outras necessidades. Como mostram os estudos, o decréscimo dos gastos com comida é diretamente proporcional aos gastos com aluguel, eletricidade, mobília, eletrodomésticos etc. Nos anos 60, o Japão se consolida como uma sociedade de "massa". São várias as implicações disso. Os economistas chamam a atenção para a estreita relação existente entre a difusão dos bens duráveis e o alto nível de poupança do período. Horioka observa que a taxa de poupança por domicílio antes da II Guerra Mundial é irregular, baixa, às vezes até mesmo negativa. Depois de 1955 ela cresce constantemente atingindo entre 1974 e 1976 um pico de 26%[44]. Como explicar esse fato? Dois fatores, o aumento da renda familiar e a baixa qualidade de vida herdada dos anos anteriores, encontram-se relacionados. Devido ao incremento de renda, poupa-se para adquirir bens duráveis. Ou, como sinteticamente coloca Atsushi Maki: "Os lares japoneses identificados com o desejo de consumo de bens duráveis passaram a poupar mais para realizar esse sonho"[45]. Na verdade, a expansão desse mercado está associada a todo um fenômeno que na década de 60 ficou conhecido como *my homism*, uma idealização do lar como espaço privilegiado de consumo. Numa crítica irônica desse novo tipo de consumismo, Tada Michitaro observa que «a frase ‹meu lar› passa a existir junto com o chamado **denka bumu** (literalmente, *boom* elétrico, que significa corrida para a aquisição de eletrodomésticos) de 1955. Começou como uma espécie de *slogan* de propaganda. Ainda hoje, uma das revistas especializadas em assuntos femininos mais populares chama-se *My Home*. Todos nós conhecemos a frase antiga ‹Nosso pequeno, mas alegre lar›, mas a nova imagem pós-guerra associada ao ‹meu lar› é a imagem da Branca de Neve possuidora de máquinas de lavar, panelas elétricas para cozinhar arroz, refrigeradores e coisas afins. Os fabricantes de eletrodomésticos, automóveis e outros bens duráveis de consumo capitalizaram desde o início a popularidade da imagem do ‹meu lar› para expandir seus mercados e fazer crescer os seus negócios"[46]. Estimulando a poupança, a difusão dos bens duráveis tem um efeito positivo no desenvolvimento produtivo. Entretanto, as conseqüências ultrapassam a dimensão meramente econômica, alcançando as matrizes culturais anteriores. Como observa Tching Kanehisa: "Esta política nacional de produção em abundância encorajou naturalmente a população a consumir massivamente; o *slogan* consumir é uma virtude, foi lançado

---

[44] C.Y. Horioka, "Consuming and saving" in *Postwar Japan as History*, op. cit. A título de comparação, a taxa de poupança nos Estados Unidos no pós-guerra oscilou entre 3% e 9%.
[45] A. Maki, "Private postwar consumption patterns of Japanese households: the role of consumer durables", op. cit., p. 9.
[46] T. Michitaro, "The glory and misery of my home" in *Authority and Individual in Japan*, op. cit., p. 210.

naquela época, e o Japão, em 1960, entrou num período de consumismo pleno; paralelamente assistíamos à ascensão da ideologia 'possua as mesmas coisas que seu vizinho' "[47]. Virtude é a palavra-chave. A fantasmagoria do "meu lar" choca-se com a tradição confucionista, expulsando-a para a periferia da vida moderna. O **watakushi** do mundo dos objetos perde sua conotação pejorativa para se constituir na expressão do sonho de todos, da aspiração de cada um. O que era entendido como excessivo, exagerado, dissipação de energia, é ressemantizado como um ideal coletivo.

Os antropólogos consideram a alimentação um aspecto fundamental das culturas que estudam. Os alimentos e as maneiras de tratá-los (crus ou cozidos, diria Lévi-Strauss) nos ensinam sobre sua estrutura e sua estabilidade. A alimentação constitui em muitos casos uma forma de preservação dos costumes, ela expressa o grau de enraizamento das tradições, contrapondo-se às mudanças que afetam outras dimensões da dinâmica coletiva. Os padrões alimentares não revelam apenas os gostos individuais, como a língua, eles são textos no interior dos quais as disponibilidades culturais se articulam. Sua manutenção ou mudança "fala" sobre uma realidade mais ampla, esclarecendo-nos sobre aspectos difusos da vida social. Em japonês, a palavra **gohan**, "arroz cozido", é freqüentemente utilizada como sinônimo de "refeição". A aproximação nos sugere que a noção de comida de alguma maneira se confunde com a de comer arroz. O idioma distingue ainda entre a variedade de alimentos servidos à mesa: **shushoku** (básico) e **okazu** (acompanhamento). O elo entre alimentação básica e arroz é também estreito. Como dizem os estudiosos: "Para os japoneses, **shushoku** significa arroz e apenas arroz. No passado, arroz era freqüentemente uma refeição inteira e, quando alguma coisa era servida em seu lugar, era chamada de **daiyoshoku,** um substituto"[48]. Há algo de impreciso nessa citação. A rigor, não devemos considerar o passado em questão como algo remoto. Kunio Yanagida, em seus estudos folclóricos e etnográficos, nos lembra que o arroz era um alimento reservado para os dias festivos. Habitualmente, a maioria da população consumia um tipo de alimentação pouco nutritiva composto de uma mistura de cereais em que eventualmente um pouco de arroz era acrescentado[49]. Na verdade, durante a era Tokugawa o arroz significava riqueza, ele era a moeda do imposto devido de cada **han**, de cada aldeia. A arrecadação dos tributos se confundia com o pagamento em arroz das dívidas e das obrigações. Para as

---

[47] T. Kanehisa, *La Publicité au Japon,* Paris, Ed. Maisonneuve & Larose, 1984, pp. 75-76.
[48] "Japanese food past and present", About Japan Series nº 21, Tóquio, Foreign Press Center, 1996, p. 8.
[49] K. Yanagida, *Japanese Manners and Customs in Meiji Era,* Tóquio, Obunsha, 1957, p. 33.

autoridades faria pouco sentido dilapidá-lo com os camponeses. Com as transformações advindas, a reforma monetária retira do arroz sua função de unidade de troca e certos costumes alimentares se alteram. Num período no qual os esforços estão voltados para a produção industrial, e a qualidade de vida da maioria da população é precária, o consumo do arroz, um bem barato, constitui-se num hábito generalizado. Alguns dados confirmam esse fato. Em 1926, do consumo de cereais por domicílios, o arroz representava 96%; em 1938, esse número era de 93,3%[50]. "Refeição" e "arroz" tornam-se praticamente equivalentes. Contudo, entre 1926 e 1989, do consumo de cereais por domicílio, a parte relativa ao arroz cai de 96% para 59%. E, o que é mais importante, a quantidade de arroz consumido por habitante declina aceleradamente: de 313 gramas diários por habitante em 1960 para 215,6 gramas em 1980[51]. A diversificação do cardápio introduz ainda na dieta diária outros produtos. Em 1960, o consumo diário de vegetais era de 272,4 gramas por habitante; frutas, 60,9 gramas; derivados do leite, 60,9 gramas; ovos, 17,2 gramas. Em 1980 temos: vegetais, 306,6 gramas; frutas, 107,7 gramas; derivados do leite, 119,9 gramas; ovos, 39,9 gramas. Portanto, um aumento considerável na absorção de alimentos diversos. Cresce também a ingestão de carne de vaca, porco e frango[52]. "Refeição" e "arroz" agora se afastam. Diante da riqueza nutricional dos alimentos, o prato básico (**shushoku**), centro das refeições, cede lugar ao que era antes um substituto, ao acompanhamento acidental (**ozaku**).

Também as maneiras de se comportar à mesa se modificam. Num estudo instigante, Tadashi Inoue mostra que o próprio objeto "mesa" passa por alterações substanciais[53]. Tradicionalmente, as refeições eram oferecidas em bandejas separadas (**meimeizen**) e cada membro da família recebia sua refeição dentro de uma pequena caixa. Dentro dela vinham os utensílios para comer (palitos, tigelas etc.) e uma porção individual de arroz, sopa, pequenos pratos com acompanhamento. Quando em uso, a tampa, virada ao contrário, era utilizada como uma bandeja na qual os utensílios eram dispostos. Um segundo tipo de mesa é o **chabudai**. De forma circular ou retangular, geralmente colocado sobre o **tatami**, ele possui quatro pernas muito curtas que muitas vezes, para economia de espaço, podem ser desarmadas. O terceiro formato é o de estilo "ocidental". Inoue demonstra como esses tipos de mesa se entrecruzam e concorrem ao longo do tempo. O **meimeizen** e o

---

[50] Dados in C.Y. Horioka, "Consuming and saving", op. cit.
[51] Dados in "Dietary life in Japan", Tóquio, JETRO, 1982.
[52] 1970: carne de vaca, 5,9 gramas por habitante, frango, 10,1 gramas; 1990: 14 e 25 gramas.
[53] T. Inoue, "Changing in family relations reflected in the dining table", Japanstudien, vol. 4, 1992.

chabudai são heranças do passado, e a partir de 1925 as refeições servidas em pequenas bandejas começam a cair em desuso, substituídas pela mesa retangular ou circular de pernas curtas. A mesa estilo "ocidental", sempre acompanhada pelas cadeiras, já existia em algumas casas japonesas antes dos anos 40, mas é somente nas décadas de 60 e 70 que elas gradualmente vão substituir o **chabudai**. Como diz o autor: "A era do **chabudai**, espremida entre o **meimeizen** e o estilo de mesa e cadeiras ocidental, durou pouco mais de 50 anos. Na verdade, o **chabudai** pode ser visto como tendo exercido um papel intermediário entre o **meimeizen** e o estilo ocidental. Isso certamente faz sentido em termos estruturais. Se considerarmos o **chabudai** como elemento que consolidou a forma segmentada das bandejas numa superfície única, e depois, por meio de quatro pernas, ergueu essa superfície acima do solo, então o estilo ocidental de mesa e cadeiras pode ser visto como tendo completado o processo de transição através do alongamento das pernas do **chabudai**"[54]. Mas não são apenas os objetos que se modificam. As formas de se comportar à mesa devem a eles se ajeitar. Tradicionalmente, durante as refeições, a maneira correta de sentar era a **seiza**. A postura ajoelhada, com as pernas dobradas sob o corpo, é uma regra fundamental da etiqueta japonesa. Diante do **meimeizen** ou do **chabudai** os indivíduos deviam manter as costas eretas, esta era a principal exigência em relação a uma *exis* corporal adequada. O aprendizado da **seiza** visualizava corporeamente o êxito de uma "boa educação". A elevação dos pés das mesas traz com ela outras implicações. "As boas maneiras de se comportar à mesa estavam destinadas a mudar radicalmente com a introdução do estilo ocidental de mobiliário. Para encurtar a história, o estilo ocidental de sentar à mesa fez com que a postura da **seiza** perdesse inteiramente o sentido"[55]. Mudanças que seguem a nova funcionalidade do espaço doméstico. Na casa, a sala tradicionalmente reservada para a refeição é substituída pela combinação sala-copa-cozinha, destituindo o ato de comer da ritualidade que o envolvia anteriormente[56].

A modernidade japonesa já não consegue mais se estruturar de forma dual. Se até então os produtos nativos predominavam enquanto bens de consumo, tem-se agora uma profunda transformação dos hábitos cotidianos. Temperos como margarina, maionese, curry e óleo de cozinha definitivamente

---

[54] Ibid., p.145.
[55] Ibid., p.147.
[56] Y. Kunio observa que a sala de refeição era tradicionalmente um espaço pleno de sentidos. Havia um lugar central, perto do fogo, que era considerado o centro. Nele se sentava o chefe da família. Acima do fogo havia um gancho que servia de suporte aos utensílios. O gancho era considerado uma residência das divindades. Cada pessoa tinha seu lugar marcado em razão da hierarquia familiar. Ver *Japanese Manners and Customs in Meiji Era*, op. cit.

deslocam a preferência pelo óleo de soja. A evolução do mercado de bebidas alcoólicas reforça essa tendência. Em 1950: saquê, 26,8%; saquê sintético, 16,7%; **shochu***, 25,4%; cerveja, 26,7%; uísque, 1,1%; outros, 1,1%. Em 1984: saquê, 19%; saquê sintético, 0,5%; **shochu**, 7,8%; cerveja, 65,5%; uísque, 4,5%; outros, 3%[57]. O mesmo ocorre com as bebidas não alcóolicas: os chás e os sucos tradicionais são depreciados em relação ao café, refrigerantes, sucos industrializados, iogurte etc.[58]. Essas mudanças não decorrem apenas de uma reformulação das preferências individuais, é a própria indústria alimentícia que se reestrutura: fabricação industrial de alimentos e bebidas, redes de distribuição em escala nacional, cadeias de supermercados e de lojas de conveniência etc. Para se ter uma idéia, já em 1978 o faturamento da indústria alimentícia era de 11,8% do total da indústria de manufaturados, número superior aos 8,9% de ferro e aço, 8,2% de máquinas, 8,1% de produtos químicos[59]. Mercado diligentemente trabalhado pelos publicitários e homens de *marketing*. O que antes parecia confinar-se ao domínio público (roupas, estilos arquitetônicos, comidas etc.) agora penetra o âmago da privacidade dos lares. Neste contexto a tradição é redefinida. Seu refúgio, a casa, passa a ser povoada por objetos da modernidade. Como se os hábitos se tivessem desenraizado, sendo pouco a pouco substituídos por outros.

*
* *

---

* Shochu: destilado feito de arroz e considerado uma bebida dos trabalhadores.
[57] Dados in K. Minai, "Trends in alcoholic beverages consumption in postwar Japan", Department of Japanese Studies, Occasional Papers Series, National University of Singapore, julho de 1986.
[58] Um estudo interessante sobre o consumo de bebidas industrializadas como um hábito generalizado é o de M. Ashkenazi, "The canonization of nature in Japanese culture: machinery of natural in food modernization" in *Japanese Images of Nature,* op. cit.
[59] Dados in "Changing dietary lifestyle in Japan", Tóquio, JETRO Marketing Series, n° 17, 1978. Um perfil dos hábitos alimentares segundo grupos de idade e estilos de vida realizado em 1978 mostrava que somente o grupo com idade superior a 50 anos (27,8% das pessoas) preferia a comida tradicional japonesa.

Trabalho, Consumo, Estilo de Vida

Shinjinrui. A palavra surgiu em meados dos anos 80 e se aplica a uma nova geração de jovens. O termo tem uma clara conotação depreciativa. Cunhado pela mídia, ele significa uma nova "raça" ou "espécie" humana, como se os que a ela pertencessem fizessem parte de uma natureza alienígena. O que os mais velhos reprovam no comportamento **shinjinrui**? A preguiça, a falta de entusiasmo pelo trabalho, o egoísmo, o descompromisso em relação à família e aos patrões, o desrespeito aos idosos, a apatia política. Com suas vestimentas esportivas, coloridas, roupas de couro, cabelos pintados, tatuagens no corpo, as moças com seus saltos altos estridentes, esses jovens contrastam com o conformismo módico e conservador de se vestir dos empregados de escritório, sempre com seus ternos surrados e suas gravatas opacas. À primeira vista, eles parecem "desafiar" as normas estabelecidas. Um jornalista, procurando entender esse conflito geracional nos diz: "Um desses representantes da nova raça me explicou por que tinha decidido largar o emprego numa companhia prestigiosa de Tóquio. Ele se incorporou à firma por causa de seu forte caráter cosmopolita e sua aparente sofisticação. Contudo, descobriu rapidamente que sob aquela fachada de sofisticação existia uma mão corporativista que ameaçava sua privacidade. Freqüentemente, após o trabalho seu superior o convidava para beber alguma coisa, aparentemente supondo que pagar a conta lhe dava o direito de ditar como esse jovem deveria levar sua vida. Em outra companhia, o típico trabalhador da nova raça repentinamente decidiu sair em férias justamente quando a firma estava entrando num período de trabalho intenso. Voltou bronzeado e em forma, mas quando o superior soube que ele havia saído para esquiar o repreendeu severamente pela falta de consideração em relação aos companheiros, que tiveram de assumir parcela de trabalho extra durante sua ausência"[1]. O relato é irônico e saboroso, mas não devemos

---

[1] C. Tetsuya, "Young people as a new human race", Japan Quarterly, vol. XXXIII, nº 3, julho-setembro de 1986, p. 294. Consultar ainda: A. Takada, "Contemporary youth and youth culture in Japan", International Journal of Japanese Studies, nº 1, 1992; C.S. Littleton, "Tokyo rock and role", Natural History, vol. 94, nº 8, 1985.

tomá-lo ao pé da letra. A rigor, como nos diz Bourdieu, a categoria "juventude" é ambígua e imprecisa[2]. Para compreendê-la, deveríamos situá-la no contexto dos diversos grupos e classes sociais. Também a geração "mais velha" deveria ser trabalhada em sua diversidade social. Creio, entretanto, que a emergência dos **shinjinrui** pode ser lida dentro de outra perspectiva, como expressão de um conjunto de mudanças na sociedade japonesa. Transformações que redefinem os valores de vida e os modos de conduta[3].

Retomo neste ponto a temática do trabalho. Ela permitirá avançar minha reflexão. Os estudiosos nos ensinam que as grandes corporações japonesas se organizam de uma maneira bastante peculiar[4]. Não me interessa tanto destacar os traços gerenciais e produtivos que as caracterizam (por exemplo, o toyotismo), mas sublinhar sua configuração interna, sua capacidade em criar um universo próprio. Por isso, as firmas podem ser comparadas a uma "comunidade", isto é, a uma unidade organizacional que abarca diferentes aspectos da vida de seus membros. Elas providenciam a seus empregados não apenas trabalho, mas recursos diversos como alojamento, empréstimo para a compra de casa própria, serviço médico, subsídio para o transporte, empréstimo para a educação das crianças etc. A descrição que Ronald Dore faz de uma dessas empresas mostra como elas envolvem múltiplas facetas do dia-a-dia dos trabalhadores e de seus familiares. "Na Hitachi, a extensão do braço da firma é maior. A família de um homem é um membro periférico da família da companhia. A firma, por exemplo, oferece um sistema de empréstimos educativos para os filhos dos empregados e mantém um dormitório em Tóquio para aqueles que estejam na universidade ou em cursinhos. Cada membro da firma recebe automaticamente, de acordo com a tarifa-padrão, que varia segundo o tempo de serviço (e não pela posição na hierarquia interna), ofertas de dinheiro para uma variedade de ocasiões — casamento (presentes adicionais da firma, como eletrodomésticos para as mulheres que estão deixando o emprego para se casar), nascimento de um filho, quando este filho entra na escola primária ou se casa. Presentes de condolências são enviados por ocasião da morte de algum membro da família, em caso de enchente ou incêndio... A família é também envolvida num outro nível. A mulher de um mestre-de-obras pode ter de visitar a mulher

---

[2] P. Bourdieu, "La jeunesse n'est qu'un mot" in *Questions de Sociologie,* Paris, Minuit, 1980.
[3] Uma das maneiras de acompanhar esse conjunto de mudanças durante os anos 80 é por meio da leitura de artigos de jornais traduzidos para o inglês pela Cornell University. Ver East Asia Papers, F. Baldwin (ed.), "From politics to lifestyles: Japan in print", nº 35, 1984; nº 42, 1986; nº 47, 1988.
[4] Ver R. Clark, *The Japanese Company,* New Haven, Yale University Press, 1979; M. Fruin, "The Modern corporation and the enterprise system in Japan", Japanese Civilization in Modern World IV: Economic Institutions, Senri Ethnological Studies nº 26, 1989.

doente de um dos subordinados do marido; um homem pode enviar sua esposa à casa de um de seus superiores com presente de agradecimento quando este superior lhe demonstrou alguma consideração em especial"[5]. O raio de ação da companhia alcança atividades diversas, situando as pessoas numa trama na qual ela é o principal personagem. Evidentemente, esta vocação "comunitária" centra-se em torno de uma única preocupação: dedicação e lealdade à firma. Qualidades que se materializam na realização do trabalho assíduo e contínuo. O hino da Matsushita ilustra bem este aspecto[6]:

> "Para construir um novo Japão
> Trabalhar duro, trabalhar duro
> Aumentaremos nossa produção
> Vamos enviá-la a todas as nações
> Sem trégua, sem repouso
> Como um gêiser
> Jorra a nossa indústria
> Sinceridade e harmonia
> É isto a Matsushita Electric".

A idéia de uma companhia possuir um hino já é em si eloqüente. Na verdade, ela busca integrar numa mesma consciência coletiva o conjunto disperso de seus membros. Como uma nação em miniatura, ela inventa seus ritos, seus mitos, cultivando entre os "acólitos" a crença em sua autoridade. O hino, a bandeira, a marca (Hitachi, Mitsubishi, Honda, Sony) são formas coletivas de identificação a um "totem" maior, emblema transcendental e onipresente. A rigor, a firma não é uma família, ela apenas se apresenta como tal. Estamos diante de uma ideologia, de um discurso cuja finalidade é entreter a crença em sua validade (por exemplo, desqualificar os conflitos sindicais, percebendo-os como uma atitude antiética e pouco responsável da parte dos trabalhadores). Mas, é importante entender, trata-se de uma "representação" (no sentido durkheimiano do termo) com um embasamento social. A noção de ideologia não deve ser vista apenas como falsa consciência. Gramsci nos mostra que ela corresponde a uma concepção de mundo que solda os indivíduos no seio de uma determinada ordem. A ideologia da "firma como família" é possível devido à existência do familialismo intrínseco à sociedade japonesa.

---

[5] R.P. Dore, *British Factory Japanese Factory,* Berkeley, University of California Press, 1973, pp. 209-210.
[6] Citação in F. Ginsbourger, prefácio a K. Satoshi, *Japão a Outra Face do Milagre,* São Paulo, Brasiliense, 1985, p. 10.

Ela é crível porque se sustenta em elementos culturais socialmente partilhados. Reorientando-os, as empresas os articulam segundo seus objetivos. A "comunidade" construída passa a ter existência e identidade próprias.

Neste sentido, o tempo fora do trabalho encontra-se subordinado ao "mundo" da firma. Como nos lembra Dore: "Em meados dos anos 60, para incrementar a participação em atividades esportivas, eles começaram a nomear um monitor encarregado da recreação em cada seção e dar a eles um treinamento especial nos fins de semana. Em outras áreas suas atividades também foram expressivas. Na fábrica Hitachi, para celebrar o qüinquagésimo aniversário da firma, foi construído um auditório com capacidade de abrigar 1.200 pessoas... Para cada concerto realizado pela Sociedade Musical dos Trabalhadores o auditório da companhia promove um concerto sob os auspícios da Sociedade Musical Industrial patrocinada pelos empresários. Há um ginásio de atletismo, uma piscina e várias quadras de tênis e de voleibol... O dia anual do esporte é um grande evento celebrado com muitas atrações; o fato de que as preparações para o grande desfile causem alguma perda de produção nas semanas que o antecedem é visto como um "mal necessário"[7]. A preocupação com a virtude de sua população é também uma constante. "Outra dimensão da Hitachi como uma "comunidade total" reside na sua preocupação com a moral dos empregados... Sob a influência de um presidente anterior da companhia, um grande número das fábricas tem filiais da Sociedade Ética, instituição sustentada por várias companhias japonesas cuja função principal é publicar uma revista mensal intitulada *Kojo*. A revista veicula contos, artigos sobre saúde na meia-idade, jardinagem, a luta pela vida de um arquiteto cego, a persistência e o entusiasmo intelectual dos alunos das escolas noturnas, as reminiscências de infância de um empresário aposentado, conselhos para mães quando seus filhos de 8 anos têm ereções. Na orientação da vida cotidiana dos líderes da sociedade, ela promove virtudes não muito diferentes daquelas do pós-guerra — entusiasmo para o trabalho, vigor, camaradagem, patriotismo sério, honestidade, vida limpa e de pensamento elevado"[8]. Como um conselheiro espiritual, a empresa orienta o comportamento na direção "correta" e "desejável". Ela divulga histórias exemplares, exalta as qualidades de uma vida saudável, patrocina eventos culturais, intervém na educação das crianças. Pouco escapa a seus olhos atentos. A esfera do lazer é, dessa maneira, atravessada por suas injunções. Por isso,

---

[7] R.P. Dore, *British Factory Japanese Factory*, op. cit., p. 205.
[8] Ibid., pp. 208-209.

no Japão, a prática de gastar o dinheiro da companhia com empregados e clientes fora do expediente é algo institucionalizado. O entretenimento em bares, clubes e restaurantes é visto como um prolongamento da ação e da obrigação dessas empresas[9].

Evidentemente, esse tipo de prática é condizente com as expectativas difusas na sociedade. Ronald Dore, em seu estudo já citado sobre um bairro de Tóquio, nos dizia que os japoneses têm pouco entusiasmo pelas associações de lazer (clubes, por exemplo), o que se explicaria por certas características das relações sociais no país. A solidariedade se dá preferencialmente entre grupo de pessoas conhecidas alimentando uma sensação de separação, de estranheza em relação a outros grupos. Os contatos pessoais são aqueles tramados no interior de um espaço conhecido, controlado, familiar para os que dele participam. As associações de lazer, fora do âmbito da família, da vizinhança e do trabalho, tendem a ser consideradas lugares estranhos[10]. Ezra Vogel, em seu trabalho sobre os assalariados urbanos (sua pesquisa é de 1958-1960), também sublinha esse aspecto inerente à cultura japonesa: "Apesar das mudanças, a lealdade do indivíduo ao grupo permanece o atributo mais importante a ser respeitado pelas pessoas. Na sua forma extrema, lealdade significa que o indivíduo deve colocar os interesses do grupo acima dos seus. Lealdade ao grupo significa não apenas identificação com seus objetivos, espera-se de cada um a disposição de colaborar entusiasticamente com os outros membros e assim responder ao consenso grupal. Uma vez atribuída uma tarefa, ela deve ser aceita e cada um deve evitar qualquer situação que possa constranger outro membro do grupo. Mantém-se, assim, um interesse no bem-estar, conforto e sentido de honra de todos. Uma filha é respeitada quando considera a vontade de seus pais em relação ao casamento, um empregado é responsável quando não aceita mais dinheiro para conseguir emprego em outro lugar"[11]. As regras de cada grupo são responsáveis pela sua duração e reprodução ao longo do tempo. Sua manutenção requer uma certa moderação diante de atividades que em princípio conflitariam com sua articulação interna.

A esfera do consumo encontra-se, desse modo, contida e subordinada a outros interesses. Contida porque não consegue se expandir segundo sua lógica própria. Outras instâncias sociais possuiriam mecanismos para adaptá-la a suas necessidades específicas. Subordinada porque a autoridade do

---

[9] Ver A. Allison, "Company entertainment: co-mingling play and work", *Japanese Civilization in Modern World XI: Amusement*, op. cit.
[10] R.P. Dore, *City Life in Japan*, op. cit.
[11] E.F. Vogel, *Japan's New Middle Class*, Berkeley, University of California Press, 1963, p. 147.

mundo do trabalho tem a primazia na definição de múltiplos sentidos na vida cotidiana. Não é necessário imaginar que "todos" os empregados de uma firma sigam rigorosamente os preceitos de sua ética laboriosa. As pesquisas demonstram que existem contradições de vários tipos, com muitos trabalhadores alternando sua fidelidade em relação à companhia ou à família[12]. Importa perceber que o mundo do trabalho é um território com centralidade própria. Ele consegue definir uma "ordem" em relação à qual as demandas do "tempo livre" estão subsumidas. Ocorre o mesmo em relação ao grupo família. A difusão dos bens duráveis não altera substancialmente seu prestígio. Pelo contrário, pode-se argumentar que ele é reforçado por sua intensificação. Tching Kanehisa observa que na década de 60, momento em que a ideologia familiar era onipresente na sociedade, a publicidade da quase totalidade dos produtos se dirigia não ao indivíduo, mas à família[13]. Dito de outra forma, a técnica publicitária tira proveito do familialismo existente[14]. A ideologia do "meu lar" redefine a noção de **watakushi**, mas isso se faz realçando a importância e a relevância do núcleo familiar. É o elemento coletivo que impulsiona os indivíduos a adquirir os bens considerados indispensáveis à sua comodidade. Neste sentido, a unidade doméstica funcionaria como um conjunto lógico capaz de controlar os objetos "vindos de fora". Sua fronteira interna (**uchi**) preservaria sua força articuladora de sentido.

A temática dos **shinjinrui** introduz uma ruptura em relação a esses padrões. Como diz Sumiko Iwao: "A atitude despreocupada da jovem geração traz um desafio às corporações que até agora estimularam a dedicação unilateral dos homens que punham o trabalho antes de tudo. Os membros da nova raça rejeitam os valores unidimensionais da geração mais velha de trabalhadores masculinos, que não era nada sem o trabalho. Eles visam a um equilíbrio entre trabalho e lazer. Isso nos leva à conclusão necessária de que a legendária ética japonesa de trabalho, que facilitou o enorme crescimento do país, está agora em declínio"[15]. Outro autor acrescenta: "Os jovens hoje, em seus comportamentos e atitudes, virtualmente não mostram nenhum interesse pelos valores de grupo. Eles têm poucos amigos íntimos e, na ausência de interações pessoais mais significativas, se juntam em grupos que nada mais são do que aglomerados. Pelo fato de os indivíduos manterem uma

---

[12] Ver, por exemplo, S. Watanabe, "The lifestyle, commitment and satisfaction among male workers in Tokyo", International Journal of Japanese Sociology, n° 5, 1996.
[13] T. Kanehisa, La Publicité au Japon, op. cit.
[14] São vários os estudos que mostram como a publicidade se apropria do espírito de grupo para veicular seus produtos. Ver, por exemplo, B. Moeran, "Individual, group and seishin: Japan's internal cultural debate", Man, vol. 19, n° 2, 1984.
[15] S. Iwao, "The Japanese: portrait of change", Japan Echo, vol. XV, Special Issue, 1988, p. 3.

distância em relação aos outros, prevenindo uma relação social, eles se encontram isolados. Este isolamento é inevitável e livremente escolhido. A tendência da nova raça para o nomadismo mina o grupismo e o cabalismo tradicional de que a família japonesa é o protótipo"[16].

Comprometimento da ética do trabalho, individualismo, isolamento. Não nos encontramos mais diante de um conflito geracional. Como se as novas gerações fossem simplesmente incompreendidas pelas mais velhas. A problemática em causa transborda a dimensão "juvenil", remetendo-nos a questões de outra natureza. Ideais que pareciam perenes, intrínsecos ao espírito de japonidade, começam a desmoronar. Como bem observa Masakazu Yamazaki: "Um dos aspectos dessas mudanças complexas, e que pode ser compreendido quando referido ao passado, diz respeito à diminuição da imagem do Estado na consciência das pessoas. Claro, o Estado certamente não perdeu seu papel no funcionamento do sistema político. Mas os anos 70 assistiram a uma rápida diminuição do tamanho do Estado na percepção das pessoas... Além do Estado, os grupos mais importantes no Japão moderno são a família e o lugar de trabalho. Durante a década passada, essas duas organizações passaram por uma silenciosa, mas profunda e extrema alteração. As mudanças relativas ao Estado afetaram apenas sua imagem, mas a essência do lugar de trabalho e da família foi alterada"[17]. Estado, família, firma, entidades que tiveram um papel fundamental no processo de construção da modernidade japonesa, perdem em organicidade.

Que mudanças são essas? Os dados demográficos nos ajudam a compreendê-las. Há primeiro uma forte diminuição da taxa de natalidade: 1940 — 4,11; 1955 — 2,37; 1960 — 2,0; 1970 — 2,13; 1980 — 1,75; 1990 — 1,57[18]. Esta é uma tendência que no seu conjunto pode ser observada desde 1940, embora sofra variações ao longo dos anos: 1940-1955, um acentuado decréscimo; 1955-1970, uma certa estabilidade; em seguida, uma diminuição constante. Ocorre ainda um incremento da taxa de divórcio, do número de pessoas que permanecem solteiras e da esperança de vida, aumentando fortemente o contingente de idosos da população[19]. Por exemplo: em 1970, o número de homens solteiros nas faixas de idade de 25-29 e 30-34 anos era de 46,5% e 11,7%. Em 1990, ele sobe para 64,4% e 32,6%[20]. Fenômeno que se

---

[16] N. Osamu, "A sociological analysis of the new bred", Japan Echo, vol. XV, Special Issue, 1988, p. 14.
[17] M. Yamazaki, "Signs of a new individualism", Japan Echo, vol. XI, nº 1, 1984, pp. 9 e 12.
[18] Dados in M. Osawa, "Les transformations des structures du cycle de vie des femmes au Japon", Sociologie du Travail, vol. XXXIII, nº 1, 1991.
[19] Em 1995, a esperança de vida é de 76,4 anos para os homens e de 82,8 anos para as mulheres.
[20] Dados in "Japanese families", About Japan Series nº 19, Tóquio, Foreign Press Center, 1994.

repete com as mulheres nas faixas de idade de 20-24, 25-29 e 30-34 anos. Em 1970 o número de solteiras era de 71,6%, 18,1% e 7,2%; em 1990, 85%, 40,2% e 13,9%. Por outro lado, devido à expansão do mercado de trabalho feminino, entre as mulheres mais jovens a data do casamento é postergada (média de 26,3 anos em 1995). As mudanças relativas ao tamanho da unidade doméstica são também significativas: entre 1970 e 1995 há um acréscimo sensível do número de pessoas vivendo sozinhas, assim como do número de casais sem filhos. Simultaneamente, tem-se uma considerável diminuição do número de casais com mais de um filho e das famílias em que as três gerações convivem na mesma casa[21]. Essas mudanças afetam diretamente a estrutura familiar e um conjunto de valores tradicionalmente aceitos. Um deles é o papel da mulher. Sua subalternidade, historicamente justificada, começa a ser posta seriamente em dúvida. As reivindicações feministas têm implicações no lar e no trabalho, redefinindo as relações de gênero. Malgrado a discriminação que sofrem, as mulheres têm, no entanto, uma posição preponderante no mundo do consumo. Vários autores sublinham este aspecto[22]. Pelo fato de a maioria trabalhar ainda em tempo parcial ou se dedicar principalmente aos afazeres domésticos, elas possuem tempo e disponibilidade para ingressar no universo do consumo: ir às compras, freqüentar clubes, cafés, academias de ginástica etc. Ora, é justamente nesses espaços que se criam imagens de feminidade radicalmente distintas dos ideais de maternidade prevalentes até então. Basta olhar as revistas femininas em que o corpo feminino é exposto com sensualidade e erotismo, despertando sentimentos distantes do recatado decoro maternal. Outro valor: a piedade filial. A moralidade tradicional pressupunha um grau de estabilidade social no qual as prerrogativas de idade pudessem se reproduzir. Tais condições deixam, no entanto, de existir. Como nos diz Edgar Morin, numa sociedade na qual o mito da juventude se transforma em ideal coletivo faz pouco sentido conservar as rígidas relações hierárquicas entre pais e filhos[23]. Por outro lado, diante do crescimento da população de idosos a antiga virtude confucionista torna-se um dilema. Obediência e respeito aos mais velhos implicam políticas públicas, gastos sociais e uma dificuldade cada vez maior das famílias em se ocupar das gerações anteriores[24]. A rigor, a própria

---

[21] 1970: 18,5% das moradias são compostas de solteiros e 10,7% de casais sem filhos; 1995: 22,6% solteiros, 18,4% casais sem filhos. Cai também o número de casais com mais de um filho — 41,2% em 1970, 35,3% em 1995 — e o número de famílias com mais de três gerações vivendo juntas — 19,2% em 1970, 12,5% em 1995. Dados in "Facts and figures of Japan", op. cit.
[22] Ver L. Skov e B. Moeran (ed.), *Women Media and Consumption in Japan,* Honolulu, University of Hawaii Press, 1995.
[23] E. Morin, *L'Esprit du Temps,* Paris, Grasset, 1962.
[24] Ver N. Ogawa e R. Retherford, "Care of elderly in Japan: changin norms and expectations", Nihon University Population Research Institute, NUPRI, Reprint Series nº 46, janeiro de 1994.

idéia de emprego "vitalício" e de senioridade passa a ser questionada pelas grandes corporações. O alto custo da mão-de-obra, a disseminação do trabalho temporário, o incentivo às aposentadorias voluntárias são sinais evidentes da erosão de um sistema cujo apogeu se circunscreveu ao período do "milagre japonês". As modificações em relação à duração da jornada de trabalho são ainda substantivas. As leis trabalhistas de 1947 previam uma jornada semanal de 48 horas, com apenas um dia de folga e seis dias anuais de férias; após o primeiro ano no emprego, era acrescentado, a cada ano, um dia a mais às férias até ser completado o limite de vinte dias. A revisão do código trabalhista em 1987 introduz a semana de cinco dias, reduz o número de horas semanais para 40, e aumenta o período de férias. Yasuyuki Hippo observa que, após um pico de 2.426 horas anuais de trabalho por pessoa, a partir dos anos 60 pode-se distinguir a seguinte evolução da duração do trabalho: entre 1960 e 1975 uma diminuição; em seguida, uma estagnação entre 1975 e 1987; por fim, uma diminuição decorrente da adoção do código trabalhista[25]. Algumas comparações nos esclarecem este quadro. Em 1985, do total de horas anuais por trabalhador, o Japão tinha 2.168 horas, contra 1.929 nos Estados Unidos, 1.910 no Reino Unido, 1.663 na Alemanha e 1.644 na França. Em 1993, os números são outros: Japão, 1.966 horas; Estados Unidos, 1.976; Reino Unido, 1.902; França, 1.678; Alemanha, 1.529[26]. Tendência que se fortalece, pois entre 1993 e 1995 esse número cai para 1.909 horas. Diminui também o número médio de dias trabalhados por mês: 1960 — 24,2 dias; 1995 — 20 dias[27]. A ética do trabalho, apanágio da ideologia Meiji e da política industrial do pós-guerra, deve agora ser reconsiderada.

O Japão contemporâneo é uma sociedade altamente urbanizada na qual uma minoria da população vive na zona rural. O país, densamente povoado em algumas regiões, praticamente deserto em outras (Hokkaido), é formado por uma imensa zona conurbada na qual as cidades se entrecruzam umas com as outras. A região de Tóquio, Osaka e Nagoya concentra cerca de 47% da população do país (um total de 126 milhões de habitantes em 1995), o que evidencia a alta densidade populacional desses lugares. A área metropolitana de Tóquio (25% da população japonesa) forma com Osaka *world cities* nas quais a concentração de funções econômicas e administrativas requer um processo de diferenciação social intenso. Mas, contrariamente a Londres e Nova York, onde houve um deslocamento das funções econômicas

---

[25] Y. Hippo, "Japon: la réduction du temps de travail", Futuribles, maio-junho de 1992.
[26] Dados in "Changes in overseas travel market", JT Report 95's: all about Japanese overseas travellers, Tóquio, Japan Travel Bureau, 1995.
[27] Dados in "Facts and figures of Japan", op. cit.

para outras regiões do país, as grandes cidades japonesas continuam a crescer por causa de sua posição transnacional. Tóquio concentra as funções de direção (sede de empresas, bancos), os estabelecimentos de pesquisas fundamentais (universidades) e os laboratórios públicos e privados de pesquisa e desenvolvimento. Ela é o centro de gravidade em torno do qual circulam a alta tecnologia e as pequenas firmas de produção flexível. Como dizem os estudiosos: "A grande Tóquio é uma versão japonesa da *City* de Londres, do Vale de Silício, e da terceira Itália, tudo isso envolvendo o dinamismo de uma única região"[28]. Essa concentração de funções tem, no entanto, implicações na configuração do espaço urbano. As grandes corporações convergiram para o centro da cidade, aumentando vertiginosamente o preço dos terrenos. Isso acarretou a expulsão de uma parte considerável da população para os subúrbios. Neste sentido, também contrariamente a Londres e Nova York, onde ocorreu um despovoamento do centro da cidade, tem-se um movimento contrário: a valorização por meio da especulação imobiliária e do desenvolvimento do capital[29]. Como resultado, temos a expansão das cidades-satélites, habitadas por trabalhadores de baixa renda, e das cidades médias conurbadas com a capital, compostas de assalariados de classe média. Tóquio e Osaka já não mais se definem por seus contornos municipais, mas por suas cadeias de lojas de departamentos, grandes bancos, edifícios administrativos, condomínios, pequenas lojas etc. Ao longo deste *continuum* espacial alguns sítios fazem o papel de "centro", isto é, oferecem serviços, cinemas, shoppings, bares, bancos e escritórios interligados pela malha de transporte. É este elemento de urbanidade que constitui o que Maurice Halbwachs chamava *les cadres sociaux de la vie cotidienne,* pano de fundo no qual se desenrola a vida das pessoas. Cortado pelas rodovias, grandes avenidas, estradas de ferro, o tecido urbano é um composto heteróclito de construções sem nenhuma organicidade particular. A própria idéia de cidade se aplica mal a esta realidade. Ela é na verdade um conjunto de articulações atravessadas pelas vias de comunicação e as pessoas em movimento. Outro tipo de cidade são Kyoto, Nara, Kamakura, centros de pequeno comércio, de visitação turística, redutos de templos budistas e bastiões de uma cultura mais tradicional. Ao lado dessas configurações urbanas temos ainda as cidades industriais (Toyota City) e as cidades científicas (Tsukuba), determinadas principalmente por suas funções produtiva ou de pesquisa científica. Diante dessa

---

[28] R. Hill e K. Fujita, "Introduction" in R. Hill e K. Fujita (ed.), *Japanese Cities in the World Economy,* Filadélfia, Temple University Press, 1993, p. 9.
[29] Ver M. Douglass, "The new Tokyo story", e K. Miyamoto, "Japan's world cities" in R. Hill e K. Fujita, op. cit.

heterogeneidade espacial, um autor como John Clammer tira uma conclusão importante: o que unifica essa variedade de espaços urbanos e estilos de viver é a participação numa cultura comum de consumo[30]. Os vínculos sociais se refazem em outra dimensão. O grau de urbanidade existente na atual sociedade japonesa torna difícil a preservação dos laços identitários locais, assim como dos vínculos forjados no seio de grupos como a família, a firma ou a vizinhança. Como acrescenta o autor: "Com as mudanças na cidade, os vínculos sociais fundados em fatores sociológicos distintos da localidade tendem a crescer. As cidades japonesas já não são mais uma justaposição de aldeias, tipo organização de vizinhança, mas uma mistura desordenada de enormes lojas e edifícios corporativos coexistindo com pequenas lojas, pequenos produtores e unidades residenciais... Já foi sugerido que o conceito de rede se aplicaria melhor à compreensão do urbanismo japonês do que o conceito de comunidade — modelo de relacionamento (amizade, trabalho, interesse comum) freqüentemente baseado em atividades de consumo (compras, comer fora, produção, vendas) que, em muitos casos, transcendem as fronteiras das localidades particulares. Embora a geografia e o modelo espacial (por exemplo, lugar de residência) empiricamente influenciem a forma das redes, elas não se identificam com a localidade e, diferentemente dos lugares, podem ser de natureza múltipla, em seu caráter dinâmico podem surgir e desaparecer ao longo do tempo"[31]. As formações urbanas contemporâneas desterritorializam as relações pessoais e os laços sociais. O quadro da vida cotidiana já não mais se limita a fronteiras territoriais precisas, daí a importância da idéia de rede: ela projeta os indivíduos para fora de sua "localidade" inserindo-os num fluxo incessante de contatos. Uma rede é na verdade um circuito, nele se inscreve a trajetória difusa dos indivíduos transbordando os horizontes do bairro, da família, e do lugar de trabalho. Como se constituem as identidades nesse espaço em que as raízes geográficas e tradicionais são preteridas? O que determina a orientação e a conduta dessas pessoas em movimento? Lembro que Baudrillard há muito já nos havia ensinado que a sociedade de consumo não deriva de uma volição pessoal, de uma escolha, como se o indivíduo possuísse inteiramente a capacidade e o tirocínio para determinar o seu destino e a sua relação com os outros[32]. O consumo é uma "moral", isto é, um conjunto de valores simbólicos e ideológicos que idealmente ordena os signos e os que deles se apropriam. Trata-se,

---

[30] J. Clammer, *Contemporary Urban Japan: a Sociology of Consumption*, Londres, Blackwell, 1997, p. 30.
[31] Ibid., pp. 31 e 35. Consultar do mesmo autor: *Difference and Modernity: Social Theory and Contemporary Japanese Society*, Londres, Kegan Paul, 1995.
[32] J. Baudrillard, *La Société de Consommation*, Paris, Denoël, 1970.

portanto, de um sistema coletivo, daí sua capacidade integradora. As redes individuais são construídas nesse contexto, agrupando as pessoas em virtude de suas necessidades, identificações e comportamentos.

*
* *

Mas de que tipo de consumo estamos falando? O que o caracteriza? Em que a sociedade japonesa se diferenciaria dos momentos anteriores de sua história? Creio ser possível caracterizá-la, seguindo a sugestão de Alain Touraine e Daniel Bell, como uma sociedade "pós-industrial" na qual a presença da tecnologia, da informação e do conhecimento (científico e especializado) adquire uma dimensão preponderante[33]. O ponto que me interessa reter é que uma sociedade "pós-industrial" define-se pela passagem da produção de bens manufaturados para uma economia de serviços. Termo que inclui atividades diversas: transporte, financiamento, políticas públicas, distribuição de mercadorias, lazer (viagens, entretenimento, esporte, recreação etc.). Não é difícil demarcar essa diferença de ritmo para o caso japonês. Até os anos 60, a força de trabalho se concentra no setor agrícola, apenas a partir de 1965 o número de empregados na agricultura é ultrapassado pelo do setor industrial. Ao longo desses anos, o crescimento do setor de serviços é constante, mas durante a década de 60 ele se encontra ainda subsumido à prevalência da área industrial. A rigor, nesta etapa do capitalismo japonês, a atividade industrial é a mola propulsora do crescimento econômico. O quadro se modifica nas décadas de 70 e 80. Não se trata de uma debilitação do parque industrial, porque sua estrutura permanece sólida, com um crescimento importante em domínios específicos: eletrônica, biotecnologia, computador, telecomunicação. Contudo, este é o momento em que o setor de serviços suplanta o de manufaturados[34]. Como indicam os estudos econômicos, há uma mudança no padrão de consumo e dos estilos de vida. Ou, como propõem alguns autores, procurando demarcar o ritmo desta transformação: "Os anos 70 foram um período no qual a valorização do consumo cresceu enormemente. Isso significa que uma primeira mudança, ocorrida

---

[33] A. Touraine, *La Société Postindustrielle*, Paris, Denoël, 1969; D. Bell, *The Coming of Post-Industrial Society*, Nova York, Basic Books, 1973.
[34] Em 1970, o setor industrial e o de serviços compõem, respectivamente, 43% e 51% do PIB; em 2000 (projeção), esses números passam para 31,6% e 64,2%. Dados in Consumer Japan: 1990, Londres, Euromonitor, 1989. Ver, ainda, J. Nishikawa, "L'expansiion du secteur de services et le tourisme au Japon" in C. Condominas (ed.), *Les Loisirs au Japon*, op. cit.

em três séculos, foi acompanhada por mudanças na fábrica interna do comportamento do consumidor. Foi durante esta década que o consumidor começou, primeiro, a selecionar os bens de acordo com preferências mais individualizadas e, segundo, a demandar mais serviços pessoais do que por bens materiais"[35]. Em que sentido se faz esta reorientação do consumo? A análise de alguns itens do orçamento doméstico é sugestiva. Entre 1965 e 1986 há um crescimento com os gastos relativos aos bens duráveis vinculados a recreação (rádios, aparelhos de televisão, instrumentos musicais, câmeras fotográficas etc.), porém a partir de 1987 observa-se uma nítida diminuição[36]. Os gastos com bens duráveis recreacionais são superados pelos de serviço. O mesmo pode ser dito em relação a outros produtos: microondas, geladeiras, carros, ar-condicionado etc. Isso se deve a uma quase saturação do mercado de determinados bens duráveis: em 1990, 98,9% das casas possuíam geladeiras, 98,1% geladeiras com *freezer*, 99,2% máquinas de lavar louça, 98,7% aspiradores de pó, 99,3% televisores em cores, 79,2% microondas, 86,8% câmeras fotográficas, 79,5% automóveis[37]. Há, portanto, um deslocamento da preferência para gastos com passeios, viagens, jantares, esportes etc. Por exemplo, comer fora torna-se o hábito preferido da população, mobilizando 68,5 milhões de pessoas em 1992[38]. Outro tipo de entretenimento, as viagens para o exterior, aumenta vertiginosamente. Entre 1964 e 1970 o número anual de viajantes é relativamente pequeno, passando de 128 mil para 663 mil; em 1994, ele atinge 13,5 milhões[39]. Acréscimo que requer uma expansão das casas de turismo, do financiamento das passagens e das estadias, da utilização de cartões de crédito, das redes de hotéis, do transporte aéreo. O turismo interno é também beneficiado por esta movimentação recente, mobilizando em 1992 algo em torno de 61,7 milhões de pessoas. A lista dos lazeres "mais populares" é ainda significativa: freqüentar restaurantes, viajar, passear de carro, karaokê, beber em bares, ir ao zoológico e a parques temáticos, jogar na loteria. Na maioria são opções que privilegiam o que alguns autores denominam de

---

[35] M. Yamazaki, "Signs of a new individualism", op. cit., p. 16.
[36] Gasto anual por moradia: bens duráveis relativos a recreação: 1987 — 10.923 ienes; 1988 — 10.626 ienes; 1989 — 11.353 ienes; 1990 — 9.538 ienes; 1991 — 9.838 ienes. Os gastos com serviços de recreação evoluem da seguinte maneira: 1987 — 12.860 ienes; 1991 — 20.267 ienes. Dados in S. Koseki, "Japan: homo ludens japonicus"; A. Olszewska e K. Roberts (ed.), Leisure and Lifestyle, Londres, Sage Publications.
[37] Dados in Consumer Japan: 1993, op. cit. Não se deve imaginar que numa sociedade de serviços os bens duráveis sejam sem importância. Pelo contrário, muitos novos serviços demandam a produção e a distribuição de manufaturados como computadores, telefones celulares, videogames etc.
[38] As estatísticas mostram que jantar fora é um dos hábitos preferidos dos japoneses, consumindo uma parte considerável do orçamento familiar. Dados in "Leisure and recreation activities", About Japan Series nº 4, 1993.
[39] Dados in "Changes in overseas travel market", op. cit.

"cultura das saídas", mobilidade que contrasta com a vida "sedentária" e "pouco atrativa" do lar (descansar, *hobbies* caseiros, ver televisão)[40]. O espaço "fora de casa" é desta maneira ressignificado, como se nele residissem as melhores expectativas para uma vida plena e satisfatória.

Para entender esse redimensionamento do consumo é necessário nos desvincularmos de duas interpretações correntes na literatura acadêmica. A primeira peca pelo economicismo, como se a passagem dos bens duráveis para os de serviços fosse simplesmente uma mudança de preferências em relação a produtos diversos. Evidentemente, o elemento econômico é fundamental, não se trata de negá-lo, pois toda a discussão sobre cultura o pressupõe. No mundo contemporâneo, as relações sociais são tecidas a partir e no interior da "infra-estrutura" do mercado. Economia e técnica conferem materialidade à modernidade. Entretanto, o que se denomina "sociedade de consumo" é distinto das relações econômicas, envolvendo dimensões simbólicas que não se encontram consubstanciadas no nível da produção. A outra perspectiva refere-se à noção de "tempo livre". Existe uma tradição intelectual — penso em Joffre Dumazedier — que considera o lazer um espaço de fruição individual[41]. Para ela, o tempo seria vivenciado ao bel-prazer das pessoas, como se elas possuíssem a inteira liberdade de escolha, desfrutada segundo suas inclinações. Por isso, muitos dos escritos sobre Sociologia do Lazer se vinculam originariamente ao estudo da emergência da classe operária européia e à sua luta pela restrição da jornada de trabalho. Em princípio, o lazer seria uma reivindicação das classes desfavorecidas, uma conquista política, um contraponto à labuta esfalfante da fábrica. Diante da alienação do "trabalho em migalhas" (para falarmos como George Friedmann), abre-se fora dele uma possibilidade de realização pessoal. Uma visão oposta é a de Adorno e Horkheimer. Para eles, não existiria "tempo livre", pois a escolha de cada um seria administrada pelas indústrias culturais, num processo que reforçaria a "pseudo-individualização" das pessoas[42]. O universo do lazer seria o prolongamento das necessidades fabris, da lógica produtiva. Nele seriam repostas as energias necessárias para a reprodução da máquina industrial (Adorno e Horkheimer utilizam inúmeras vezes a metáfora da máquina para descrever o funcionamento da sociedade). Apesar de antagônicas, essas duas visões pressupõem a idéia da centralidade do trabalho. Num caso, o lazer seria uma

---

[40] Ver *Les Pratiques Culturelles de Français: 1973-1989*, Paris, La Découverte, 1990.
[41] J. Dumazedier, *Sociologia Empírica do Lazer*, São Paulo, Perspectiva, 1979.
[42] T. Adorno e M. Horkheimer, *Dialética do Esclarecimento*, Rio de Janeiro, Zahar, 1985.

forma de escapar à sua presença alienante, no outro, uma maneira de reforçá-lo por meio do ajuste inconsciente às mercadorias culturais. No Japão o debate segue normalmente as linhas de uma Sociologia do Lazer, abundam os estudos, sempre recheados com dados quantitativos, que buscam demonstrar uma diminuição do tempo de trabalho e um aumento do "tempo livre". Cito um entre outros: "No final dos anos 50, pouco depois da guerra, os japoneses não tinham virtualmente nenhuma oportunidade de desfrutar as coisas de lazer que hoje conhecemos. Pelo contrário, as pessoas apenas trabalhavam duro. As principais formas de diversão eram escutar rádio, ler revistas e assistir a alguns esportes como sumô ou beisebol. Quando saíam de casa, as pessoas poderiam desfrutar um cinema ou um **pachinko,** mas esses não eram divertimentos propriamente populares. Foi apenas com o rápido desenvolvimento dos anos 60 que os japoneses começaram a se interessar pelo lazer. Com o crescimento da economia, eles passaram a ter mais renda e mais tempo disponível para aplicar nas coisas de lazer"[43]. Tudo se passa como se a sociedade japonesa, carente de lazer, e por isso distinta das sociedades industriais européia e norte-americana, com o desenvolvimento econômico tivesse atingido a maturidade para desfrutar seu "tempo livre". Voltamos assim à problemática do trabalho, dimensão que orienta e predomina na discussão, pois na história japonesa esse é um elemento-chave do processo de modernização. Mas, como pondera Claus Offe, seria o trabalho um valor central das sociedades contemporâneas[44]? Creio que não, para isso se torna importante distinguir entre lazer e consumo. A noção de "sociedade de consumo" não pressupõe como referente imediato o trabalho. O tempo gasto numa tarefa caseira, por exemplo um *hobbie,* não é equivalente a "fazer compras", atividade que mobiliza um elemento lúdico, feérico, mas encontra-se integrada ao mercado. O consumo atravessa a esfera do lazer e do trabalho, a cultura e a produção, sem opô-los como se fossem pólos antitéticos. Enquanto "lazer", ele partilha um conjunto de características atribuídas ao "tempo livre": fruição, deleite, ludismo. Enquanto "trabalho", reforça-se sua dimensão propriamente econômica (em diversos países — Japão, Estados Unidos, Comunidade Européia — a indústria do entretenimento fatura mais do que as clássicas indústrias ditas de base). Por isso, a discussão sobre a existência ou não de um "tempo livre", seu aumento ou diminuição, parece-me

---

[43] "Leisure and recreational activities", op. cit., p. 5. Na mesma linha de argumentação, ver T. Furogori, "Work hours and quality of life in Japan", Japanese Economic Studies, vol. 21, nº 2, 1992.
[44] Ver C. Offe, *Capitalismo Desorganizado,* São Paulo, Brasiliense, 1989.

inócua. Na verdade, ela nos afasta das questões centrais que caracterizam a contemporaneidade.

Uma sociedade de consumo não constitui certamente um "sistema de objetos" como imaginava Baudrillard, uma "linguagem", um "texto" semiológico com uma estrutura coerente a ponto de possuir uma abrangência sistêmica[45]. Caso isso fosse verdadeiro, ao discutir o processo de mundialização seríamos obrigados a conceber a existência de um "texto global" capaz de integrar a todos dentro de sua "estrutura". O que é insensato. Não que o consumo nada tenha de "textual", seja incoerente e desarticulado. Os "objetos" não existem isolados, eles se comunicam uns com os outros, tecendo uma rede interativa entre eles. Entretanto, a idéia de "linguagem" nos remete facilmente à noção de unicidade, conferindo ao "texto" uma amplitude, no caso global, que ele certamente não possui. Da mesma forma que não existe um *world system* (creio que as interpretações de Wallerstein e de Luhmann são incompletas), parece-me impróprio falar em "cultura global", em "estrutura" sistêmica de "todos" os signos[46]. Não se pode esquecer ainda que os indivíduos e as coletividades investem os "textos" de sentido que muitas vezes extrapola a sua "verdade". Há uma certa disjunção entre a lógica dos objetos (para falarmos como Baudrillard) e o seu uso (aspecto que Michel de Certau buscava entender através da categoria "tática"). Como expressão da cultura, o consumo é trabalhado pelos indivíduos, grupos e classes sociais. Mas Baudrillard tem razão quando diz que os "objetos" cada vez mais se distanciam de sua função utilitária. A idéia de "bens duráveis" pressupõe que eles possuiriam sobretudo uma utilidade: congelar alimentos, transportar pessoas, secar cabelos, mostrar imagens etc. É bem verdade que eles podem também exprimir uma posição de *status*, de diferenciação social. Entretanto, sua característica primeira é servir para alguma coisa, preencher esta ou aquela função. O que entendemos por "consumo" cada vez mais afasta o significado dos objetos de seu referente material. Sua utilidade é posta em segundo plano. Vários autores sublinham esse aspecto — por exemplo, Mike Featherstone — em que intervêm dimensões diversas: o gratuito, a estética, o estilo de vida etc.[47]. Como as religiões, o consumo constitui "um mundo", isto é, um universo de significação capaz de modelar as práticas cotidianas. Nele os indivíduos se reconhecem uns aos outros, constroem suas identidades, imagens trocadas e reconfirmadas pela interação social. Neste sentido,

---

[45] Ver J. Baudrillard, *Le Système des Objets*, Paris, Gallimard, 1968.
[46] Trabalhei esta discussão particularmente em *Mundialização e Cultura*, op. cit.
[47] Ver M. Featherstone, *Consumer Culture & Postmodernism*, Londres, Sage Publications, 1991.

ele é fonte de autoridade, possui legitimidade para definir a validade das ações individuais, orientando-as nesta ou naquela direção. Não é necessário considerarmos a existência deste cosmo lúdico-mercadológico-estético como sendo algo homogêneo a ponto de determinar unidirecionalmente a conduta. Legitimidade é um conceito distinto de homogeneização. Mas, reitero, o consumo atua como uma esfera de valor concorrente com outras instâncias de socialização.

Sua existência é, todavia, parte da modernidade-mundo, ele é uma de suas expressões. A incidência num território determinado, o Japão, tem certamente particularidades, mas ela revela uma tendência mais ampla. O advento de uma sociedade mundializada contesta a preponderância da ética do trabalho. Se antes ele era percebido como um incentivo à realização pessoal, agora as coisas se modificam. O trabalho é visto como um "mal necessário", sendo pouco a pouco superado por uma postura hedonista, egocentrada. Evidentemente não se trata do "fim do trabalho", pois não existe sociedade industrial sem trabalho. No entanto, o homem contemporâneo deslocou sua expectativa de vida para um espaço imaginário, onírico, cuja materialidade se concretiza em atividades como viajar, sair de férias, ir ao shopping, passear etc. A contraposição entre ética do trabalho e a atitude **shinjinrui**, manifestando-se no terreno de uma cultura específica, traduz um movimento que a envolve e a ultrapassa. Na verdade, a modernização da sociedade japonesa tem ritmos distintos. Meiji consegue integrar alguns preceitos confucionistas dentro de sua perspectiva industrializante, tornando o trabalho um valor fundamental. O período do pós-guerra redefine a noção de **watakushi**, afastando o Japão moderno cada vez mais de sua tradição religioso-filosófica. Mas o consumo permanece ainda subordinado a esferas que lhes são exteriores. A expansão dos bens duráveis se faz em estreita correlação com a ideologia modernizante. Ela simboliza o êxito da nação japonesa, pois a grandeza de seu crescimento industrial é vista como o resultado de um esforço coletivo, da união do "povo japonês" em torno de objetivos comuns (evidentemente organizados pelos interesses do Estado nacional). Neste sentido, a aquisição de bens duráveis é uma exaltação do trabalho, sua decorrência. A emergência de uma esfera autônoma do consumo, distante da utilidade dos objetos e das fontes tradicionais de dominação (Estado, firma, família), traz um dado novo. Conectada ao processo de globalização econômica e de mundialização da cultura, a sociedade japonesa conhece um outro ciclo de vida, uma outra etapa. A modernidade-mundo traz com ela valores que, por serem mundiais, independentemente das histórias peculiares de cada lugar, pela sua amplitude, e por expressarem um processo socioeconômico que atravessa nações e povos, determinam novos padrões de legitimidade. Da mesma maneira que na Europa ela desloca outras instâncias de autoridade, o mundo da grande arte, ou na América Latina as tradições populares, no Japão o consumo se sobrepõe às instâncias socializadoras anteriores.

Um exemplo: segmentos da juventude. Vários estudos mostram que sua socialização pouco a pouco escapa à autoridade familiar. Há, evidentemente, razões para isso. A vida moderna com seus afazeres incessantes, tende a debilitar os vínculos familiares. Uma pesquisa realizada em 1991 traz os seguintes resultados: apenas 31% das famílias se reuniam todos os dias para jantar (36,2% em 1986), 21% pelo menos quatro dias por semana. Proporção que, embora significativa, segundo os especialistas, tende a diminuir[48]. Ora, a refeição em comum não é apenas um simples hábito. Como nos lembra Chombart de Lauwe, ela representa um momento importante da vida doméstica[49]. Partilhar coletivamente os alimentos, "comungá-los", é um ritual que reforça a solidariedade, aproximando e solidificando a coesão entre as pessoas. A vida atual leva a uma fragmentação das tarefas. Se antes cada membro da família se sentava à mesa participando de um evento comunal, hoje cada um tende a coordenar seu tempo em função de suas tarefas e de seus interesses próprios. Há uma deslocalização do ato de comer (restaurantes, cantinas, fast food, *snack*). Mas os dados mostram ainda uma desagregação mais profunda da solidariedade familiar. Pesquisas realizadas em Tóquio revelam que cerca de 30% dos pais passam no fim de semana menos de 15 minutos junto de seus filhos[50]. No decorrer da semana, as crianças, pelo fato de estudarem em escolas distantes ou estarem ocupadas com as tarefas escolares, praticamente já não mais encontram seus pais. Sintomaticamente, as atividades que a família realiza em conjunto são: fazer compras, jantar fora de casa, viajar. O pouco contato existente se efetiva em espaços de consumo. Este universo de "diversão" e "desfrute" torna-se referência obrigatória para "todos". Por exemplo, as revistas juvenis. *Hot Dog Press, Popeye, Goro, Men's Club* (para o público masculino), *non no, JJ, CanCam, Croissant, Olive, More* (publicações femininas) não são apenas textos dirigidos a segmentos diferenciados do mercado, mas funcionam como guias de comportamento: informação sobre moda, estilo de vida de grupos jovens no Japão e no exterior, penteados, conversas, dúvidas sexuais etc. Dificilmente as revistas publicadas pelos conselhos de ética de uma empresa como a Hitachi, exemplo apresentado por Ronald Dore, preconizando uma vida frugal, comedida,

---

[48] "Japanese families", op. cit., p. 66.
[49] P. Chombart de Lauwe, *La Vie Quotidienne des Familles Ouvrières*, Paris, CNRS, 1956.
[50] "Japanese families", op. cit., p. 66.

dedicada ao trabalho, conseguiriam se contrapor a essas novas propostas. Nem seus esforços relativos a uma política de entretenimento, promoção do esporte ou das habilidades musicais competem com os atletas do olimpo esportivo ou os ídolos da música *pop*. Não que as firmas abandonem a intenção de confinar a conduta de seus membros à sua previdência "comunitária". Contudo, estratégias do tipo — utilização da linguagem **manga** (histórias em quadrinhos) para enaltecer o trabalho e a dedicação à empresa — tornam-se insatisfatórias por carecerem de apelo e convencimento. Diante do espetáculo sedutor das revistas de moda, de música popular, de esportes radicais, esta tentativa de cativar a atenção surge como "indevida", *démodée*, "anacrônica". As pesquisas qualitativas trazem ainda alguns testemunhos expressivos em relação às expectativas de vida. Em resposta ao que seria uma atividade interessante de lazer, lemos: "O que for divertido para fazer. As atividades que gostamos de fazer são boas desde que divertidas, isso é **asobi**"[51]. Ou ainda: "Tudo bem jogar futebol no time da escola. Mas, se você tem de trabalhar muito para fazer esporte, já não é mais **asobi**"[52]. Não é, então, surpreendente encontrar como itens preferidos pelos jovens a moda, a música, os esportes, as viagens, os carros, os programas televisivos, freqüentar restaurantes, fazer compras etc. Este é o "mundo" que os encanta. **Asobi**, o termo contempla bem este estado de fruição e deleite, como se os tempos de rigor confucionista estivessem definitivamente revogados.

A problemática do consumo tem ainda implicações em relação à socialização das crianças. Millie Creighton, jogando com as palavras (*edutaining*), mostra como os novos modelos de comportamento misturam educação e entretenimento. Analisando as estratégias de *marketing* das lojas de departamento ela nos diz como essas grandes empresas (tipo Seibu) oferecem seminários para as donas de casa que, para freqüentá-los, podem inclusive dispor de um serviço de creche gratuito[53]. A autora acrescenta: "Cada loja de departamento sempre providencia gratuitamente os seguintes serviços: uma funcionária e/ou nutricionista especializada disponível para avaliações e conselhos, consulta marcada com antecedência com algum médico, uma livraria dedicada às crianças para o empréstimo de livros e de vídeos, conferências

---

[51] "Young adults in Japan: new attitudes creating new lifestyles changing lifestyle", Changing Lifestyles in Japan 3, Hakuhodo Institute of Lifestyle and Living, Tóquio, 1985, p. 88.
[52] Ibid., p. 92. Sobre as mudanças de estilo de vida consultar ainda: "From family ties to financial ties" e "Japanese salarimen in Japan", respectivamente Changing Lifestyle in Japan 5 e 6, Hakuhodo Institute of Life and Living, Tóquio, 1989 e 1991.
[53] M. Creighton, "Edutaining children: consumer and gender socialization in Japanese marketing", Ethnology, vol. 33, nº 1, 1994. Ver, também, M. White, "The marketing of adolescence: buying and dreaming" in Women Media and Consumption in Japan, op. cit.

sobre parto, questões de maternidade e orientação psicológica, aulas sobre o *stress* dos executivos para as jovens mães"[54]. Já não se trata apenas de vender produtos, a loja transforma-se numa escola em miniatura com objetivos pedagógicos explícitos. Ela ensina às mulheres como executar da melhor forma, e da maneira mais agradável possível, seus deveres maternos. Movimento análogo se passa com as crianças. Nos parques temáticos infantis, Disneyland, Strawbery House, Baby Circle (fazendinhas em miniatura), Tokyo Sesame Place, elas são introduzidas pelas brincadeiras às práticas de consumo. "Imitando o que é oferecido para os adultos, a educação dada pelas lojas ensina às crianças que na procura das coisas há algo mais do que o consumismo. Como os lares japoneses estão saturados de bens materiais, desde 1990 as propagandas têm sublinhado que se vende ‹uma coisa além da coisa›. Salões para corte de cabelo, campanhas de viagem, lojas de ‹café› (imitando as dos adultos) e outros serviços desenhados especialmente para as crianças mostram essa mudança de orientação, cedo transformando as crianças em potenciais consumidores deste menu de itens delicados"[55]. "Uma coisa além da coisa", o *slogan* publicitário marca justamente o aspecto nevrálgico que transcende a dimensão mercadológica. As lojas de departamento acreditam que sua missão não se restringe apenas a vender. Segundo suas perspectivas, elas atuam para tornar "melhor" a vida das pessoas. A preocupação pela saúde, pela qualidade de vida, pela educação faz, portanto, parte da filosofia dessas empresas. Não se trata, porém, de uma estratégia especificamente japonesa de *marketing*. Epcot, em Orlando, é um lugar de diversão que atua também como uma unidade educacional[56]. Aí encontramos museus que nos introduzem à história das comunicações, da Idade Média, da Pré-História dos dinossauros. Em Orlando, a Kraft (a grande transnacional de produtos agrícolas) dá às crianças noções de agricultura, técnicas agrícolas e de nutrição. Epcot possui ainda um "Conselho de Educação Mediática" cuja finalidade é gerar programas educativos: produção de livros, filmes e vídeos em torno de temas como "Habilidades para as novas tecnologias", "Vivendo com o computador", "Vivendo com a mudança", "Como decidir". Cursos e lições que envolvem peritos e especialistas de cada ramo do conhecimento. *Edutaining*. O mundo do consumo desempenha o papel de escola e de família, invertendo a relação que existia anteriormente. Ocorre um rearranjo na territorialidade dos espaços produzidos pela sociedade japonesa.

---

[54] M. Creighton, op. cit., p. 38.
[55] Ibid., p. 48.
[56] Ver *Mundialização e Cultura*, op. cit.

Uchi e **soto** eram categorias possíveis dentro de um determinado tipo de conformação social. A firma e a família, ao esboçar o mapa de sua geografia, delimitavam o alcance de sua presença, de seus poderes. O universo do consumo, ao se apropriar de determinadas dimensões da vida social, ao valorizá-las segundo seu entendimento próprio, borra essas fronteiras, retirando dessas instituições a capacidade de definir uma "ordem" específica. Trabalho, lazer, diversão, expectativa de vida são qualidades disputadas por múltiplas instâncias sociais hierarquizadas entre elas. Disputa desigual, pois as legitimidades são construídas em órbitas com amplitudes diferentes. As vicissitudes da família e da firma estão vinculadas às particularidades da sociedade japonesa. Seu reconhecimento pressupõe referências históricas específicas, sua validade pertence ao eixo da tradição ou da modernidade definidas segundo a perspectiva da sociedade nacional. O consumo tem uma dimensão mundializada, ele se nutre de um movimento planetário presente em diversos lugares do globo. Sua autoridade, ou seja, sua dominação, acompanha a linha de força da modernidade-mundo.

Por isso a noção de "estilo de vida" tornou-se tão difundida no Japão contemporâneo. Utilizada pelas agências publicitárias, pesquisas empresariais, organismos do governo, ela sintetiza um conjunto de mudanças recentes. Por exemplo, torna-se crucial para as estratégias de marketing a identificação dos segmentos de mercado: "Mulheres na faixa de 20 anos", "Homens e mulheres casados", "Jovens assalariados", "Donas de casa", "Assalariados de meia-idade", "Cidadãos seniores"[57]. Segmentos que por sua vez podem ser subdivididos em homens "solteiros", "estudantes", "sem filhos"; mulheres "solteiras", "empregadas de escritório", "assalariadas de meia-idade" etc. Em princípio, cada um desses estratos contaria com uma especificidade própria. Mas não se trata apenas de uma estratégia de vendas, as marcas dos produtos carregam em si qualidades intrínsecas[58]. "Prestígio": Chanel, Armani, Old Parr, Jack Daniel's, Adidas, Cross, Rolex. "Sem prestígio": Sanyo (eletrônicos), Sony, Fukusuke (roupas íntimas), Giant, Suntory (bebidas alcoólicas), Meiji (chocolate), Budweiser, Mizuno. A *griffe* tem, portanto, o poder de individualizá-los, diferenciando-os do anonimato do mercado. Magicamente, ela confere ao produto uma aura que o distingue dos outros. Cada marca traz ainda sua idiossincrasia: "tradicional" (Burberry's, Wedgewood), "elegante" (Tiffany, Royal Doulton), "moderno" (Benetton), "jovem" (BVD), "natural" (Timotei).

---

[57] "The Japanese consumer", JETRO Marketing Series, Tóquio, 1993.
[58] Dados in "Marketing brand names in Japan", Hong Kong/Japan Business Corporation Committee, Hong Kong, junho de 1992.

A personalização dos produtos reforça a individuação das escolhas. "Elegância", "juvenilidade", "tradicionalidade", "modernidade" são virtudes que aderem à materialidade dos objetos. Ser "elegante" ou "tradicional" depende do valor atribuído a esta ou àquela roupa, a este ou àquele adereço. Como nos lembra insistentemente a publicidade: "Uma nobre e inteligente camisa de seda" (Tokyo Blouse); "A impressão de ser um pouco elegante e um pouco inteligente" (Paco Rabanne); "Sua inteligência se espelha nas roupas. Até mesmo no batom que você usa" (Kanebo); "Inteligência e rebeldia, a sugestão de Saint Laurent" (Yves Saint Laurent)[59]. A leitura dos estilos de vida nos permite situar as pessoas em seus nichos, em suas "tribos". Um homem de "alta classe", de "bom gosto", será reconhecido por suas gravatas Jean-Louis Sherrer, terno Valentino Garavani, cabelo estilo "francês", sapatos Giorgio Armani, relógios *old fashion* Rolex. Um jovem com poucos recursos deve se conformar com os óculos comprados na Shirayama Spectacles Shop, camisas Panama Boy, relógio de pulso digital, calças *jeans*. Uma moça com alto poder aquisitivo, leitora da revista *an.an* traz com ela cosméticos Barone, cintos Chantal Thomas (e os estudiosos do estilo de vida nos lembram que Chantal Thomas conseguiu essa popularidade entre as jovens pelo fato de ter como sua cliente Isabelle Adjani), blusas Agnes, sapatos Tokio Kumagai, tem preferência por estilistas japoneses de renome e freqüenta lojas do tipo Comme des Garçons[60]. Uma revista como *Katei Gacho* delimita cuidadosamente o universo de mulheres que visa atingir. Como nos diz Brian Moeran ao analisar as capas desse tipo de publicação: "Diferentemente das capas de revista de modelos similares europeus e norte-americanos, ou de outras revistas japonesas, a sexualidade da mulher retratada nas capas da *Katei Gacho* não é explicitada. Não se vê uma fotografia feita em *close* de um rosto jovem, boca aberta com os dentes brancos imaculados (tipo 25 anos), nem percebemos as curvas do corpo da figura retratada, pois ela está sempre vestida e a foto é cortada antes de chegar aos joelhos. Pelo contrário, maquiagem, cabelo, acessórios, roupas caras definem a mulher de classe alta *Katei Gacho*, sofisticada, voltada para o alto consumo, vestida delicadamente e imaculadamente bem arrumada"[61]. O mundo do consumo torna-se espaço ideal e idealizado para as pessoas afirmarem sua identidade, sua maneira de ser. Ele atua como um estoque de símbolos e de signos disponíveis, matriz que baliza a ecologia dos gostos individuais.

---

[59] K. Tanaka, "Intelligent elegance: women in Japanese advertising" in E. Ben-Ari, (ed.), *Unwrapping Japan*, Manchester, Manchester University Press, 1990.
[60] "Young adults in Japan", op. cit., p. 234.
[61] B. Moeran, "Reading Japanese in *Katei Gaho:* the art of being an upperclass woman" in *Women Media and Consumption*, op. cit., p. 117.

Anthony Giddens considera que o termo estilo de vida teria pouca utilidade na compreensão das culturas tradicionais, uma vez que ele pressupõe uma escolha dentro de uma diversidade de opções possíveis[62]. Nessas sociedades as práticas rotineiras, maneiras de comer, modos de vestir ou de dispor o corpo estariam em grande parte codificadas pelo costume. Hábitos que se impõem aos indivíduos, deixando-lhes pouca liberdade de ação. Eu diria que muito dessa tradicionalidade se manifesta ainda nas sociedades modernas. Quando Hoggart analisa a classe trabalhadora inglesa nos anos 50, sua descrição do "mundo operário" procura justamente realçar o elemento coletivo que a caracteriza[63]. Hoggart emprega inclusive a noção de grupo para descrever a modalidade desta identidade proletária que se contrapõe ao mundo burguês. Ser operário significa viver num determinado bairro, ler determinadas revistas, freqüentar determinados lugares, atuar de uma certa maneira. Os sinais de pertencimento a esta classe social são indiscutíveis: paixão pelo futebol, férias típicas nos balneários de Blackpool (Lancashire), "o famoso bonezinho chato e com pala que se tornou o uniforme virtual do trabalhador britânico quando no lazer", freqüência às lanchonetes *fish and chip*[64]. Há, portanto, pouco espaço para estilos de vida diferenciados. Evidentemente, esta realidade se transforma posteriormente. No caso do Japão, creio que esta ruptura se faz com o advento de uma sociedade de consumo, ela rompe a hegemonia das instâncias tradicionais, retirando-lhes o "monopólio de definição" do sentido da vida. Giddens considera ainda que os estilos de vida se consubstancializam em contextos específicos que ele denomina de "setores". Cada "setor" constituiria uma "fatia" espaço-temporal no interior da qual se incluiria um conjunto de práticas adotadas pelos indivíduos em suas atividades variadas. O estilo de vida seria uma espécie de regionalização dessas atividades. Neste sentido, os parâmetros espaço e tempo são fundamentais. Ora, a idéia de estilo de vida traz com ela a de desterritorialização. Por isso a categoria é fartamente utilizada pelas pesquisas de *marketing* em suas análises dos mercados globais. "Jovem", "casal sem filhos", "idosos", "mulher assalariada de meia-idade" são classificações que não se vinculam a nenhum país específico. Eles agrupam pessoas que se encontram distantes uma das outras. Fatias espaciais recortam grupos de indivíduos geograficamente dispersos. Eles podem estar em Nova York, Tóquio, São Paulo ou Paris, mas seu estilo de vida, objetivado no gosto

---

[62] A. Giddens, *Modernity and Self-Identity*, Stanford, Stanford University Press, 1991.
[63] R. Hoggart, *The Uses of Literacy*, Oxford, Oxford University Press, 1970.
[64] E.J. Hobsbawm, "A formação da cultura da classe operária britânica" in *Mundos do Trabalho*, Rio de Janeiro, Paz e Terra, 1987.

socialmente válido (roupas, restaurantes, músicas preferidas) e nos produtos apropriados (marcas, cores, *design*), os coloca em comunicação. O universo das revistas femininas japonesas traduz muito bem esse imperativo. "As imagens globais dessas revistas indicam um duplo movimento: primeiro, na direção de um engajamento com outras elites cosmopolitas, desenvolvendo uma identidade sexual individualizada; segundo, na direção de um desengajamento da velha cultura local que preferia as relações sociais hierarquizadas existentes no senso comum japonês"[65]. Da mesma maneira, eu diria que "elegância", "tradicionalidade", "prestígio" são qualidades móveis, viajam nos produtos que materializam tais atributos. "Ser elegante" ou "inteligente" significa ajustar-se a uma maneira de ser conforme a expectativa criada. Expectativa que já não mais se limita a fronteiras restritas, pois é modelada em escala mundial pelas revistas de moda, filmes, séries televisivas, conselhos de como cuidar do corpo etc. Espaço e tempo deixam de se relacionar diretamente com os grupos tradicionais ou as nacionalidades. Eles retiram os indivíduos de suas localidades, inserindo-os num circuito no qual os "sementos" espaciais constituem um "outro território". O universo do consumo possibilita justamente esta mobilidade e sincronia. Enquanto manifestação do vetor da mundialização, ele desloca as escolhas, constituindo uma espacialidade que se furta às determinações geográficas.

*
* *

Retiro de um texto de Takeo Kuwabara esta citação, ela não é fortuita, integral ou parcialmente poderia ser encontrada nos escritos de intelectuais japoneses ou autores estrangeiros: "Alguns observadores europeus julgam que um verdadeiro individualismo é impossível no Japão… Para os japoneses, o individualismo está associado ao retrato de um país chamado Corporação Japão. A maioria deles fica constrangida com este fato, mas é irrefutável que a sociedade tende a se apresentar como uma totalidade, uma unidade orgânica… O individualismo talvez não se tenha desenvolvido plenamente no Japão, mas mesmo no Ocidente atual o individualismo tipo século XIX torna-se cada vez mais inseguro. Com todos os males que isso acarreta, as sociedades européias, da mesma forma que o Japão, se transformaram em sociedades de massa. Num extremo, as pessoas encontram-se alienadas e a sociedade

---

[65] N. Rosemberg, "Antiphonal performances? Japanese women's magazines and women's voices" in *Women Media and Consumption*, op. cit., pp. 151-152.

atomizada, noutro, elas estão agrupadas em modelos institucionais. Sozinha numa organização governada pelo Estado e pelas grandes empresas, uma pessoa fica reduzida a um parafuso a ser apertado pelos administradores da sociedade... Pouco importa quão inteligente você seja, sem uma corporação, uma agência governamental ou um lugar de trabalho ninguém poderia comer. Pouco importa o tipo de instituição a que você se encontre associado, será sempre dobrado por ela e se resistir não há forma individual para vencê-la. Se você pretende lutar, fica forçado a entrar num sindicato, mas dentro dele é necessário seguir sua política e suas regras estabelecidas. A expressão do individualismo é muito difícil e cada vez mais se torna inviável na Europa"[66]. A passagem deve ser situada no contexto do suposto embate entre Ocidente x Oriente, o próprio título do artigo assim o sugere: "O Japão e a civilização européia". Seria possível a emergência do indivíduo no Japão? Sua tradição não colocaria obstáculos intransponíveis para que isso viesse a acontecer? Não deveria o "oriente" ter um caminho diverso do "ocidente"? Subjaz aqui toda uma discussão amarga, sobretudo entre japoneses e norte-americanos, relativa a questões de natureza política (não nos esqueçamos da Ocupação e do papel que no pós-guerra os Estados Unidos desempenharam no Japão). Seria a democracia (e para os Estados Unidos democracia é sinônimo de *America*) viável num país de tradição militarista? O que se encontra subentendida é a necessidade de o Japão afirmar um destino próprio para se contrapor aos países estrangeiros. A polêmica situa-se dentro de um panorama no qual os intelectuais japoneses buscam uma alternativa para interpretar e afirmar suas identidades — no texto há o claro propósito em desqualificar as mazelas do individualismo "ocidental", em contraposição às supostas virtudes comunitárias japonesas. Deixo porém de lado este aspecto, que não é secundário, para focalizar a problemática que me interessa. A rigor, na tradição intelectual japonesa o debate sobre o indivíduo é uma constante. Particularmente nos anos 50 e 60, quando o padrão de referência era a teoria da modernização produzida nas universidades americanas. Duas posições podem ser apontadas. A primeira procurava ler a sociedade como sendo o resultado de forças modernizadoras que reforçariam o grau de individuação das pessoas[67]. Perspectiva teleológica (lembremo-nos das etapas de Rostow) na qual a tradição seria inteiramente superada pelo industrialismo, necessariamente conduzindo a uma maior

---

[66] T. Kuwabara, "Japan and European civilization" in *Japan and Western Civilization*, op. cit., pp. 147-148.
[67] Ver, por exemplo, R.P. Dore (ed.), *Aspects of Social Change in Modern Japan*, Princeton, Princeton University Press, 1967.

liberdade de expressão, mobilidade social crescente, enfim, uma democratização plena da sociedade (os teóricos da modernização possuíam o mesmo discurso em relação à América Latina). Evidentemente esta "narrativa modernizadora", como a considera Harootunian, tinha problemas sérios, pois tornava uma parte considerável da realidade japonesa praticamente ininteligível (não se encaixava no modelo). Outra postura, geralmente difundida entre os representantes da literatura **nihonjinron,** marcava as especificidades da cultura nipônica[68]. Um autor como Hajime Nakamura considera que entre os japoneses as relações interpessoais sempre teriam predominado sobre as individualidades. Ele chega mesmo a dizer que "os japoneses em geral não desenvolveram um claro conceito de indivíduo humano, um *qua* individual como uma unidade inanimada das coisas; o indivíduo sempre existiu numa rede de relações humanas"[69].

Na verdade, esta discussão parte de um conjunto de premissas pouco claras e, às vezes, pouco consistentes. Imagina-se primeiro a existência de um "indivíduo ocidental" como se estivéssemos diante de uma realidade empírica indiscutível. Esquece-se de que há uma história da constituição do Eu e de que uma diferença substantiva subsiste entre a "noção de indivíduo", que pode ser apreendida dos textos filosóficos e religiosos, e o funcionamento concreto das sociedades. Uma coisa é discutirmos a idéia de *persona* entre os chineses, romanos, europeus, como quer Marcel Mauss, outra são as prerrogativas dos indivíduos reais como as postulam uma teoria da modernização. Por esse prisma, mesmo no Japão antigo é possível encontrarmos graus de individuação variados. Masakazu Yamazaki tem razão quando considera a literatura cortesã do século X como expressão de um mundo privado[70]. Contrariamente às narrativas épicas do *Kojiki,* no qual as histórias, como nos mitos gregos, relatam a saga dos deuses, e não dos indivíduos, um romance como *Genji Monogatari* revela uma sutil psicologia feminina que descreve as nuanças da vida cotidiana na corte. Também Masao Maruyama chama a atenção para a existência de processos importantes de individuação[71]. Por exemplo, a emergência da novela naturalista no início do século XX em que os escritores cunharam um tipo de personagem "privatizado", encerrado em sua desilusão, deliberadamente desgostoso e afastado das coisas mundanas. Outra face deste mesmo

---

[68] Uma excelente crítica dessas duas posturas teóricas é a de H.D. Harootunian, "America's Japan/Japan's Japan" in M. Miyoshi e H.D. Harootunian (ed.), *Japan in the World,* Durham, Duke University Press, 1993.
[69] H. Nakamura, "Consciousness of the individual and the universal among the Japanese" in C. Moore (ed.), *The Japanese Mind,* op. cit., p. 182.
[70] M. Yamazaki, *Individualism and the Japanese,* Tóquio, Japan Echo Inc., 1994.
[71] M. Maruyama, "Patterns of individuation and the case of Japan: a conceptual scheme" in M.B. Jansen (ed.), *Changing Japanese attitudes toward modernization,* Princeton, Princeton University Press, 1965.

fenômeno: a anomia na qual a classe trabalhadora é imersa diante das mudanças radicais implementadas pelo governo Meiji. Movimento que implicou o deslocamento de uma vasta população do campo para a cidade, espaço no qual as incertezas pessoais eram alimentadas pela quebra das referências costumeiras. Não faz sentido considerarmos a sociedade japonesa um tipo de formação social na qual o indivíduo seria algo extemporâneo — a rigor, encontramos uma noção de individualidade bastante desenvolvida nos textos clássicos confucionistas; afinal, o caminho da sabedoria é uma opção íntima, para ser alcançado ele exige uma vontade ascética e um engajamento permanente daquele que o elege. A questão é saber como as individualidades historicamente se realizam. No caso japonês, contrariamente às expectativas dos teóricos da modernização, o impulso industrialista combinou elementos novos e tradicionais. A firma recicla os valores preexistentes no **ie** para orientá-los segundo seus interesses de gestão e de produção. Fica portanto clara a prevalência das instituições coletivas sobre as inclinações pessoais. Isso se manifesta tanto no domínio da política (retomarei este ponto em seguida) como em outras dimensões da vida social. Família, firma, escola são instâncias que predominam diante das idiossincrasias de cada um. Não se trata propriamente de uma ausência, porém o indivíduo deve ajustar-se às regras explícitas de cada grupo. O discernimento está em identificá-las corretamente e a elas se inclinar. A individualidade encontra-se circunscrita ao terreno das diversas instituições sociais, dentro dele a liberdade de escolha não apenas é possível como desejável. Os sentimentos que porventura venham a exprimir um propósito desagregador devem ser reprimidos. Preza-se o indivíduo desde que ele se adapte ao jogo coletivo e rejeite o individualismo "egoísta" e "imaturo"[72].

Mas as críticas que se faziam em relação à conduta extravagante dos **shinjinrui** não apontavam justamente para o seu individualismo exacerbado? Pois o fato de viverem apenas para si, cultivando uma atitude egocentrada, hedonista, contrastava com as expectativas partilhadas até então. Neste sentido, a problemática do indivíduo se repõe, dimensão que se reforça quando consideramos os hábitos cotidianos e o mundo do consumo. Sua evolução nos permite apreender um conjunto de processos de individuação que se encontravam ausentes ou estavam submersos nas forças agregadoras da sociedade japonesa. Um exemplo: o ato de beber saquê. Longe de ser algo corriqueiro, ele nos remete à noção de tradição, etiqueta e ritualização. Inicialmente uma bebida para ser oferecida às divindades, o saquê pouco a pouco se seculariza,

---

[72] Consultar J. Hendry, "Individualism and Individuality entry into a social world" in R. Goodman e K. Refsing (ed.), *Ideology and Practice in Modern Japan*, Londres, Routledge, 1992.

perdendo definitivamente o seu componente mágico-religioso. Contudo, ainda que distante de suas origens, em diversas ocasiões, ele guarda uma função comunal reforçando a convivialidade e a comunhão entre as pessoas. Um japonólogo, estudando uma pequena comunidade de ceramistas, nos faz a seguinte descrição das festividades que presenciou: "Nessas ocasiões comunitárias, o representante mais velho dos moradores é colocado no centro da mesa principal, o segundo mais velho fica ao seu lado direito, o terceiro à sua esquerda, o quarto à direita do segundo mais velho, e assim por diante, até que em todas as mesas os mais jovens estejam representados. Quando as mulheres participam, elas são colocadas 'abaixo' dos homens e adotam a forma de sentar de acordo com a senioridade das pessoas"[73]. A disposição espacial das pessoas revela uma hierarquia tecida segundo as relações de idade e de gênero. Tudo se encaixa dentro das normas habituais. Vêm em seguida os procedimentos para servir o saquê. "No que consistem esses procedimentos em relação às taças de saquê? Quando a taça está vazia, alguém pode pegá-la e, segurando-a pelas bordas, balança-a entre os dedos apresentando-a a alguém que esteja sentado a seu lado. Enquanto apresenta a taça vazia, ele fala o nome da outra pessoa e, para chamar a atenção, com a mão eleva uma ou duas vezes a taça que está segurando. O gesto é um sinal de humildade de quem está oferecendo um presente. Aquele que recebe pega a taça, inclina a cabeça e novamente, num gesto de aceitação modesta, eleva a taça em suas mãos, permitindo que o outro lhe encha a taça com uma das garrafas sobre a mesa. O que recebe toma o saquê e imediatamente repete os gestos e as expressões esperando ser novamente servido"[74]. Os pequenos detalhes, como o cumprimento com a cabeça, o movimento com as mãos, como segurar a taça, são da maior importância. Eles denotam a *expertise* de cada um e contribuem para a harmonia da festa. Entre aquele que serve e o que é servido a bebida "costura" uma sociabilidade tácita. Trata-se de uma cerimônia altamente codificada, sua intenção é simbólica e espacialmente deve relembrar as prerrogativas da autoridade masculina e de senioridade, assim como propiciar uma atmosfera prazerosa para o evento. Não é permitido que uma pessoa sirva a si mesma, para fazê-lo ela necessita dirigir-se a alguém a seu lado, confirmando desta maneira a interdependência que cimenta a união do grupo. À primeira vista poder-se-ia dizer que este tipo de tradição sobreviveria apenas em determinadas circunstâncias, numa comunidade afastada das grandes cidades, como a retratada acima. Mas Harumi

---

[73] B. Moeran, "One over the seven: sake drinking in a Japanese pottery community" in J. Hendry, J. Webber (ed.), *Interpreting Japanese Society*, Oxford, JASO, 1986, p. 230.
[74] Ibid., pp. 231-232.

Befu nos traz uma descrição semelhante quando faz uma etnografia de um jantar "tipicamente japonês". Ele inicia sua argumentação estabelecendo uma diferença entre "restaurante" e **ryotei**. No primeiro caso estaríamos diante de um mero lugar para se comer ao estilo "ocidental", aí as regras relativas à autenticidade nipônica simplesmente se esvaneceriam. No segundo, conheceríamos um tratamento diferenciado em relação à comida e às pessoas. Diz o autor: "No **ryotei**, como todos partilham os mesmos pratos, a ênfase é colocada na troca de experiências. O comportamento no **ryotei** leva a uma negação da individualidade e da singularidade de cada participante. No lugar disso, cria-se uma atmosfera que conduz à comunhão e à comunalidade, enfatizando os traços em comum entre as pessoas; todos têm diante de si os mesmos pratos como numa refeição em casa"[75]. A partilha de um bem comum requer um comportamento análogo, uma suspensão das vontades individualizadas. Desfrutar a mesma refeição significa abdicar ao direito de escolha. É dentro deste contexto que as regras de servir e de beber se estabelecem. Num jantar com várias pessoas é preciso que cada um "estude" com cuidado o comportamento de seu vizinho. As taças vazias, geralmente de tamanho pequeno, devem ser imediatamente preenchidas, gesto que significa atenção e respeito. Servir alguém é também pretexto para iniciar uma conversa "interessante", prolongando a ritualidade do momento. A etiqueta determina ainda que aquele que convida deve servir o seu convidado, como se estivesse "à sua disposição". Quando a troca envolve pessoas de *status* desiguais, o que pertence à categoria mais baixa deve tomar a iniciativa de servir seu "superior". Somente após este pequeno gesto eloqüente a reciprocidade se instaura. Nos jantares em que as pessoas estão sentadas distantes umas das outras, o ritual exige que os mais jovens se desloquem até os mais velhos oferecendo-se para encher-lhes o copo. Comer, beber, conversar não são atos banais. Regidos pela etiqueta, eles ritualizam uma experiência em comum e o convívio entre as pessoas.

Dificilmente esses procedimentos minuciosos resistiriam à mudança dos tempos. Analogamente às maneiras de se comportar à mesa, o ritual de servir o saquê é corroído pelo ritmo da modernidade. Stephen Smith observa que a etiqueta da troca de taças se desenvolveu em circunstâncias nas quais todos consumiam a mesma bebida e, poderíamos acrescentar, partilhavam a mesma comida[76]. Este era o caso das festas comunitárias ou do **ryotei**. Havia uma homologia entre a comunalidade da refeição e a escassez da escolha. Ora, o

---

[75] H. Befu, "An ethnography of dinner entertainment in Japan", in T.S. Lebra, W.P. Lebra (ed.), *Japanese Culture and Behavior,* op. cit., p. 114.
[76] S. Smith, "Drinking etiquette in a changing beverage market " in J. Tobin (ed.), *Re-Made in Japan,* New Haven, Yale University, 1992.

desenvolvimento da indústria de bebidas alcoólicas favorece a diversificação dos gostos. Como vimos, há um declínio da primazia do saquê no mercado japonês, ele sofre a concorrência da cerveja (bebida dominante) e do uísque. Mas os próprios produtos se subdividem em classes distintas, diferentes marcas de cerveja, diversas variedades de saquê (menos refinado, com gosto de madeira, sem ser pasteurizado, feito de arroz integral). Diante da multiplicação das ofertas, os produtores de saquê devem lançar mão de novas estratégias de venda, como a criação de frascos individualizados. Dose pessoal que se contrapõem ao tamanho padronizado das garrafas. Como nos diz Roland Barthes, a modernidade caracteriza-se pela polissemia dos alimentos[77]. Cada situação social — a festa, o lazer, o esporte, o trabalho — conteria uma expressão alimentar. Há portanto uma descontextualização do conteúdo dos alimentos, eles transformam-se em informações que nos remetem às diferentes atividades das pessoas. Eles perdem fixidez, deixam de ser regidos pelas normas da tradição e do costume. Na verdade, a vida social implica uma multiplicidade de situações nas quais as pessoas se inserem. São raros os momentos de ritualização coletiva, as bebidas "prediletas" sendo preferencialmente absorvidas em restaurantes, bares, clubes, máquinas (distribuídas nas ruas, metrô, edifícios públicos). Neste sentido, a multiplicação dos contextos em que as bebidas são ingeridas, a diversificação dos gostos, a diversidade de ofertas tendem a debilitar a etiqueta, encorajando uma atitude menos ritualizada em relação ao álcool.

Pode-se seguir esse movimento de individuação em outras esferas sociais, por exemplo o turismo. Os estudiosos nos mostram que o deslocamento das pessoas no Japão se faz muitas vezes não individualmente, mas em grupo. O turismo interno seria um prolongamento dos divertimentos tradicionais nos quais o que importava era a participação coletiva, e não propriamente a manifestação de uma vontade pessoal[78]. No passado, as distrações possuíam uma caráter divino e encontravam-se vinculadas ao ritmo agrário da sociedade. As cerimônias celebradas em nome das divindades, pedindo boas colheitas, reuniam em torno delas concursos de lutas, torneios de sumô, batalhas com pedras etc. Essas atividades de lazer estavam integradas à vida cotidiana. Era nesse contexto que o deslocamento da maioria das pessoas se fazia, regido pelo calendário das festas religiosas. As peregrinações aos templos budistas eram atividades importantes, pois mobilizavam

---

[77] R. Barthes, "Pour une psycho-sociologie de l'alimentation contemporaine" in J.J. Hemardinguer (ed.), *Pour une Histoire de l'Alimentation,* Paris, Colin, 1970.
[78] Ver T. Shimamura, "La dimension sociale des distractions et des voyages considérées d'un point de vue historique" in C. Condominais (ed.), *Les Loisirs au Japon,* op. cit.

uma multidão de devotos. A viagem em grupo, numa cultura que privilegiaria os laços comunitários, teria então sobrevivido enquanto expressão cultural. Quando Chie Nakane elabora sua "teoria" sobre a sociedade japonesa, ela sublinha justamente essa dimensão coletivizante[79]. Para ela, uma das características das relações sociais no Japão é a sua tangibilidade. Elas se encontrariam sempre localizadas dentro de fronteiras bem estabelecidas podendo quase ser tocadas com as mãos, sentidas entre os dedos. Tangibilidade que privilegiaria o localismo, a presença dos indivíduos dentro de unidades pequenas. As viagens em grupo para o exterior traduziriam os imperativos da sociabilidade nipônica: para se sentir seguras as pessoas se agrupariam, aproximando-se umas das outras. Durante o deslocamento, uma ameaça potencial às regras internas, os laços de coesão garantiriam a integridade de todos. Permanecer juntos, não se perder, seria uma regra de sobrevivência. Os japoneses conseguiriam viajar trazendo consigo o seu "mundo", reproduzindo "lá fora" o conforto de seu localismo. Entretanto, alguns estudos recentes mostram que o turismo, sobretudo entre os mais jovens, começa a abandonar esta ênfase no grupo, promovendo idéias como individualidade e divertimento. Brian Moeran, analisando a linguagem dos folhetos turísticos elaborados pelas agências de viagens, mostra que pouco a pouco elas se desfazem de idéias como *tour, sight-seeing* para incentivar aspectos vinculados a experiências mais individualizantes. Por exemplo: a natureza. Um tema cultivado entre os japoneses, ela sempre surgia como algo espiritualizado, sendo tradicionalmente descrita em seus traços monumentais: "bela", "artística", "magnânima", "opulenta" etc. Traços que se fundem a um outro, **furusato** (terra natal), lugar idealizado no qual repousariam as autênticas raízes da japonidade. Aí a nostalgia urbana encontraria a "verdadeira" origem dos que hoje dela se distanciaram. A natureza, "bela", "envolvente", emanação imaculada da espiritualidade "oriental", e a "terra natal", perdida nos confins de algum vale oculto, têm assim uma função mítico-ideológica celebrando a presença de um passado ausente[80]. São essas imagens que começam a mudar. "Parece que existe uma nova tendência para os turistas japoneses, que consiste em valorizar certos aspectos da natureza da mesma forma que os turistas ocidentais; em outras palavras, eles querem fazer uso da natureza, associando o sol e o mar a valores recreacionais. Isso parece ser o resultado do aumento do número de turistas jovens, que ao viajar para o exterior se

---

[79] C. Nakane, *Japanese Society,* op. cit.
[80] Ver J. Robertson, "Hegemonic nostalgia, tourism, and nation-making in Japan", Japanese Civilization in Modern World IX: Tourism, op. cit.; E. Ben-Ari, "Uniqueness, typicallity, and appraisal: a 'village of the past' in contemporary Japan", Ethnos, vol. 5, nº 3-4, 1992.

interessam mais pela 'experiência' do que pelo *sight-seeing*"[81]. A contraposição entre *sight-seeing* e experimentação é sugestiva. Na primeira situação, o turista é um espectador externo ao que é contemplado. A vista preserva a distância em relação ao que é apreendido, poupando as outras sensações corpóreas de um envolvimento maior. Neste tipo de relacionamento a coesão do grupo poder ser mantida sem maiores problemas, pois as fronteiras entre dentro e fora estão firmemente estabelecidas. "Fazer uso" da natureza implica uma participação ativa: nadar, cavalgar, jogar tênis no Havaí, pescar, esquiar, jogar golfe na Europa, fazer *skate*, andar de bicicleta, velejar nos Estados Unidos. Essas atividades interpelam diretamente o sujeito. Como sublinha o autor: "Ao se dirigir ao turista, as brochuras de viagem utilizam o vocativo (**anata**) e existe uma idéia persuasiva de que 'você' está sempre só, partilhando talvez o amor de alguém, mas certamente não de um grupo de pessoas amontoadas numa multidão em visita a sítios históricos ou casas de lazer. Este sentimento é fortalecido pela fotografia do mar, da areia, dos templos, do pôr-do-sol, na qual se encontram sempre uma ou apenas duas pessoas. Em turismo o mundo é 'seu' e de ninguém mais. Como dizem essas brochuras: escolha a sua... Xangai, Brasil ou Polinésia"[82].

Esta mesma tendência pode ser encontrada em relação ao papel da mulher. Como havia observado, devido à estrutura do **ie**, durante o processo inicial de industrialização a mão-de-obra feminina ultrapassava em muito a masculina, a mulher tendo uma função crucial na constituição do Japão moderno. Entretanto, a partir da década de 30, há uma mudança de orientação, sendo cada vez mais reforçado o seu papel como reprodutora, como autoridade moral da família. As mulheres se retraem do mercado de trabalho — ele torna-se predominantemente masculino — e assumem integralmente a imagem de maternidade exigida e proposta pela sociedade. Posição adequada às transformações em curso, a emergência da família nuclear, na qual a presença feminina supera a preponderância que os homens possuíam junto à família tradicional. Por isso as técnicas de publicidade tomam como público-alvo não as mulheres enquanto indivíduos, mas como representantes do "lar", da unidade doméstica. A "febre" de consumo dos anos 50 tinha como eixo principal a aquisição de três grandes bens: televisão, geladeira e máquina de lavar roupa; nos anos 60, carro, ar-condicionado e televisão em cores. Esses bens duráveis indistintamente se dirigiam a "todos" os japoneses, sua expressão condensando-se na ideologia do *my homism*, na qual a dona de casa figurava como um

---

[81] B. Moeran, "The language of Japanese tourism", Annals of Tourism Research, vol. 10, 1983, pp. 96-97.
[82] Ibid., p. 105.

personagem central. Na década de 70, este quadro se rearticula. A mídia deixa de perceber as mulheres como um coletivo, enquanto "senhoras do lar", para trabalhá-las como pessoas individualizadas dentro de segmentos diferenciados de mercado[83]. O mundo das revistas exprime isso muito bem. Há primeiro uma individuação do corpo. Belo, firme, desejável, ele tem como limite sua própria forma, curvas, ondulações. O corpo, na sua exposição pública, é único, "esse corpo", a modalidade de sua beleza — recatada, erótica, pueril, sensual —, é indissociável de sua materialidade singular. Ao se tornar objeto de consumo, ele também interpela diretamente o outro na sua unicidade, no seu desejo, na sua fantasia. Não dizia Baudrillard que nas sociedades contemporâneas o indivíduo toma a si mesmo como o mais belo dos objetos? Mas as revistas, ao se segmentar, constroem ainda imagens personalizadas de comportamento. *Chere*, dirigida para um público jovem com alto poder aquisitivo, preza a vida fácil, as viagens, as belas vestimentas, prescrevendo a suas leitoras que prolonguem essas "delícias", um certo adiamento do casamento. "Os ideais promovidos pela revista têm pouca relação com as esferas hierarquizadas do trabalho e da família que envolvem a mulher mais jovem. O foco está dirigido para seu ego, sua sexualidade, e sua independência se exprime em termos de consumo"[84]. Certamente uma publicação como *Oggi*, visando um segmento de idade mais velho, deve elaborar outro tipo de estratégia. O movimento de individuação proposto se faz por meio da decoração íntima dos interiores, do uso elegante de taças venezianas ou do aprendizado de habilidades culinárias francesas. Tudo contribui para o *personal style*. Estamos distante do modelo familiar. A construção da identidade se faz por meio da apropriação dos bens de consumo, dos estilos de vida, a multiplicidade de objetos propiciando uma diversidade de escolhas e de afirmação pessoal.

Mas de que indivíduo estamos falando? Qual o significado dessas mudanças? Eu havia explorado a oposição entre **ooyake** e **watakushi** no que diz respeito à questão do consumo. Recupero-a agora dentro de uma perspectiva mais propriamente política. Inicio minha reflexão com um texto de Yamamuro Shinichi, ele é esclarecedor[85]. Shinichi nos mostra como, na época do xogunato e posteriormente durante a era Tokugawa, o termo **ooyake** se associava à idéia de legitimidade do Estado. **Ooyake** designava a matéria abstrata do poder, ou

---

[83] Ver L. Skov e B. Moeran, "Introduction: hiding in the light from oshin to Yoshimoto banana" in *Women Media and Consumption in Japan*, op. cit.
[84] N. Rosemberg, "Antiphonal performances: Japanese women's magazines and women's voice" in *Women Media and Consumption in Japan*, op. cit., p. 148.
[85] Y. Shinichi, "Le concept de public-privé" in H. Yoichi e C. Sautter (ed.), *L'État et l'Individu au Japon*, Paris, École des Hautes Études en Sciences Sociales, 1990.

seja, o lugar de sua potencialidade. A sociedade japonesa se constituía ainda de um sistema hierarquizado de posições: **bakufu** (xogunato), **han** (feudo), **daikan** (governo local), **mura** (aldeia), **ie** (casa), **kojin** (indivíduo). Cada elo se encontrava subordinado a uma cadeia de poder, como se tudo começasse e terminasse no Estado. Dentro desta perspectiva, o privado estaria inteiramente a serviço do público, o indivíduo ocupando uma posição de inferioridade. Não se pode esquecer que a filosofia neoconfucionista associava a noção de **watakushi** aos desejos humanos. O indivíduo devia sufocar sua vontade, as tentações egoístas, em nome do respeito à ordem pública. Ou, como dizem alguns autores, para honrar o público ele deveria dissolver sua personalidade. J. Victor Korschmann, retomando uma idéia de Sartre, caracteriza os mecanismos de dominação na sociedade japonesa como sendo uma espécie de *soft rule*. Uma opressão macia, persuasiva, exigindo um alto grau de internalização das regras de autoridade, separando a pessoa da coisa pública a ponto de os elementos de realidade se encontrarem fora de sua consciência, objetivados em algo que a transcenderia[86]. Daí Korschmann dizer que no Japão a autoridade é considerada algo "dado", um elemento da natureza — os homens não conseguiriam dela se separar, por conseguinte, dela se desvencilhar. Situação que o conceito de alienação descreve bem, pois ele supõe a transferência da consciência individual para uma entidade coletiva que o envolve e o supera. Alienação que materializaria a separação entre o homem e a política, retirando-lhe a capacidade de ação ou, como diria Sartre, de libertação. Não se deve imaginar com isso a existência de uma sociedade isenta de conflitos — o suicídio de Mishima pode ser visto como um tipo de protesto ritualizado no qual a tradição do **seppuku** é utilizada como elemento de ruptura simbólica. Mas no contexto da história japonesa os elementos de coesão social se perpetuam ao longo dos anos. Meiji se apropria da noção de **ooyake** vinculando-a estreitamente à emergência do Estado-nação. O governo do imperador encarnava a vontade geral do povo japonês, sendo os cidadãos considerados seus "filhos" — o modelo familiar se estendia à esfera da política. Neste sentido, o público é representado como algo independente do privado, da cidadania, associando-se à ordem moral e social encarnada nos princípios imperiais. Por isso, no Japão, os movimentos democráticos, e houve muitos, tiveram dificuldade em desabrochar. Uma opacidade social os impedia de florescer. O conceito de sociedade civil, fundado na existência de um cidadão livre, educado para a democracia, encontrava

---

[86] J. Victor Korschmann, "Soft rule and expressive protest" in J.V. Korschmann (ed.), *Authority and Individual in Japan*, op. cit.

forte resistência junto aos interesses dominantes e à idealização de uma ordem social partilhada por uma parcela considerável da população. As manifestações privadas eram sempre vistas como parciais e contrárias à vontade geral do imperador, da nação, do todo. As mesmas contradições se repõem no pós-guerra. O papel do Estado enquanto gestor das transformações econômicas, a ênfase no grupo como entidade coletiva de integração social dificultam não a emergência, mas a afirmação do indivíduo enquanto ser privado e político, homem e cidadão.

Ooyake/watakushi. Vimos como o último termo se transforma, perdendo gradativamente sua conotação negativa. Quais seriam, no entanto, as implicações disso no domínio público? Afinal, o ato do consumo implica uma mudança de valores, um processo crescente de individuação. Uma visão otimista, eu diria sem hesitar ideológica, entende que o Japão estaria conhecendo um movimento profundo de libertação. Talvez o autor que melhor sintetize esse tipo de concepção seja Ronald Inglehart, quando preconiza, por meio de um longo estudo quantitativo, tendo como base sobretudo as pesquisas de opinião, que as sociedades do mundo industrial avançado estariam passando de uma fase "materialista" para outra "pós-materialista"[87]. Na primeira etapa, os homens teriam dado prioridade ao sustento próprio, a problemas de segurança em relação à vida (daí esta idéia ingênua de rotulá-la de "materialista"); na segunda, haveria uma tendência em priorizar os anseios individuais, a ênfase recaindo não tanto na quantidade, mas na qualidade de vida. A dimensão individualizadora seria portanto mais acentuada no segundo momento, no primeiro as pessoas se voltariam mais propriamente para sua sobrevivência do que para suas inclinações interiores. Aplicada ao Japão, essa esquematização, que beira o senso comum, seleciona uma série de respostas dadas nas pesquisas de opinião para correlacioná-las com períodos históricos distintos. Inglehart "descobre", assim, nos anos 50 a existência de uma alta porcentagem de japoneses que respondiam positivamente a questões do tipo "Trabalhe duro e enriqueça", "Resista às tentações do mundo e viva uma vida justa e pura", "Nunca pense em si mesmo, ofereça tudo de si à sociedade". Já no final dos 70 as respostas se concentravam em dois outros itens: "Não pense sobre a fama e o dinheiro: viva apenas a vida e siga os próprios gostos", "Viva cada dia que passa alegremente e sem preocupações". Pela interpretação proposta, estaríamos passando de uma época em que valores eram "materialistas" e "totalitários" para outra na qual eles seriam "espirituais" e "libertários". Corroborando

---

[87] R. Inglehart, *Culture Shift*, Princeton, Princeton University Press, 1990; "Changing values in Japan and the West", Comparative Political Studies, vol. 14, nº 4, 1982.

esse ponto de vista, Éric Seizelet não titubeia em dizer: "Vários estudos sublinham os fenômenos de transição cultural no Japão contemporâneo. Pouco a pouco, passa-se de um sistema hierarquizado e autoritário para um modelo liberal e individualista... no qual as novas gerações são cada vez mais atraídas por valores imateriais menos ligados a objetivos de segurança ou de acumulação material. O individualismo progride e a necessidade de integração conformista regride"[88]. Otimismo que repercute imediatamente nas pesquisas de mercado. Analisando essas mudanças, *Consumer Japan*, uma publicação dirigida para os empresários transnacionais, nos diz: "Por trás desta tendência está não apenas a crescente afluência da população japonesa, mas uma reorientação das prioridades e dos valores, o que fica bem ilustrado nas respostas que as pessoas dão às pesquisas anuais de opinião realizadas pelas instituições ligadas ao primeiro-ministro. 'O que você valoriza mais, a riqueza espiritual ou a riqueza material?' Enquanto, em 1972, 40% valorizavam mais a riqueza material e 37% a riqueza espiritual, por volta de 1980 a situação tinha sido claramente revertida"[89]. O esquema proposto é muito semelhante ao de Alvin Toffler e suas divagações sobre o mundo pós-industrial[90]. No tempo da clássica sociedade industrial, a "segunda onda", a uniformidade era o requisito principal da organização social: fordismo, produção de massa, cultura de massa. Predominaria portanto um monolitismo no campo das idéias, da produção e das condutas. Como produto os homens teriam um comportamento massificado, as diferenças diluídas na homogeneização dos costumes. O advento da "terceira onda" implicaria a flexibilização da produção e das relações sociais, provocando uma diversificação da cultura, sua "desmassificação". Contrariamente à situação anterior, na qual os indivíduos se encontravam diante de uma oferta padronizada e restrita (haveria pouca oportunidade de escolha), eles teriam agora um outro dilema, *l'embaras du choix*. Neste mundo em que reinaria a pluralidade de idéias e de ofertas, o indivíduo seria senhor de sua vontade, dirigindo-a agora para o que "realmente" lhe interessaria. Dito de outra forma, na passagem do reino da quantidade para o reino da qualidade (visão que nada tem de hegelianismo ou de marxismo) os bens duráveis perderiam sua dimensão "materialista", sua função utilitária, para adquirir uma conotação "espiritual" (sic). Ideologia amplamente partilhada pelos executivos das transnacionais, pois o mercado é considerado o espaço privilegiado de realização desta "espiritualidade". Nele se concretizariam a liberdade e o desejo de cada um.

---

[88] E. Seizelet, "Évolution de la société japonaise et des valeurs", Futuribles, nº 216, janeiro de 1997, pp. 34-35.
[89] Consumer Japan: 1990, op. cit., p. 22.
[90] A. Toffler, *The Third Wave*, Nova York, Bantham Books, 1980.

É possível, entretanto, vermos as coisas de outra maneira. Quando Masao Maruyama discute a problemática do indivíduo, ele considera que a sociedade japonesa teria confinado sua dimensão mais propriamente subjetiva à esfera do mundo privado. Diante da expressão de um **ooyake** hierarquizado e estatal, restaria a ele "privatizar-se", afastando-se assim da *res publica* (particularmente da política). Fechado em seu universo particular, liberto das pressões coletivas, ele encontraria uma razão de ser. Talvez pudéssemos descrever esta situação utilizando a idéia de alienação (não no sentido corrente do termo, mas segundo a definição da Escola de Frankfurt que tanto influenciou Maruyama ainda na década de 40): no Japão, o indivíduo se "alienaria" do domínio público e no seu isolamento encontraria um lugar para afirmar sua identidade (lembro que Horkheimer considerava a privacidade como um artifício para se contrapor à racionalidade burguesa). Contrariamente às sociedades industrializadas ocidentais, nas quais teria ocorrido um paralelismo entre individuação e democratização do espaço público — emergência do movimento operário, partidos de opiniões conflitantes —, no Japão os aspectos privatizantes teriam predominado. Contudo, no encadeamento de seu raciocínio Maruyama acrescenta: "O que é conspícuo no caso japonês é o surgimento prematuro deste tipo de privatização, particularmente a tendência de maximizar essa privatização, que se consolidou no meio de uma sociedade ainda tradicional, mas no Ocidente só foi prevalecer com uma sociedade de massa"[91]. Deixo de lado a parte específica ao debate japonês, isto é, o surgimento de um tipo de individualidade ainda no quadro de uma sociedade tradicional. Quero sublinhar a relação "sociedade de massa" (leia-se de consumo) e privatização. Maruyama está sugerindo que fenômenos idênticos, no Japão e no "ocidente", teriam ocorrido em épocas diferentes. A conduta apolítica das pessoas (hoje moeda corrente no debate sobre a pós-modernidade) seria análoga ao movimento de "privatização" dos indivíduos japoneses no início do século. Mas, pergunto, seria isso verdadeiro? O universo do consumo seria realmente uma expressão da "privatização" da vida? Talvez fosse mais correto dizer que a dicotomia **ooyake/watakushi** se rompeu diante de mecanismos que atravessam as fronteiras do público e do privado. A afirmação do consumo se faz certamente de maneira individualizada, mas ela só possui valor quando publicamente validada. Nada mais estranho à lógica dos "objetos" (como o quer Baudrillard) do que o fechamento sobre si mesmo. Produtos e artefatos devem necessariamente ser exibidos para ser vistos em locais de grande circulação de pessoas: cinemas, shoppings, aeroportos, ruas, edifícios, festas. A dimensão feérica que os caracteriza requer esta

---

[91] M. Maruyama, "Patterns of individuation and the case of Japan", op. cit., p. 524.

ostentação. Guardada para si, no silêncio da privacidade, a linguagem dos objetos não teria nenhum significado. A visibilidade é um dos traços essenciais da sociedade de consumo. Sem ela, a possibilidade de identificação não se objetivaria. A escolha deste ou daquele produto, desta ou daquela marca, não isola o indivíduo em seu universo fechado, pelo contrário, ela o aproxima de outros que com ele partilham o mesmo gosto, a mesma estética, as mesmas inclinações. Estilo de vida significa individuação e agregação. Individuação da escolha, retirando as pessoas das unidades sociais nas quais se encontravam inseridas, agregação de suas individualidades em redes sociais que as englobam conjuntamente. Por isso os produtos industriais vêm simultaneamente marcados pela padronização da produção e pela estratégia de personalização do *marketing*. Eles interpelam as pessoas em suas expectativas subjetiva e gregária. Distinguir e religar é a sua função. O consumo atua como o fenômeno da moda quando considerado por Simmel[92]. O lado "imitação" encerra um elemento coletivo ordenando as pessoas neste ou naquele grupo. A dimensão subjetiva propicia, no entanto, a afirmação da personalidade, a acentuação das idiossincrasias de cada um. Estamos portanto longe das idéias de público e privado como habitualmente a entendemos. Para se expressar, o consumo necessita de um domínio público, mas não necessariamente de uma "esfera pública" como a entende Habermas. Pois no conceito de "esfera pública" incluem-se noções como democracia, direito, justiça, igualdade. Temas ausentes quando falamos de moda, gosto, estilo de vida. Da mesma maneira, o indivíduo "privatizado" do qual nos falava Masao Maruyama pressupunha um certo desencantamento, um desgosto, um sentimento de "náusea" diria Sartre, em relação à ordem estabelecida. Impossibilitado de enfrentá-la diretamente, ele se recolhe, retira-se de cena. O consumidor tem muito pouco desta insatisfação contida. Sua relação com a política não é de negatividade, ela simplesmente inexiste (ou seja, a política não é um elemento interno à estrutura do mundo do consumo). Neste sentido, a sociedade de consumo nada tem de "espiritual" ou de "libertária". A não ser, é claro, que aceitemos uma ideologia que assimila a oferta dos produtos à idéia de pluralismo democrático e a possibilidade de escolha à "liberdade individual". Por isso, é importante diferenciar entre individuação e indivíduo. No primeiro caso, trata-se de um processo social historicamente demarcado. Em contextos distintos, as pessoas disporiam de maior ou menor capacidade de movimentação em relação às instituições que produzem os vínculos sociais. Neste caso, não tenho dúvidas de que o grau de individuação é baixo nas sociedades tradicionais em que predominavam os valores estamentais,

---

[92] G. Simmel, "La mode" in *Philosophie de la Modernité*, Paris, Payot, 1989.

familiares ou comunitários. Nas sociedade industriais, a mobilidade, sendo um de seus traços fundamentais, requer um relativo descolamento do Eu das forças que o enraizavam nesta ou naquela instituição. As sociedades contemporâneas aceleram o processo de "desencaixe" das relações sociais (utilizo o conceito de Giddens), promovendo com isso uma individuação cada vez mais abrangente. No entanto, quando falamos em indivíduo, não nos atemos apenas a esta dimensão sociológica do fenômeno. Pressupomos valores como democracia, liberdade, igualdade, cidadania. Há uma concepção filosófica, um ideal conduz nossa apreciação. Na idéia de indivíduo encerra-se uma promessa, algo de inacabado, uma utopia. Por isso não existe "o" indivíduo no "ocidente", isto é, um ser sociologicamente circunscrito a uma formação social determinada (Estados Unidos ou Europa). Aceitar tal ponto de vista seria travestir a realidade pressupondo que em alguns lugares os ideais democráticos teriam sido plenamente realizados. Isso é simplesmente uma ideologia, no sentido em que Manheim a define: um sistema de idéias sem nenhuma carga utópica cuja função seria conformar e ajustar as ações a um tipo de ordem historicamente configurado.

A discussão nos conduz a questões que já não são mais propriamente japonesas. Apesar de caminhos distintos, a modernidade se realiza de maneira diferenciada segundo a história de cada país. O contexto mundializado implica a emergência de problemas que transcendem suas fronteiras. Até então, a problemática do indivíduo se exprimia preferencialmente através da oposição entre **ooyake/watakushi**. Para compreendê-la era necessário nos situarmos na história de um país determinado, o Japão, e conhecer suas particularidades: a hierarquia Tokugawa, o **ie**, o culto ao imperador, a preponderância dos grupos etc. Era ainda preciso contrapor essa realidade a algo que lhe era externo: o "ocidente". Pólo de referência obrigatória, ele se constituía em imagem modelar para a reflexão. A especificidade nipônica só era inteligível quando comparada ao desenvolvimento das sociedades industriais avançadas. Esta dimensão certamente persiste no contexto da sociedade japonesa, surge agora, porém, um outro horizonte. A modernidade-mundo traz com ela uma dimensão que atravessa os países, configurando uma situação na qual as especificidades nacionais passam a ter um peso apenas relativo. Consumo, indivíduo, trabalho, individuação não são temas pertinentes a este ou àquele país. Seu desdobramento revela a constituição de nexos que entrelaçam as pessoas dentro de uma sociedade que se mundializa.

Tradição, Identidade, Desterritorialização

Marc Augé considera o "lugar antropológico" um território geográfico investido de sentido[1]. Território que poderia circunscrever uma tribo indígena, uma cidade ou uma nação. Nele se enraizariam os homens e as mulheres, sua espacialidade constituindo os limites míticos e identitários dos diversos grupos sociais que o compõem. Instaura-se assim a existência de um "nós" fonte permanente de referência e de identidade, ao qual se contrapõe um "eles", fora de suas fronteiras, distante, distinto. A memória coletiva de cada "lugar" é sempre singular, os mitos, narrativas, monumentos, relembram sua história específica, dizem respeito à sua modalidade socioespacial. Recordar é espacializar as lembranças, amarrá-las a um determinado local. Posso dizer que o Japão é um "lugar antropológico". A nação, em sua insularidade exemplar, é um substrato material investido de sentido simbólico. Mas para se afirmar o "nós" japonês necessita de um outro, e neste caso não há dúvidas, a alteridade reside alhures. A língua japonesa é rica em exemplos dessa natureza, a polaridade **wa/yo** sendo constitutiva da oposição entre Japão e Ocidente. **Washoku** (cozinha japonesa) x **yoshoku** (cozinha ocidental), **wagashi** (doce japonês) x **yogashi** (bolos, tortas), **washi** (papel japonês) x **yoshi** (papel ocidental), **wafuku** (vestimenta japonesa) x **yofuku** (roupa ocidental), **washitsu (tatami)** x **yoshitsu** (móveis ocidentais). Existem outras combinações possíveis: **nihonshu** (sake) x **yoshu** (vinho) ou **nihonkan** (casa de estilo japonês) x **yokan** (estilo ocidental). Tudo se passa como se as maneiras de ser, os objetos, os produtos, fossem indelevelmente marcados pela raiz nipônica, simbolizando uma maneira de se comportar e de agir específica de uma cultura[2]. Não se deve imaginar esse contraponto como sendo necessariamente

---

[1] M. Augé, *Non Lieux: Introduction à une Anthropologie de la Surmodernité*, Paris, Seuil, 1992.
[2] Um texto que procura mostrar como o arroz é um objeto privilegiado na construção da identidade japonesa é o de E. Ohnuki-Tierney, *Rice as Self: Japanese Identities Through Time*, Princeton, Princeton University Press, 1993.

uma interpretação rigorosa da realidade. Trata-se, na verdade, de categorias culturais cuja validade se aplica ao âmbito da vida social. Nelas há muito de reducionismo. Por exemplo, a cultura "ocidental" é simplificada, algumas vezes é sinônimo de técnica, outras de americanização, e a cultura japonesa é idealizada de acordo com as conveniências do momento. Por isso, Harumi Befu considera que elas possuem muito de arbitrariedade e pouco de objetividade (o que não significa que sejam falsas)[3]. Por exemplo, o arroz, quando servido com a comida japonesa, é **washiki;** entretanto, como acompanhamento de pratos "ocidentais", ele é designado como **yoshiki**. Encontramo-nos assim diante de classificações culturais cuja verdade se resume ao consenso em relação ao seu uso. Mas pouco importa se as representações construídas pelo pensamento nativo sejam fantasiosas ou arbitrárias, elas atestam a capacidade de elaborar conceitos que aproximam as pessoas, afastando-as evidentemente de outras.

A antinomia Japão/Ocidente pode ser resolvida de várias formas. Uma delas afirma a superioridade do pólo ocidental sobre o oriental. Neste caso, o antagonismo se traduziria como sendo uma expressão da ocidentalização. Cito uma passagem de um japonólogo francês, um tanto impressionista, ao analisar a publicidade na televisão."À medida que as propagandas desfilam, um sentimento estranho se apodera de mim: os objetos propostos são diferentes, xampu, sopa instantânea, uísque, automóvel, cartão de crédito, relógio, hambúrguer... mas para além dessas diferenças uma unidade se revela ao olhar do estrangeiro, a referência ao estrangeiro enquanto indivíduo, paisagem, língua, referência que mede a suposta distância social em relação a si. Por que não havia eu reparado nisso anteriormente? Quero dizer, por que isso não me surpreendeu? Por que a necessidade dessas loiras de olhos azuis para vender sabonete para morenas de olhos escuros?[4]" Xampu, cartão de crédito, automóvel, relógio são produtos considerados uma americanização da vida, daí o apelo à figura do **gaijin,** personagem crucial na estratégia dos anunciantes[5]. Há toda uma mitologia em torno do estrangeiro na história japonesa. Desde Meiji a elite política cultivou uma percepção exótica em relação ao homem branco e ocidental. O **gaijin** não é um estranho qualquer, um negro, um **dekasegui** brasileiro ou um imigrante coreano, em relação aos

---

[3] H. Befu, "Civilization and culture: Japan in search of identity" in *Japanese Civilization in Modern World: Life and Society*, Senri Ethnological Studies, op. cit.
[4] J.F. Sabouret. "La science nipponne et l'âme américaine: les spots publicitaires sur les chaînes commerciales: une idéologie clandestine"? in A. Berque (ed.), *Le Japon et Son Double,* Paris, Masson, 1987, pp. 151-152.
[5] Ver M.R. Creighton, "Imagining the other in Japanese advertising campaigns" in J.G. Carrier (ed.), *Occidentalism: Images of the West,* Oxford, Clarendon Press, 1995.

quais as práticas discriminatórias são explícitas; a ele aderem as qualidades de prestígio, superioridade, enfim de civilidade[6]. Enquanto homem branco, ele é sinônimo de bom gosto, elegância, *savoir-faire*, estimulando a fantasia dos consumidores. A "loura de olhos azuis" teria um papel fundamental, simbolizando um universo de sonho e desejo, segundo o autor, inteiramente alheio à vida social japonesa. A conclusão desse tipo de raciocínio é esperada: "O Japão, há mais de um século, para preservar sua independência, introduziu as técnicas ocidentais... A alma insular que no século passado se queria tanto proteger não se encontraria agora, por uma reviravolta diatética, no caminho de escorregar para o lado ocidental? A publicidade japonesa vende os mitos ocidentais com tecnologia japonesa. Não ocorre aí um processo irreversível de aculturação?[7]" Fenômeno que o autor toma como equivalente ao de "americanização", pois para ele consumo e mercado seriam evidências de uma americanidade planetária. É dentro dessa mesma perspectiva que Toshiaki Kozakai considera o universo da publicidade. Para mensurar a extensão do processo em curso, ele define um "índice de ocidentalização" no qual se levam em consideração os personagens envolvidos nos anúncios (brancos ou japoneses), o nome dos produtos (em língua "ocidental" ou não), o texto escrito, as canções utilizadas e a paisagem. Sua conclusão é que o imaginário da publicidade poderia ser dividido em duas esferas, uma propriamente autóctone, outra ocidental. O índice de "ocidentalização" seria elevado junto aos produtos de origem estrangeira — automóveis, uísque, roupas, cosméticos etc. —, mas se reduziria no caso dos produtos japoneses — quimono, bebidas alcoólicas (saquê), alimentos etc. "Os produtos de origem ocidental veiculam mais representações ocidentais do que os produtos tradicionais: roupas modernas (chamadas de **yofuku**) x quimono; restaurantes estrangeiros e alimentos em geral x restaurantes japoneses e alimentos específicos da cozinha japonesa; bebidas alcoólicas ocidentais x bebidas tradicionais... Quanto mais os produtos são percebidos como fazendo parte da vida cotidiana ou como sendo familiares e indispensáveis, menos a representação que os acompanha os relaciona ao estrangeiro, no contexto atual o Ocidente. O índice de ocidentalização é particularmente baixo para os eletrodomésticos; em contrapartida é nitidamente mais elevado para produtos eletrônicos de ponta, de caráter excepcional, luxuoso, orientados para o lazer,

---

[6] Sobre a discriminação racial no Japão, ver G. Russel, "Race and reflexivity: the black other in contemporary Japanese mass culture" in J.W. Treat (ed.), *Contemporary Japan and Popular Culture*, Londres, Curzon, 1996. A respeito dos dekasegui brasileiros, consultar L. Kawamura, "Estratégias de sobrevivência: trabalhadores brasileiros no Japão", Unicamp, tese de livre-docência, 1996.
[7] J.F. Sabouret, op. cit., p. 157.

tipo aparelhos de som, videocassetes, computadores"[8]. Tendência que se reforçaria quando acompanhada por uma "ocidentalização lingüística", denominação dos produtos anunciados (carros: Blue Bird, Century, Galant; cigarros: Peace, Hope, Hi-light), ou a introdução de palavras, sobretudo em inglês, no vocabulário escrito en **katakana**[*] — **pensaki** (*pen* + **saki**) = caneta + bico de pena; **hairzome** (*hair* + **zome**) = cabelo + colorante. Sua presença exagerada no idioma japonês (alguns autores dizem que elas constituem mais de 10% do total das palavras existentes) seria um sinal de capitulação, de acomodação diante das forças exógenas. Kozakai entende a relação Ocidente/Japão como um elemento de dominação, uma aculturação desigual. O contato intercultural se faria em detrimento de uma das partes. O Ocidente, hesitante em ser americano ou europeu, afirmaria sem subterfúgios sua hegemonia. Analogamente a Fanon, quando dizia que o negro se "desracializava" em relação ao branco, reforçando assim sua alienação (Fanon insistia no fato de o negro não possuir "resistência ontológica" quando submetido ao olhar do branco), o japonês, ao se identificar com as coisas estrangeiras, diminuiria o seu Ser, sua autenticidade[9]. Ele poderia talvez se sentir superior a seus vizinhos chineses ou coreanos na medida em que esses seriam menos "ocidentalizados" em sua maneira de viver, menos desenvolvidos tecnologicamente, mas diante da limpidez da figura do **gaijin** o sonho de ocidentalização se desfaz. A presença do "senhor" (o tema do reconhecimento era discutido em Fanon em termos da dialética hegeliana do senhor e do escravo) inevitavelmente o remeteria à sua posição subalterna.

Outro tipo de análise recoloca a oposição Japão/Ocidente em termos distintos. A unidade Japão passa agora a ter uma autonomia, uma capacidade, isto é, um poder de reorientar as influências vindas de fora. Joseph Tobin considera que o conceito que melhor descreveria este tipo de relação seria o de "domesticação"[10]. Em princípio, os costumes estrangeiros, os produtos importados, os símbolos consumidos, seriam todos "domesticados" pela cultura nativa. Estamos portanto distante do argumento da ocidentalização. Neste sentido, a Tokyo Disneyland, com seu World Bazaar, Fantasyland, Tomorrowland, Adventureland, Mickey Mouse, Cinderella's Castle, não seria uma mera cópia

---

[8] T. Kozakai, *Les Japonais Sont-Ils des Occidentaux?*, Paris, L'Harmattan, 1991, pp. 73-74.
[*] A escrita japonesa utiliza três tipos de notações diferentes: kanji, os ideogramas chineses, e dois silabários denominados kana. Hiragana, simplificação dos ideogramas adaptados ao som da língua japonesa; katakana, empregado na "japonização" das palavras de origem estrangeira, hoje predominantemente oriundas das línguas européias (exemplo: Champs-Elysées: shanzerizee; Cambridge: kenburijii; Trindade: shirindaade).
[9] F. Fanon, *Peau Noire Masques Blancs*, Paris, Seuil, 1952.
[10] J.J. Tobin, "Introduction: domesticating West", in J.J. Tobin (ed.), *Re-Made in Japan*, New Haven, Yale University Press, 1992.

da Disneylândia, mas uma recontextualização de objetos e signos "digeridos" pela lógica local[11]. Pode-se dizer o mesmo em relação a certos hábitos tradicionais. Por exemplo: o banho. Um autor como Scott Clark dirá: "Em resposta à modernização e à exposição aos costumes e materiais estrangeiros, o banho japonês e as práticas de se lavar têm se modificado drasticamente nos últimos séculos. Mesmo assim, o banho japonês continua sendo percebido como a quintessência da japonidade. O tradicional banho a vapor foi substituído pelos canos com água quente, os banheiros de madeira são agora em azulejo e plástico; as cubas das banheiras feitas em madeira e tocos tornaram-se de plástico; o farelo de arroz foi substituído por sabonete; chuveiros, xampus e toalhas foram adicionados; e a mistura de sexos no banho cada vez mais se torna incomum. Mas a adoção dessas práticas e de bens estrangeiros não transformou uma prática tradicional em moderna. Em relação ao outro, os japoneses vêem a prática ordinária do banho como uma marca do povo japonês e de sua japonidade"[12]. Em termos lógicos, poderíamos dizer que o conjunto "banho" é alterado em sua extensão, nele se inscrevem novos materiais (tubos de água quente, plástico, sabão, chuveiros), entretanto, sua compreensão continua a mesma, é a partir dela que os elementos adicionados seriam reordenados. O mesmo raciocínio se estende às análises sobre a internacionalização da comida[13]. Para vários autores, as mudanças em relação ao padrão alimentar seriam evidentes, sobretudo com a importação de alimentos — diminuição do consumo de arroz, aumento da ingestão de derivados do leite, carne etc. —, mas ela viria sempre acompanhada de uma "japonização" da prática culinária adaptando assim os hábitos e os condimentos estrangeiros ao gosto autóctone. Em todos esses exemplos a idéia de centralidade da cultura japonesa permanece ilesa, metamorfoseando os produtos vindos de fora, miscigenando-os à sua tradição. A identidade nipônica, longe de esvanecer, se afirmaria, reforçando desta maneira os laços sociais preexistentes.

Apesar de distintas, e de em alguns aspectos até mesmo antagônicas, as perspectivas anteriores partilham as mesmas premissas, elas postulam a existência da dicotomia yo/wa. Em ambos os casos temos uma interação entre duas culturas distintas, a ocidental e a japonesa, cada uma delas com sua autonomia e âmbitos específicos. Por isso o conceito de aculturação é tantas vezes acionado[14]. Parte-se do princípio de que a "cultura ocidental"

---

[11] M.Y. Brannen, "Bwana Mickey: constructing cultural consumption at Tokyo Disneyland" in *Re-Made in Japan*, ibid.
[12] S. Clark, "The Japanese bath: extraordinary ordinary" in *Re-Made in Japan*, ibid., p. 104.
[13] M. Ashkenazi, "Anthropological aspects of the Japanese meal: tradition, internationalization and aesthetics" in A. Boscaro (alii, ed.), *Rethinking Japan*, vol. II, Sandgate (Inglaterra), Japan Library Ltd., 1990.
[14] Sobre o conceito de aculturação, ver R. Bastide, "L'acculturation", Encyclopaedia Universalis, Paris, Encyclopaedia Universalis de France, 1992.

constituiria um todo coerente e coeso e que no contato civilizatório com a "cultura japonesa" ocorreria uma redefinição dos termos em confronto. No caso da "ocidentalização" haveria uma clara dominação de uma esfera civilizatória sobre a outra, já os que privilegiam a idéia de reinterpretação cultural (também uma noção da velha escola antropológica culturalista norte-americana) reforçam o lado nipônico conferindo-lhe uma posição de "soberania" no processo de remodelação dos elementos alienígenas. A tendência de "japonização" predominaria sobre a dimensão ocidentalizante. No entanto, as fronteiras entre "dentro" e "fora", "interno" e "externo", encontram-se preservadas nos dois tipos de encaminhamentos. O Japão, enquanto unidade de sentido, seria ou ameaçado pelos perigos externos ou capaz de reorientá-los em seu próprio benefício. Ora, a mundialização da cultura redefine esta situação (em termos de Marc Augé, o "lugar antropológico" é deslocado pelo "não-lugar"). Diante do movimento de desterritorialização, conceitos como Oriente e Ocidente perdem consistência. O exemplo das vestimentas é sugestivo. No universo do consumo elas deixam de se vincular às suas raízes de origem pois os estilos de vida não mais as consideram parte do costume. Escolher uma roupa é uma forma de expressar o gosto individual de cada um. Quimono ou vestido não são pares antagônicos podendo até mesmo ser alternadamente escolhidos em razão das ocasiões que se apresentam[15]. Neste contexto, o consenso existente em relação às classificações culturais anteriores se enfraquece ou, como bem observa Karoline Postel-Vinay: "Se no final do século XX a dicotomia **yo/wa** é ainda presente no Japão, ela se enfraquece cada vez mais com a passagem do tempo. Por exemplo, o uso da calça e do paletó tornou-se demasiadamente habitual para que se possa associá-lo a **yofu**, e apenas o termo o associa ainda a sua origem exógena. Em outras palavras, a relação quimono-calça-paletó não mais ilustra uma oposição entre o Japão e o Ocidente, mas muito mais uma oposição entre um Japão tradicional e outro moderno"[16].

Retenho esta idéia de contraposição entre um Japão moderno e outro tradicional, ela me permitirá desenvolver a relação **yo/wa** sob outra ótica. Tomo o exemplo da música popular e em particular um tipo de canção, a **enka**. Se aceitássemos o raciocínio da indústria fonográfica seríamos obrigados a distinguir entre música japonesa (**hogaku**) e ocidental (**yogaku**). Retornamos assim ao dualismo anterior. Dentro deste tipo de visão o mercado fonográfico

---

[15] Y. Hara, "Self-expression through dress", Japan Quarterly, vol. XXXIII, n° 2, 1986.
[16] K. Postel-Vinay, *La Révolution Silencieuse du Japon,* Paris, Calmann-Lévy, 1994, p. 32.

poderia ser historicamente dividido em dois períodos. Um primeiro, após a Ocupação, no qual reinaria a música estrangeira, predominantemente norte-americana, e um segundo, após 1967, em que pouco a pouco a música japonesa ganharia terreno[17]. Em contraposição à presença invasora do Ocidente, teríamos uma "nacionalização" dos gostos; presença que não se reduz à mera importação de discos, ela pressupõe ainda toda uma estratégia de mercado na qual muito da música estrangeira veiculada, e até mesmo exportada, é produzida no Japão (*rock*, baladas, bossa nova, tango etc.)[18]. No entanto, olhando as coisas com mais cuidado, percebe-se que o pólo **hogaku**, longe de ser homogêneo, encerra muito de diversidade e contradição. O que é considerado autenticamente nipônico abrange um leque variado de sonoridades: canções folclóricas, música budista, peças de teatro nô, *rock* e *pop music* compostos e executados por bandas japonesas. A **enka** é um desses gêneros existentes. Ela nasce em torno de 1880, no início uma música de protesto contra o autoritarismo do governo Meiji (os temas cantados são utilizados pelo movimento dos direitos civis); com o tempo o apelo político desaparece, sendo que durante os anos 20 e 30, com o advento do rádio, o gênero se populariza como canção romântica. A rigor, do ponto de vista estrutural, a **enka** se afasta tanto da música ocidental quanto da música tradicional japonesa, sua escala pentatônica (sem o quarto e o sétimo graus) diferenciando-se da escala harmônica ou da estrutura tetracórdica prevalente até então na musicalidade pré-Meiji. Uma das principais características da **enka** é a sua vocalização melismática, quando cantadas as frases musicais são prolongadas em *vibrato*. O cantor deve dominar um determinado estilo vocal. Os musicólogos nos lembram que o objetivo central da música é transmitir as palavras do texto; neste sentido o ritmo deve acompanhar as palavras, nunca absorvê-las. Há ainda uma íntima relação entre a língua japonesa e o andamento musical. Okada Maki nos diz: "O ritmo da **enka** está em íntima relação com a língua japonesa. Em japonês, a maior parte das consoantes é seguida de vogais. A palavra é o resultado das seqüências que ligam unidades de consoantes-vogais. A cada uma dessas sílabas é atribuída uma mesma cadência métrica. Esta uniformidade, por sua vez, se reflete na música. O ritmo da **enka** encontra seu fundamento na qualidade do idioma

---

[17] Em 1967, o consumo de música estrangeira era de 46,2% e o de japonesa de 53,8%. A partir desse momento, a fatia de mercado relativa às músicas estrangeiras tem decrescido. Em 1989, 35,3%; em 1992, 24%. Ver S. Kawabata, "The Japanese record industry", Popular Music, vol. 10, nº 3, 1991; G. de Launey, "Not-so-big in Japan: Western pop music in the Japanese market", Popular Music, vol. 14, nº 2, 1995.
[18] Sobre este ponto, consultar T. Mitsui, "Japan in Japan: notes on an aspect of the popular music record industry in Japan" in Popular Music 3: Producers and Markets, Cambridge, Cambridge University Press, 1983. Em 1995, o total de música estrangeira numa empresa como Sony Music Entertainment representava 13% de sua produção.

japonês"[19]. Musicalidade e idioma se fundem, como se a sonoridade das canções estivesse visceralmente presa à cultura. A popularização da **enka** irá transformá-la em símbolo de japonidade. Cria-se uma tradição musical que pouco a pouco se identifica com a nação. Mas, como a tradição é em princípio conservadora, o novo gênero irá definir-se pela sua fixidez, e não pela mudança. Como observa Christine Yano: "[uma das características] do mundo da **enka** é sua restrição, imposta aos cantores, de ir além das fronteiras do gênero"[20]. Em outras palavras, durante o período de popularização surgem músicas e cantores que se tornam "clássicos", eles criam uma forma de cantar que se incorpora à tradição. Um cantor em suas novas gravações, assim como os cantores amadores de karaokê, deve seguir um modelo preestabelecido. É isso que também explica as várias reedições das músicas que foram sucesso no passado. Maneira de cantar e repertório fazem parte de um mesmo patrimônio. A tradição é ainda simbolizada nos trajes utilizados pelos cantores (quimono) e na sua associação à nostalgia do **furusato**, mito da terra natal. A **enka** vincula a emoção (muitas lágrimas) ao sentimento de nacionalidade, com o espírito de japonidade sendo melismaticamente preservado entre seus ouvintes.

Não obstante, ironicamente, este esforço simbólico coletivo é insuficiente para o convencimento de todos. A **enka** é na verdade um gênero musical em declínio com seu apelo restringindo-se às faixas etárias mais velhas. Sua posição no mercado fonográfico é cada vez mais marginal, sendo folgadamente ultrapassada pela música *pop* japonesa[21]. Isso não é uma casualidade. Trata-se de uma profunda mudança do idioma musical que Junko Kitagawa caracteriza como passagem de uma escuta *personal-oriented* para uma escuta *sound-oriented*[22]. Até os anos 60 a típica música popular (**kayokyoku**) era pautada por um outro padrão: as melodias se baseavam na escala pentatônica, as letras em versos fixos, e o cantor utilizava a técnica do *vibrato*. Entretanto, principalmente sob a influência do *rock-and-roll*, adotam-se um ritmo e uma escala tonal que se afastam da "tradição" (neste caso uma dupla tradição: a musicalidade anterior a Meiji e a estabelecida pela **enka**). Na década de 70 esta distância aumenta. As novas bandas de músicas *pop* redefinem a relação entre o ritmo e a letra. Como aponta Kitagawa: "As letras não são tomadas

---

[19] M. Okada, "Musical characteristics of enka", Popular Music, vol. 10, nº 3, 1991, p. 290.
[20] C.R. Yano, "Shapping tears of a nation: an ethnography of emotion in Japanese popular song", Ph.D., University of Hawaii, 1995, p. 83.
[21] Em 1979, o gênero enka ocupava 18,2% do mercado fonográfico, contra 70,1% de músicas estilo *pop*. Alguns anos depois, os números só fazem confirmar seu declínio: em 1989, 12% do mercado, contra 86,2% de *pop*; em 1992, apenas 4% do mercado, contra 89,5% de *pop*. Dados in M. OKada e C.R. Yano, op. cit.
[22] J. Kitagawa, "Some aspects of Japanese popular music", Popular Music, vol. 10, nº 3, 1991.

como unidades plena de sentido, mas como parte do som... Este tipo de canção tende a substituir uma escuta pessoalmente orientada por uma escuta orientada para o som"[23]. É este tipo de música/escuta que se difunde entre os jovens. Fenômeno que se reforça com a expansão da indústria de cassetes, das escolas não-acadêmicas de música (tipo Yamaha) e da difusão de novos instrumentos musicais, particularmente guitarras, pianos e teclados[24]. A alfabetização musical se realiza então levando-se em consideração outros parâmetros. A íntima relação que havia anteriormente entre a letra e o ritmo, e portanto, entre o canto e o idioma japonês, cinde-se. O equilíbrio sutilmente mantido entre sonoridade, verso e japonidade é rompido em favor de um outro estilo musical. A contradição **yogaku/hogaku** é assim substituída por outra: modernidade/tradição. Para o novo tipo de escuta musical, a **enka** torna-se um tipo de música "ultrapassada", um gosto "fora de moda". Diante do apelo da *pop music,* ela é preterida como um objeto em desuso. O pólo "música estrangeira" é portanto ressignificado. A música *pop* japonesa passa a constituir uma variação de um gênero mais amplo (como o *rock* russo ou argentino). Sintonizada ao movimento da modernidade-mundo, ela pode reordenar os gostos segundo outros critérios reservando para si uma posição de destaque. O universo dos estilos de vida não se define, pois, através da polaridade **yo/wa**, nele o *pop*, por ser moderno, "vale mais" do que a **enka**, considerada um resquício do passado.

A dicotomia **yo/wa** estabelece uma nítida percepção "daquilo que vem de fora", dentro de seu campo de definição o estrangeiro encontra-se explicitamente configurado. Mas o que se passa quando aplicamos este tipo de classificação cultural aos produtos e artefatos contemporâneos? Neste caso, uma breve reflexão sobre a idéia de "importação" parece-me necessária. Do ponto de vista econômico, o mercado japonês, que era relativamente fechado aos produtos estrangeiros durante os anos 60, nas décadas de 80 e 90 irá cada vez mais se abrir às importações. Contrariamente às acusações interessadas de muitos governos e executivos de transnacionais, particularmente norte-americanos, elas têm aumentado substancialmente, integrando o país ao contexto de uma economia globalizada[25]. E já não se trata apenas de matéria-prima (que é escassa), a

---

[23] Ibid., pp. 306-307.
[24] Em 1992, o mercado de instrumentos musicais mobilizou a quantia de 136 milhões de ienes. Mercado dominado pela Yamaha, no qual a parte relativa a pianos e teclados eletrônicos corresponde a 74,9% do total das vendas. Dados in Consumer Japan, 1993, op. cit.
[25] Sobre as acusações e contra-acusações em relação ao fechamento do mercado japonês, ver E. Wilkinson, *Le Japon Face à l'Occident,* Bruxelas, Ed. Complexe, 1991. Para se ter uma idéia, o gasto com importação entre 1989 e 1995 passa de 209 milhões de ienes para 335 milhões. Dados in "Comparative economic and financial statistics: Japan an other major countries 1996", International Department, Bank of Japan.

pauta de importações aumenta sobretudo com os produtos manufaturados e comida (vegetais, frutas, peixes, bebidas etc.)[26]. Cresce também o comércio regional[27]. Há primeiro um aumento da importação de produtos demandados pelas transnacionais japonesas cujas plantas se situam nos países asiáticos. Mas as trocas não se reduzem aos produtos básicos (necessários à indústria), o setor de manufaturados é o que mais se expande: roupas, jóias, vestimentas de couro, relógios, brinquedos, *T-shirts,* cigarros, microfones (ironicamente, quando se analisam os dados, descobre-se que o **jikatabi,** sapato de borracha com dedo, considerado por muitos antropólogos signo de japonidade, figura como o maior item de exportação das Filipinas para o Japão). Isso significa uma banalização dos produtos importados. Pouco a pouco eles passam a fazer parte dos hábitos da vida cotidiana. Carros, computadores, videogames, comidas, roupas são parte do mobiliário da modernidade-mundo. Seus lugares de origem contam pouco no contexto de desterritorialização dos mercados. Na verdade, muitos desses objetos, se não a maioria, são também fabricados pela indústria japonesa ou por *joint ventures* com empresas estrangeiras. Por isso não é tanto a oposição Ocidente/Oriente que conta, mas a qualidade (ou melhor, a suposta qualidade promovida pelas campanhas de *marketing*) do produto. Um exemplo: publicidades do tipo "o carro perfeito" (Toyota) ou "o menor estéreo pessoal do mundo" (Sanyo) se fundam no que a tecnologia japonesa possui de mais avançado. *Made in Japan* torna-se um sinal distintivo para os consumidores do mercado interno e externo. Contudo, o valor simbólico atribuído aos produtos consumidos nada mais tem a ver com o **wa** da identidade nipônica, o que se leva agora em consideração são imperativos como "eficácia", "modernidade", "eficiência", "racionalidade". Um automóvel japonês (Nissan, Toyota) poderá ou não ser "mais eficiente" do que um carro norte-americano (Ford, Chevrolet) ou alemão (Volkswagen, Mercedes-Benz); o trem de alta velocidade (**shinkansen**) "mais rápido" do que seu concorrente francês, o TGV; os computadores Canon "menos potentes" do que os da Apple ou da IBM. As comparações são plausíveis e encontram-se freqüentemente sugeridas nos anúncios publicitários e nas revistas especializadas, mas insisto: elas se fazem no mesmo terreno. A dicotomia **yo/wa** pressupunha um antagonismo que em princípio tornava inválida a própria idéia de comparação, pois cada

---

[26] Em 1994, o total de 274,7 milhões de ienes com importações se distribui da seguinte maneira: comida: 46,6 milhões; matéria-prima: 28,5 milhões; combustível: 47,7 milhões; produtos manufaturados: 151,7 milhões. Dados in "Japan 1996: an international comparison", Tóquio, Keizai Koho Center.
[27] A título de comparação, em 1995 o Japão gastou com importações 75 milhões de ienes em produtos provenientes dos Estados Unidos e 113 milhões em produtos asiáticos. Dados in "Facts and figures of Japan", op. cit. Ver, ainda, *Japan's Growing Manufactured Imports from East Asia,* JETRO, Tóquio, 1989.

mundo, ocidental ou oriental, participaria de lógicas fundamentalmente distintas. Neste sentido, dizer que a tecnologia japonesa é superior ou inferior à norte-americana, que um televisor Mitsubishi possui melhor ou pior definição de imagem do que um Philips, é afirmar que eles participam de um "mesmo mundo".

Mas a noção de "importação" não deve ser vista apenas pelo lado econômico, ela possui uma dimensão cultural que a meu ver se modifica no contexto da mundialização. Tomo como exemplo o setor da confecção. Alguns estudos de *marketing* nos mostram que a maioria dos itens importados provém dos países vizinhos: Coréia do Sul, China, Hong Kong[28]. Daí procedem as vestimentas para homens e mulheres, calçados, acessórios para roupas etc.[29] Pergunto, porém, se existiria alguma orientalidade nesses produtos. Certamente não, sua importação se faz em razão de um mercado de massa que busca produtos mais baratos. Por isso quando se trata da aquisição de cosméticos e de acessórios para viagem, a balança das importações se inverte favorecendo França e Itália[30]. Na comercialização dos bens de luxo os países asiáticos são deslocados por outros. Mas, reitero, seriam esses produtos realmente "ocidentais"? No mercado da moda o que interessa não são as oposições geopolíticas, mas as *griffes*. A *T-shirt* de origem chinesa comprada num supermercado de periferia não se opõe ao cosmético francês em termos de Ocidente/Oriente ou de França/China. Os termos se contrapõem enquanto consumo popular e consumo diferenciado. O setor *high fashion* representa um pequeno volume de vendas sendo ocupado por nomes de "prestígio" — Louis Vuitton, Dunhill, Chanel, Le Must de Cartier, Celine, Givenchy Gentleman, Gucci, Hermes, Valentino Garavani, Gianni Versace. Abaixo dele temos um setor intermediário onde marcas locais e estrangeiras de "pouco prestígio" encontram algum espaço de competição. O grande volume de vendas se faz, no entanto, no mercado de massa. Pouco diferenciado, aí é consumida a maioria dos itens importados. Mas isso não é uma prerrogativa dos produtos asiáticos. Dele também faz parte o McDonald's. Do ponto de vista do faturamento e do volume de vendas é impossível compará-lo a Louis Vuitton[31]. Os estudos econômicos mostram que a Ásia

---

[28] Uma pesquisa realizada em 1987 nos mostra que do total de artigos importados se tem a seguinte distribuição por país: Coréia do Sul, 38%; China, 18%; Taiwan, 15%; Hong Kong, 11%; Itália, 8%; Estados Unidos, 3%; Reino Unido, 2%; França, 2%. Dados in "The Japanese market opportunity", Londres, Price Waterhouse, 1989.
[29] Por exemplo, no setor de importação de roupas para homens temos: Coréia do Sul, 44%; China, 23%; Taiwan, 12%; de roupas para mulheres: Coréia do Sul, 30%; China, 23%.
[30] Acessórios para viagem: Itália, 53%; França, 23%. Cosméticos: França, 44%; Reino Unido, 17%; Estados Unidos, 14%; Alemanha, 11%.
[31] Em 1987, o faturamento do McDonald's foi de 162,7 milhões de ienes e o de Louis Vuitton, 7,7 milhões.

disputa a maior fatia do mercado mundial de restauração de alimentos. Por isso a taxa de crescimento do McDonald's na região asiática é superior à dos Estados Unidos, o que significa que a empresa, para expandir sua margem de lucro, deve necessariamente se globalizar[32]. Como a Ásia é um continente populoso, passa por um crescimento econômico substantivo, e o mercado de alimentação rápida visa um público consumidor de baixo poder aquisitivo, as vendas tendem a crescer e o faturamento é alto. Entretanto um hambúrguer, por ser *fast food*, tem menor valor simbólico do que a "elegância" de uma grande marca. Esta hierarquia se desdobra não apenas na contraposição entre consumo popular e bens de luxo, ela permeia todo o mercado da moda. Perry Ellis e Kasper são marcas americanas inteiramente desconhecidas, ou melhor, conhecidas de um público consumidor de camadas médias, por isso seu valor de troca simbólico é "inferior" a Chanel, Gucci ou Le Must de Cartier. O universo do consumo é regido pela diferença de classe e pelo poder aquisitivo e não pela antinomia Ocidente/Oriente. Os estudos de *marketing* sabem disso muito bem[33]. Japonidade e ocidentalidade podem até ser utilizados como recursos de publicização de alguns produtos. A figura do **gaijin** apresentando a fragrância de um perfume (Isabella Rossellini e a marca Lancôme: "O perfume que brilha como a felicidade, *Trésor*")[34]. "Elegância" e "felicidade" se associam ao "ocidente" das estrelas de cinema e ao charme do idioma francês. Mas o mundo publicitário não se resume a isso, também a tradição é igualmente ressignificada pela sua imaginação: o lutador de sumô como "gancho" para se vender uma máquina fotográfica (diz o anúncio da Aiwa: "A arte do sumô é o poder fundado no mais perfeito equilíbrio")[35]. Lado a lado, os lutadores ancestrais e a nova tecnologia são captados como o encontro de duas linhas de fuga. Nos dois casos, ocidentalidade e japonidade atuam como referências sígnicas, mas em nenhum momento elas se constituem em forças estruturantes do mercado de bens simbólicos e dos estilos de vida. Para compreendê-las é necessário nos deslocarmos do plano geocultural para o da modernidade-mundo.

Tomo o exemplo da alta-costura e sua relação com o japonismo. Para

---

[32] Ásia + Austrália representam 44,6% da indústria mundial de hotelaria e restaurativa, contra 25,8% da América do Norte e 21% da Europa ocidental. Entre 1985 e 1994, as vendas do McDonald's fora dos Estados Unidos passam de 1,9 milhão para 11 milhões de dólares. Consultar I. Rowe "Globalization of catering industry: opportunities for fast food mid range and hotels restaurants", Londres, Financial Times Management Report, 1996.
[33] "The Japanese market opportunity" nos dá a seguinte distribuição do mercado de consumo: classe alta, 0,6%; alta classe média, 7,1%; média classe média, 52,5%; baixa classe média, 30%; classe baixa, 9,8%.
[34] Ver K. Tanaka. *Advertising Language: a Pragmatic Approach to Advertisements in Britain an Japan,* Londres, Routledge, 1994.
[35] Sobre o tema do "oriente" na publicidade britânica e japonesa, ver B. Moeran, "The Orient strikes back: advertising and imagining Japan", Theory Culture & Society, vol. 13, n° 3, 1996.

alguns autores os modelos confeccionados por Miyake, Yamamoto, Kawakubo não seriam uma mera acomodação aos padrões ocidentais de vestimentas, mas uma reinterpretação japonesa de como conceber artisticamente as indumentárias[36]. A indústria da moda, "domesticando" as influências externas, teria encontrado a medida de sua expressão autêntica. Esta maneira de ver as coisas não é partilhada apenas por japonólogos, o mundo internacional da moda tende a reforçá-la. Diz uma publicação do Museu da Moda de Paris, num número especial dedicado ao japonismo: "Foi em 1970, momento em que se afirma a internacionalização das trocas comerciais, que Kenzo se instala em Paris, logo seguido por Issey Miyake em 1973, Hanae Mori em 1975, Rei Kawakubo e Yohji Yamamoto em 1981. Mas, diferentemente dos costureiros estrangeiros, que desde Worth vinham à nossa capital, esses permaneceram eles mesmos, isto é, japoneses. Não se fundamentando na alta-costura francesa, para obter notoriedade, eles utilizaram Paris como centro de criação e de difusão de suas *griffes*. Eles fazem mais ao influenciar toda a moda. Assistimos aos últimos avatares de um fenômeno tão antigo quanto a alta-costura ela mesma, o japonismo na moda"[37]. O deslocamento desses costureiros para a capital internacional da alta-costura se faria através da afirmação de suas identidades de origem e, acrescenta o texto, renovando um movimento que se havia interrompido no século passado. Mas o que é na verdade o japonismo? O termo surge em meados do XIX na França e pouco a pouco substitui o de *japonaiserie* utilizado para se referir aos costumes e modos "à japonesa" (da mesma maneira que no século anterior se chamavam de *chinoiserie* os costumes provenientes da China). Mudança terminológica que marca uma nova inclinação da época, a descoberta do Japão. Com a abertura dos portos no final da era Tokugawa, o comércio e a comunicação com o exterior se fortalecem, Paris, distante da terra do Sol Levante, é invadida por objetos japoneses. Vasos, leques, vestidos, colares, xilogravuras, desenhos, móveis em laca podiam ser encontrados nas lojas especializadas, familiarizando pouco a pouco os artistas plásticos e os impressores com temas e técnicas novas. Entre os gráficos, os caracteres japoneses de madeira são muito apreciados, passando a ser utilizados na composição dos livros e dos impressos. O impressionismo dará impulso e legitimidade a este movimento de contato e, agora, de apropriação de elementos "orientais". Vistos no início como exóticos, eles são integrados por Degas

---

[36] D. Kondo, "The aesthetics and politics of Japanese identity in the fashion industry" in *Re-Made in Japan,* op. cit.
[37] C. Join-Diéterie, "Entre l'Orient et l'Occident" in *Japonisme et Mode,* Paris, Palais Galiera (Musée de la Mode et du Costume), 1996, p. 14.

(série de pinturas sobre o banho das mulheres inspiradas em xilogravuras japonesas), por Van Gogh (utilização de cores brilhantes), por Toulouse-Lautrec em suas litografias[38]. Esta tendência não se resume ao mundo da arte. Paris conhecerá na Belle Époque a mania pelo quimono, e os costureiros irão se apropriar não apenas de temas, mas de técnicas japonesas de costura e de ornamentação dos tecidos[39]. O japonismo influencia a confecção de vestidos de noite, *robes de chambre,* ditando a moda em revistas como *La Mode Illustrée, Le Miroir des Modes, La Mode Pratique.* A influência "oriental" irá, no entanto, declinar no início do século XX, daí a citação anterior falar no seu ressurgimento nos anos 70. Fica, porém, a pergunta: seriam esses costureiros realmente japoneses? Ou, como coloca criticamente Lise Skov: o que há de japonidade no mundo da alta-costura *made in Japan*[40]? Sem dúvida nenhuma, alguns elementos da tradição estão presentes. O Japão possui um fascinante passado estético, da corte Heian ao período Tokugawa, que inspira os figurinos atuais. Há também disponível todo um saber relativo a técnicas artesanais criativamente cultivadas na decoração, caligrafia, gravação etc. Formas, motivos, ornamentação do tecido, reinterpretados pela criatividade de cada um, se agregam e enriquecem a confecção das vestimentas. Mas tudo isso só faz sentido quando vestido num corpo que já não pode mais se enraizar no Japão. Pierre Bourdieu e Yvette Delsaut, num belo estudo sobre a alta-costura, mostram como o costureiro, para legitimar seu trabalho enquanto obra de arte, necessita transmitir às suas criações uma certa individualidade, uma certa aura[41]. É este elemento pessoal, o seu "carisma" (Bourdieu utiliza o termo no sentido weberiano), que associado ao nome de uma *maison* (Dior, Chanel etc.) distingue sua confecção das outras. A *griffe* teria, assim, o poder "sagrado" de acrescentar a um objeto um valor que transcende a seu invólucro material. Acontece que o mundo da alta-costura, desde a década de 50, transformou-se em *prêt-à-porter,* para existir ele necessita reproduzir industrialmente a "obra artística" de seu criador. Cada modelo, imaginado como único, indiviso, não pode viver na sua solidão estética, por razões de mercado sua aura deve multiplicar-se. As grandes casas de alta-costura irão ainda diversificar seus interesses. Economicamente as confecções e os desfiles de moda tornam-se cada vez menos rentáveis, o que faz com que suas atividades se multipliquem. Dior, Chanel, Paco

---

[38] Ver *Japonisme: Japanese Influence on French Art 1854-1910,* Cleveland, The Cleveland Museum of Art, 1988.
[39] Ver A. Fukai, "Le japonisme dans la mode" e F. Falluel, "Kimonomania à la Belle Époque" in *Japonisme et Mode,* op. cit.
[40] L. Skov, "Fashions trends Japonisme and postmodernisme " in J.W. Treat (ed.), *Contemporary Japan and Popular Culture,* op. cit.
[41] P. Bourdieu e Y. Delsaut, "Le couturier et sa griffe", *Actes de la Recherche en Sciences Sociales,* nº 1, janeiro de 1975.

Rabanne transformam-se em marcas que abrangem os ramos de perfumaria, bijuteria, acessórios de viagens etc. Ou seja, eu acrescentaria à análise de Bourdieu, há uma "rotinização do carisma". Por isso, também, as *griffes* japonesas já não mais se circunscrevem aos vestidos, elas abrangem diversos tipos e partes de roupas, calças, casacos, perfumes (L'Eau d'Issey), ou um conjunto de acessórios disponíveis em lojas como Comme des Garçons (marca de Rei Kawakubo). A presença superlativa de uma japonidade unívoca seria neste caso contraproducente, pois os produtos vestem "universalmente" qualquer corpo, isto é, são consumidos no mercado mundial de bens de luxo. Quanto a isso o testemunho dos costureiros é eloqüente: "Eu tentei criar uma moda que não fosse nem japonesa nem ocidental" (Issey); "Não há nenhuma nacionalidade em minhas roupas. Elas não são nem japonesas, nem francesas, nem americanas. Minhas roupas não pertencem a nenhuma nação" (Yamamoto)[42]. Neste sentido, não existe japonismo. Sua manifestação pressupunha a presença de dois pólos distintos, Ocidente e Oriente. As influências externas seriam digeridas pelos artistas/costureiros ocidentais incorporando às suas realizações algo que provinha "de longe". Os *designers* japoneses não podem se conformar a este tipo de enquadramento. Eles reivindicam não a japonidade, mas a mundialidade de suas criações. Quando Yamamoto diz "aqueles que usam minhas roupas querem afirmar um ponto de vista", ele libera o uso da vestimenta das imposições geoculturais[43]. A escolha não se faz entre leste/oeste, Japão/França, ela é fruto de uma expressão pessoal desterritorializada, ou seja, pertence ao reino dos estilos de vida.

Em seu estudo sobre o mundo da arte Bourdieu coloca uma pergunta sociologicamente importante: quem cria os criadores[44]? Contrariamente a uma tradição, principalmente da história da arte, que toma a existência do artista como um dado inquestionável, isto é, um fato a partir do qual a explicação se estrutura, ele desloca seu interesse para compreender como sua valorização se constitui. O universo das artes plásticas e da literatura deixa de ser visto como um "mistério", como pura projeção da vontade subjetiva do criador (ele sabe o que é arte, os outros não), para ser apreendido em sua dimensão social. A resposta ao problema Bourdieu a encontra na noção de campo artístico. Espaço estruturado de relações de poder, ele congrega diferentes tipos de atores: os próprios artistas (pintores, escritores, escultores), negociantes de arte, críticos literários. Personagens que atuam em direções

---

[42] Issey, citação in B. Laurence, *Issey Miyake* (Mémoire de la Mode), Paris, Ed. Assouline 1997, p. 5; Yamamoto, citação in Wim Wenders, "Carnet de notes sur les vêtements et les villes" (filme).
[43] Citação in F. Baudot, *Yohji Yamamoto* (Mémoire de la Mode), Paris, Ed. Assouline, 1997, p. 7.
[44] P. Bourdieu, "Qui crée les créateurs?" in *Questions de Sociologie,* Paris, Minuit, 1980.

diversas: a confecção da obra (livro, tela, escultura), sua distribuição (revistas, impressão), sua comercialização (*marchands*), sua exposição (museus, galerias, praças públicas), sua premiação (concursos, citações). O artista e a obra não existem, portanto, sozinhos, eles fazem parte de uma rede que os constitui, e não apenas lhes dá suporte. A legitimidade da criação artística é construída socialmente. Pode-se então compreender por que os criadores tem o poder de dizer, "a arte é uma manifestação sublime", "a arte é a expressão superior do espírito", ou seja, a arte "vale mais" do que qualquer outra expressão da vida social. Afirmações que não se confinam ao universo estético, elas o transbordam, sendo partilhadas pelo conjunto da sociedade. A análise de Bourdieu pode ser vista dentro de duas perspectivas. A primeira, limitando-a ao domínio especificamente artístico. Tomada assim, ela pouco nos serviria para entender o universo do consumo e da mundialização da cultura. Nele, a grande arte, sem desaparecer como pensam alguns pós-modernos, deixa de ser uma dimensão estruturante da vida cultural. Mas uma outra leitura, a meu ver mais proveitosa, pode no entanto ser feita. A pergunta, embora dirigida a um domínio particular, pode ser considerada: "como se constitui a legitimitade dos objetos culturais"? Ou seja: qual o lugar das instâncias que conferem autenticidade e exemplaridade aos comportamentos individuais? Formulada dessa maneira, a problemática que me interessa adquire uma outra dimensão. O mundo do consumo pode ser visto como uma instância de constituição de legitimidades cuja amplitude é mundial. A partir dele se estruturam relações de ordem e dominação. Eu havia criticado o valor explicativo da tese sobre a ocidentalização. Nuanço agora minha afirmação anterior, sublinhando que em relação à perspectiva da "domesticação" ela tem pelo menos uma virtude: explicita uma relação de poder. Entre civilização ocidental e civilização nipônica há assimetria e conflito. Entretanto, no contexto de uma sociedade globalizada, o que ela apreende como uma relação de exterioridade, Ocidente x Oriente, deve ser considerado uma expressão de interioridade. A oposição **yo/wa** é superada por tipos de dominação que integram modernidade-mundo. A hierarquização dos gostos e dos comportamentos, que no caso anterior pertencia a uma dimensão antitética, torna-se constitutiva de um mundo global (o que não significa que ele seja homogêneo). Ela se nutre de um cotidiano que se mundializa, classificando e separando as pessoas segundo seus hábitos, posição de classe e poder aquisitivo.

*
* *

No Japão, a presença da tradição surge como algo exuberante. À primeira vista a encontramos em todos os lugares. Ela se exprime nos objetos, **tatami**, biombos das casas, sombrinhas, leques, quimono, pipas, papel (**washi**), máscaras, carimbos personalizados, nos hábitos, banho público, uso do ábaco, cerimônia do chá e nas festas sazonais (rito das quatro estações). Há ainda todo um legado religioso, a importância do budismo nas cerimonias fúnebres, do xintoísmo no culto dos antepassados, que não pode ser negligenciado. No âmbito das artes decorativas, motivos e técnicas fazem parte de um rico patrimônio cultural: desenhos, figuras, objetos em laca, arquitetura etc. Permanece no entanto uma dúvida: qual o significado desta presença? Um primeiro aspecto (pomo de discórdia entre antropólogos e sociólogos) é que a tradição, apesar de sua diversidade e riqueza, já não mais possui o poder de organizar a sociedade como um todo. Sua manifestação empírica é evidente, concretizando-se em objetos e costumes, sem porém desempenhar o papel sociológico que detinha anteriormente. Alguns estudos mostram que a estrutura do **ie**, em certas comunidades rurais, atua ainda como unidade de organização da vida social e religiosa de seus habitantes[45]. A autoridade dos mais velhos, os privilégios do primogênito, o vínculo com os antepassados continuariam a existir como anos atrás. Não há por que contestar este tipo de constatação fundada num trabalho etnográfico consistente e criterioso. Seria, porém, insensato argumentar que o **ie** desfrutaria do mesmo estatuto no que diz respeito à totalidade da sociedade. Vimos como ele pode até mesmo ser reinterpretado enquanto elemento dinâmico da modernidade emergente, mas suas implicações, no plano social e familiar, transformaram-se radicalmente. Mas para se compreender o mundo contemporâneo não é necessário imaginar que todo o passado desapareça dando lugar à modernidade. Não é isso que importa. A religião continua a ser uma dimensão importante da sociedade japonesa, como de qualquer outra, mas perde em organicidade, deixa de ser hegemônica no processo de estruturação social[46]. Seu lugar é tomado por outras instâncias (tecnologia, ciência etc.). Durkheim dizia que a oposição entre ciência e religião se restringia ao domínio da explicação. No contexto de uma sociedade racionalizada, a ciência efetivamente tem um poder explicativo superior (isto é, mais convincente) ao da religião (dificilmente os mitos teológicos sobre a origem da raça humana seriam hoje mais plausíveis do que as teorias astronômicas sobre o universo). Entretanto, a ciência é para Durkheim uma "moral

---

[45] O. Moon, "Is the ie disappearing in rural Japan? The impact of tourism on a traditional Japanese village" in J. Hendry (ed.), *Interpreting Japanese Society*, op. cit.
[46] Ver J. van Bremen, D.P. Martinez (ed.), *Ceremony and Ritual in Japan: Religious Practices in an Industrialized Society*, Londres, Routledge, 1995.

sem ética", ela restringe-se ao campo de interpretação do real sem conseguir dar um sentido coletivo à vida. O saber engendrado é incapaz de orientar as condutas, prescrever caminhos para o futuro, dar respostas às inquietações existenciais. Por isso, apesar da secularização da sociedade, a religião não esvanece, perpetuando-se como uma das fontes alternativas (outra é a política) de produção coletiva de sentido. Algo semelhante, guardadas as devidas proporções, ocorre com práticas como o uso do ábaco. É comum encontrá-lo entre alguns pequenos comerciantes[47]. Trata-se, porém, de uma técnica cuja utilização conhece limites de aplicação (o ábaco não possui memória e basicamente restringe-se às operações de soma e subtração). Manipulá-lo requer ainda um aprendizado especial, o que pode ser obtido freqüentando-se escolas particulares (ou seja, estabelecimentos à margem da educação formal). Há pois uma especialização de uma esfera da tradição, ela se mantém apenas quando devidamente separada de outras instituições, modernas ou tradicionais. Um segundo ponto refere-se à idéia de perenidade. Muitos autores, quando trabalham sobre o Japão, têm a tendência em descobrir um país de tradição "milenar". O contraste com a modernidade se descortina às vezes como sendo tão marcante que esta ilusão de ótica é quase auto-evidente. A rigor, um olhar mais sereno nos diz que pouca coisa no Japão é milenar (exceto o xintoísmo, reinterpretado inúmeras vezes ao longo dos séculos). Até 300 a.C. as ilhas nipônicas eram habitadas por pequenos grupos nômades de caçadores e coletores, é apenas neste momento que as técnicas agrícolas são introduzidas sedentarizando a população. Entre 300 a.C. e 300 predomina uma economia agrária fundada na organização rural; a ruptura do neolítico, Gordon Childe a denomina "revolução urbana", é um acontecimento tardio pois o advento de uma sociedade de classes, centralizada, com Estado e administração jurídica e religiosa, data do século VI de nossa era. Esquecemos ainda que a tradição não existe como um todo, um sistema, ela é um processo social, compondo e depositando camadas culturais ao longo de sua existência. Existe uma historicidade das tradições. Embora sua origem remonte ao século V a.C., o confucionismo é uma manifestação relativamente recente na história japonesa. Até o período Tokugawa ele praticamente inexistia para o conjunto de sua população. No entanto, a partir deste momento ele será um elemento dinâmico na composição da sociedade feudal e na industrialização Meiji. Na verdade, muito do que se considera como tradicional são "invenções" recentes[48].

---

[47] T. Crump, "The survival of the abacus in modern Japan" in *Rethinking Japan*, op. cit.
[48] Tomo o termo no sentido em que E. Hobsbawm e T. Ranger o utilizam. Ver *The Invention of Tradition*, Cambridge, Cambridge University Press, 1983.

O cerimonial envolvendo o imperador e a casa real data do século XIX, ele é fruto de uma política deliberada que buscava a todo custo cimentar a coesão nacional em torno de sua figura. O imperador, no passado um personagem relegado à privacidade da corte, cujo poder era inexistente diante da força do **bakufu**, transforma-se assim em símbolo universal, ponto de referência e de reverência para todos os seus súditos[49]. Os cerimoniais de entronização e de morte, simbolizando a passagem de uma "era" para outra, adquirem então uma dimensão política, apresentando-se como uma reificação do passado e alimentando uma crença na permanência e na continuidade histórica. O mesmo pode ser dito das artes marciais. Aparentemente um legado da Idade Média, elas tiveram de se modificar para se constituir em esportes modernos (o que acontece também com o boxe e o futebol na Inglaterra)[50]. Este é o caso do sumô, inteiramente reinterpretado no século XIX, e do judô, uma invenção desta época (o judô é uma seleção e uma organização racional, que se quer científica, das técnicas do jiu-jítsu)[51]. Outro exemplo: o ritual do casamento[52]. Tomado na sua teatralidade ele pode momentaneamente nos iludir quanto à sua veracidade histórica. A preparação da noiva, vestida e maquiada como uma gueixa, a sessão de fotografia, imortalizando o casal em trajes típicos, e por fim a celebração xintoísta unindo os parceiros em matrimônio têm um sabor tradicional. O drama matrimonial (no sentido goffmaniano do termo) omite, no entanto, algumas peças. Primeiro, o casamento é uma elaborada produção realizada por casas especializadas. Não são os familiares e os amigos que organizam a festa, esta responsabilidade recai sobre os **gojokai,** intermediários que se ocupam dos detalhes a serem preenchidos. Uma grande empresa como "O Palácio de Kobe" fornece todos os serviços que envolvem o evento: roupas para os noivos, salão de beleza, sala de fotografia, gravação em vídeo da festa, loja para comprar a aliança, bolo, bebidas, viagem de lua-de-mel, mobília para o novo lar. No seu imenso espaço arquitetônico há ainda lugar para um pequeno santuário xintoísta (a firma contrata os sacerdotes para a cerimônia). Vende-se portanto o ritual como um bem de consumo. Segundo, a tradicionalidade sugerida é desmentida pelos fatos. A beleza das vestimentas femininas nada tem de "antiqüíssima", ela é resultado das inovações introduzidas durante a época de Meiji; embora a cerimônia **shinto** seja considerada pelos organizadores e pelos participantes um testemunho remoto, ela data

---

[49] Ver C. Gluck, *Japan's Modern Myths*, op. cit.
[50] Ver N. Elias e E. Dunning, *Sport et Civilisation: la Violence Maîtrisée,* Paris, Fayard, 1986.
[51] Consultar I. Shun, "The invention of martial arts: Kano Jigoro and Kodokan Judo", e Lee A. Thompson, "The invention of the Yokozuna and the championship system" in S. Vlastos (ed.), *Mirror of Modernity: Invented Traditions of Modern Japan,* Berkeley, University of California Press, 1998.
[52] Ver O. Goldenstein-Gidoni, *Packaged Japaneseness: Weddings, Business and Brides,* Londres, Curzon, 1997.

apenas do final da II Guerra Mundial. Alguns intérpretes dizem que a união entre casamento e rito religioso pouco tem de genuinamente nipônica, tendo surgido da influência cristã nos hábitos populares. O papel dos **gojokai** é também recente, eles surgem em 1948, no Japão pré-Meiji o casamento se fazia na aldeia, era um empreendimento familiar e dispensava intermediários. Tem-se, apesar disso, um forte sentimento de preservação, como se essas "invenções", deslocadas no curso do tempo, representassem um tesouro intocável.

A noção de tradição é normalmente entendida como algo relativo ao passado. Falamos em resquícios, sobrevivência, permanência, como se as coisas distantes no tempo ainda tivessem alguma vigência. Às vezes dizemos que o que aconteceu deve ser reinterpretado, sugerindo a existência de uma defasagem que, para ser preenchida, para se exprimir enquanto atualidade, necessitaria de uma adequação qualquer. Mesmo quando utilizamos a idéia de "invenção" permanecemos no terreno do pretérito. Com isso, é claro, sublinhamos os agentes de cada invenção, seus interesses, ideologias, o que é importante, mas aquilo que é "fabricado", "criado", manifesta-se para nos dar uma sensação de continuidade. Na literatura das ciências sociais, passado e presente se opõem enquanto tradição e modernidade. Os sociólogos insistem (e de alguma maneira eles têm razão) que a modernidade é um tipo de organização social radicalmente distinta das sociedades tradicionais (agrárias e segmentadas). Ela requer que as relações sociais se modifiquem. Qual a extensão dessas transformações advindas da urbanização, industrialização, secularização, racionalização? Esse é o ponto controverso. Nas ciências sociais, toda a discussão gira em torno disso, em que medida elementos da tradição se combinam com a modernidade para constituir o tecido da sociedade contemporânea. Sem negar a importância do debate, creio ser possível encaminhar meu raciocínio de um outro modo. Como minha problemática é a da mundialização, gostaria de considerá-lo de um outro ângulo. A antropologia nos ensina que toda tradição é cultura e que toda cultura é presente. Tradição é tudo aquilo que envolve o cotidiano das pessoas orientando as práticas sociais neste ou naquele sentido. Colocada desta maneira podemos falar de uma tradição da modernidade, isto é, do solo cultural no qual se enraíza a conduta dos indivíduos. Posso assim deslocar a contraposição entre passado/presente para um outro nível de compreensão. O que me interessa já não é tanto a contradição entre esses termos, mas a "tradicionalidade" do moderno, sua presença enquanto elemento constitutivo do mundo contemporâneo. Visto por esse prisma, o tema da "milenaridade" da cultura nipônica (que, sabemos, é discutível), ou de sua redefinição pela modernidade, cede lugar ao dinamismo do presente. É ele, enquanto moderna tradição, que nos permite esclarecer alguns aspectos do processo de mundialização da cultura.

Uma forma de trabalhá-lo é tomar como referência a indústria cultural japonesa. Quaisquer que sejam os parâmetros considerados, todos atestam sua importância e abrangência. Entre 1975 e 1995, a tiragem diária dos jornais passa de 58 milhões para 72 milhões de cópias. Isso torna o Japão o primeiro país do mundo em termos de circulação de jornais; 72 milhões de exemplares, contra 59 milhões dos Estados Unidos, 25,7 milhões da Alemanha, 21,7 milhões da Índia, 18,7 milhões da Grã-Bretanha, 8,9 milhões da França[53]. Jornais como *Yomiuri Shimbun* e *Asahi Shimbun* têm, respectivamente, tiragem de 14,4 milhões e 12,6 milhões de cópias (comparativamente, temos: *The Wall Street Journal*, 1,7 milhão; *Daily Mirror*, 2,4 milhões; *Bild*, 5,4 milhões; *Pravda*, 1,3 milhão). Os dados relativos à indústria editorial confirmam o quadro anterior: entre 1991 e 1996, o número de títulos novos publicados cresce de 39 mil para 63 mil e a circulação de livros de 1,3 bilhão para 1,5 bilhão de cópias[54]. Em 1996, o conjunto das revistas existentes (hebdomadárias e mensais) totalizava uma circulação de 5,1 bilhões de exemplares. Entre as publicações mais populares estão as histórias em quadrinhos. Publicadas em formato de livro e de revista, semanais ou mensais, elas compõem mais de 30% da produção da indústria editorial (1,5 bilhão de exemplares em 1996). Uma revista como *Shonen Jump* tem uma tiragem semanal de mais de 6 milhões de cópias[55]. O Japão é ainda o segundo mercado televisivo mundial com cerca de 77 milhões de aparelhos de TV (contra 210 milhões dos Estados Unidos; 45 milhões da Alemanha; 25 milhões da Grã-Bretanha). Fato que se repete com a indústria fonográfica: com um volume de 448 milhões de CDs produzidos em 1996, em termos de faturamento o país ocupa a segunda posição no *ranking* internacional[56]. Vejamos ainda o caso do cinema. Apesar da concorrência da televisão e das novas opções de entretenimento (discoteca, turismo, restaurantes), em 1996 o público espectador foi de 119,6 milhões de pessoas; neste mesmo ano, dos 598 filmes lançados no mercado, 278 eram realizações nacionais (não esquecer que muitos dos filmes considerados "americanos" são produzidos pela Columbia Pictures, propriedade da Sony)[57]. Não se pode perder de vista que a Índia e o Japão, ao lado dos Estados Unidos, são os maiores produtores de longas-metragens[58]. Isso significa que o mercado

---

[53] Dados in "Japan's mass media", op. cit.; "Facts and figures of Japan", op. cit.
[54] Comparativamente, temos: o número de títulos publicados no Canadá foi de 18 mil, Estados Unidos, 62 mil, França, 35 mil, Alemanha, 74 mil. Dados in Annuaire Statistique 97, Paris, Unesco, 1997.
[55] Dados in "Japan's mass media", op. cit.; "Japan's info-media business", Tóquio, Dentsu Institute for Human Studies, 1977.
[56] Ver "Japan's info-media business", op. cit.
[57] Ibid.
[58] Produção de longas-metragens — Estados Unidos: 1970, 236; 1995, 420. Japão: 1970, 423; 1995, 251. Índia: 1970, 396; 1990, 948 filmes. Dados in Annuaire Statistique 97, op. cit.

interno japonês, apesar da competição acirrada dos filmes norte-americanos, constitui um espaço importante de assimilação da produção nacional. Filmes como *Godzilla vs. Destroyer, Shall We Dance?, Doraemon, The Supermarket Woman* disputam com outros do tipo, *Mission: Impossible, Seven, Twister*, a lista dos dez mais assistidos.

Outra maneira de dimensionar as indústrias culturais é considerar os gastos com publicidade. Estreitamente vinculados aos meios de comunicação, eles são bons indicadores para se apreender o desenvolvimento do setor. Nas últimas décadas a relação entre os gastos publicitários e o PIB tem sido a seguinte: 1985: 1,09; 1990: 1,27; 1996: 1,15. O que se traduz por um investimento de respectivamente 3,7 trilhões e 3,9 trilhões de ienes em 1996 e 1997[59]. O Japão é o segundo mercado mundial de publicidade, ficando atrás apenas dos Estados Unidos. No entanto, contrariamente aos países da Comunidade Européia, nos quais a presença americana é considerável, seu mercado é dominado pelas companhias locais — Dentsu, Hakuhodo, Tokyu Agency etc. Favorecidas nas décadas de 60, 70 e 80 por uma política de cunho nacionalista elas são dominantes no *front* interno. Expressão da pujança do capitalismo japonês aliada a uma tática protecionista, as grandes empresas privilegiaram ao longo dos anos os seus conterrâneos. Fato visível quando se toma em consideração o mercado publicitário asiático. Enquanto no Japão os principais anunciantes são todos locais (Toyota, Kao Corporation, Nissan, Matsushita, Suntory, Daiei, Honda, NEC Corporation, Sony), nos outros países encontramos a presença marcante das firmas estrangeiras: Austrália (Myer, Unilever, McDonald's, Cadbury); China (Procter & Gamble); Índia (Unilever, Coca-Cola); Malásia (Nestlé, Nabisco); Filipinas (Nestlé, Procter & Gamble, Colgate Palmolive)[60]. O elo entre grandes empresas/publicidade tem ainda uma outra implicação: a transnacionalização das agências. Como seus principais clientes (Toyota, Nissan, Kao Corporation, Sony, Matsushita, Shiseido, Mazda, Ajinomoto estão na lista das 50 empresas que mais gastam em publicidade no mundo) atuam em escala global, elas administram suas contas em parceria com outras agências: Dentsu/Young and Rubicam; Hakuhodo/McCann-Erickson; Tokyu Agency/Saatchi & Saatchi; Dentsu/Eurocom. Repete-se assim o padrão de transnacionalização das agências norte-americanas, cuja penetração nos países europeus, asiáticos e latino-americanos seguiu a expansão de empresas como Coca-Cola, Colgate Palmolive, Ford, Chevrolet etc.

---

[59] Dados in "1996 advertising expenditures in Japan", Tóquio, Dentsu Information Series, 1997.
[60] Informações in "Advertising age", webinfo@adage.com.

Um último aspecto merece ainda ser mencionado. Devido às transformações decorrentes da terceira revolução industrial um conjunto de "novas tecnologias" torna-se cada vez mais corriqueiro entre os japoneses: computador, televisão a cabo, multimídia, filmadoras etc. Combinando os meios tradicionais de comunicação com as potencialidades emergentes tem-se uma formidável expansão da indústria cultural. Por exemplo, entre 1991 e 1996, as vendas anuais de computadores passaram de 1,9 milhão para 7,1 milhões de unidades, o que se reflete diretamente sobre o mercado de CD-ROM: 58 bilhões de ienes em 1992; 348 bilhões de ienes em 1996[61]. Não se deve imaginar que este dinamismo mercadológico signifique uma reflexão cultural mais apurada. Como as mídias tradicionais, nas quais predominam os programas de entretenimento (*shows* de auditório, filmes, dramas), as "novas tecnologias" estão direcionadas para a distração e o divertimento do público (mais de 60% dos CD-ROMs são basicamente constituídos por jogos e karaokê). É isso que explica a formidável expansão dos videogames (entre 1992 e 1996, o faturamento com eles passa de 442 bilhões para 665 bilhões de ienes). Nos anos 80, eles se tornaram populares, atingindo agora o público infantil (um exemplo, *Super Mario I* vendeu 6 milhões de cópias em 1983). Os consoles e os jogos não são apenas consumidos individualmente. Grandes empresas como Sega e Nintendo têm estimulado a criação de *game centers*, atraindo cada vez mais uma multidão a esses novos espaços de consumo[*]. O poderio tecnológico japonês não se restringe, porém, à sua dimensão interna. A expansão dos artefatos eletrônicos é contínua ao longo dos anos[62]. Já no início da década de 60, 80% dos aparelhos transistorizados de rádio eram produzidos para serem exportados (a maior parte se dirigia para os Estados Unidos). A compra da licença para a fabricação de TV preto-e-branco e depois em cores irá impulsionar a produção de aparelhos televisivos. Hitachi, Sony e Mitsubishi irão desbancar os fabricantes americanos General Electric, RCA, Zenith. A partir desse momento o setor eletrônico ganha autonomia, investindo em invenções (*walkman*, videocassete Betamax e VHS, televisão de alta definição) e conquistando o mercado mundial. Isso faz com que dez megaempresas (entre elas Sony, Hitachi e Matsushita) sejam responsáveis por 90% da exportação mundial de equipamentos de vídeo e

---

[61] Dados in "Japan's info-media business", op. cit.
[*] Em 1997, existiam cerca de 43 mil desses centros, mobilizando anualmente 25 milhões de freqüentadores assíduos. A importância do mercado fez ainda surgir escolas de formação de "criadores de jogos". Com uma duração de dois anos, elas preparam os jovens para um ramo lucrativo de negócios.
[62] Ver T. Forester, "Consuming electronics: Japan's strategy for control", Media Information Australia, nº 67, fevereiro de 1993.

de fitas virgens[63]. Sony, Sega e Nintendo concentram ainda 90% das vendas mundiais de videogames conferindo ao Japão uma posição única no mercado global.

Como avaliar a importância desta realidade no contexto de uma sociedade mundializada? Sublinho antes a ambivalência que permeia o debate. Há primeiro uma tendência, sobretudo entre os antropólogos, de sobrevalorizar a dimensão tradicional da sociedade japonesa. Reitero: não que este aspecto seja irrelevante, mas muitas vezes ele nos impede de pensar sua modernidade. Esquece-se de que o que se denomina "sociedade de massa" historicamente se consolida no Japão a partir dos anos 50. Se levarmos em consideração que esse tipo de formação social emerge primeiro nos Estados Unidos nas décadas de 30 e 40 (Hollywood, indústria do rádio, publicidade etc.) a defasagem temporal é apenas relativa. Acrescentando-se a isso o fato de o mesmo fenômeno ter se desenvolvido em países como França, Grã-Bretanha, Alemanha somente nas décadas de 50 e 60, temos praticamente um paralelismo com o caso japonês. No entanto, quando se discute modernidade, entende-se por isso as transformações ocorridas com a Revolução Industrial. Dentro desta perspectiva qualquer país "oriental" estaria necessariamente "defasado" em relação a um ideal civilizatório qualificado como "ocidental". A correção do lapso temporal se faria por meio de um ajuste, movimento que acertaria o passo da sociedade japonesa com o relógio internacional. A superação do "atraso" envolveria, portanto, um problema de duração. Destaco a idéia de "atraso". Não quero discuti-la ainda em toda sua extensão (deixo isso para a parte final deste livro). Se é possível equacionarmos o debate nesses termos quando falamos de Revolução Industrial (1780 na Inglaterra, 1868 no Japão), torna-se difícil retomá-lo da mesma maneira quando o tema é a "sociedade de massa". Neste ponto, apenas os Estados Unidos têm um avanço temporal em relação às outras sociedades do planeta (o que não significa propriamente uma virtude). Mas de maneira nenhuma poderíamos dizer que a modernidade das indústrias culturais e da sociedade de consumo se realiza "antes" na Europa e "depois" no Japão. Na verdade, pode-se inclusive inverter este raciocínio ingenuamente alimentado pela certeza do senso comum. John Clammer argumenta que, devido a um sistema de classes pouco definido, o florescimento de uma sociedade de consumo no Japão se deu mais facilmente do que na Inglaterra[64]. Em princípio, teria havido menos resistência à sua implantação. A tese não

---

[63] Ver Dênis Moraes, *Planeta Mídia*, Campo Grande, Letra Livre, 1998.
[64] J. Clammer, *Contemporary Urban Japan: a Sociology of Consumption*, op. cit.

deixa de ser sugestiva, pois na Inglaterra a noção de lazer sempre foi objeto de disputa pela classe operária. Sua reivindicação enquanto um direito ao tempo livre, fora da fábrica, não se identificava à idéia de consumo. Sindicatos e partido dos trabalhadores têm, portanto, um papel ativo no equacionamento dos conflitos trabalhistas. As coisas se passam diferentemente no Japão, onde a política de recrutamento das grandes empresas, o discurso da "firma como família", a repressão do Estado aos sindicatos tendem a valorizar os ideais de ordem e de harmonia coletiva. Vimos ainda como a discussão sobre o trabalho tem um outro destino, sendo que na década de 50 a ideologia do *my homism* já havia transformado o que se entendia por ócio. Existe portanto no Japão uma história da modernidade "industrial" e "pós-industrial" que o distancia de suas raízes tradicionais. Tomá-las como elemento central da explicação sociológica é na verdade tornar ininteligível sua configuração atual. Um outro entendimento das coisas, o avesso do anterior, nutre-se de uma visão sociológica inteiramente acrítica. O advento da sociedade de "massa" é retratado de maneira puramente celebrativa[65]. Tecnologia e consumo são percebidos como uma realização da modernidade, uma superação do "atraso" em relação ao Ocidente. Diante do crescimento econômico, a velha ideologia **nihonjinron**, que no passado havia privilegiado os elementos tradicionais na construção da identidade nacional (a ênfase nos grupos), e o Estado irão reciclar os seus discursos. *Made in Japan* torna-se matéria de orgulho e de afirmação nacional[66]. Este tipo de ideologia é corrente entre os executivos das transnacionais japonesas. A autobiografia encomendada de Akio Morita (Sony) é um bom exemplo deste tipo de automitificação[67]. No cenário da concorrência mundial, a saga japonesa deve enfrentar um adversário "gigantesco": os Estados Unidos. Contra ele se joga com argúcia, paciência e afinco. A Sony, mobilizando as "melhores" cabeças, "toda sua criatividade", "as melhores estratégias", consegue por fim dar cabo desses senhores incômodos. Guerra vencida, é claro, pelos japoneses, cujo orgulho nacional se reforça no campo de batalha.

Gostaria de considerar as indústrias culturais japonesas e o advento de uma sociedade de consumo como base material de uma moderna tradição cultural. Sem nenhuma intenção de aderir ao ufanismo *made in Japan*, afasto-me também da ótica que sobrevaloriza a dimensão "tradicional" da

---

[65] Um bom questionamento desta perspectiva acrítica pode ser encontrado em: S. Nishibe, "Japan as a higly develop mass society: an appraisal", Journal of Japanese Studies, vol. 8, nº 1, 1982; M. Ivy, "Formation of mass culture" in *Postwar Japan as History*, op. cit.
[66] Ver S. Yoshimi, "Made in Japan: the emergence of the 'eletronic nation' discourse in postwar Japan", Review of Media Information and Society, vol. 2, 1997.
[67] A. Morita, *Made in Japan*, São Paulo, Livraria Cultura, 1986.

sociedade. Posso assim retomar o tema da polaridade **yo/wa**, externo/interno, no contexto da mundialização.

Os estudiosos da área de comunicação estão familiarizados com a teoria do "fluxo unilateral de informações" (*one way flow*)[68]. Elaborada nos anos 70 e 80 por intelectuais vinculados à Unesco, com o intuito de compreender a troca internacional dos bens culturais, filmes e programas televisivos, ela se movia dentro de um quadro fortemente influenciado pelos conceitos de "imperialismo cultural" e de "dependência". Baseada numa investigação empírica de largo alcance, alguns autores tentaram mensurar a importação dos produtos estrangeiros feita por cada país. O resultado terminava por demonstrar a preponderância americana no cenário das indústrias culturais, evidência que em princípio confirmaria as premissas contidas nas explicações vigentes [dominação imperialista da cultura americana sobre as outras]. A tese foi bastante discutida e criticada, sendo inclusive objeto de uma revisão em estudos posteriores realizados pela própria Unesco. Alguns especialistas tomaram a teoria do "fluxo unilateral de informações" a sério e, aplicando-a ao Japão, chegaram a conclusões contrárias às anteriores[69]. No caso da importação de programas televisivos, o Japão se apresenta como um mercado autônomo pouco influenciado pelas realizações estrangeiras[70]. É bem verdade que do final dos anos 50 a meados dos 60, ou seja, no início da implantação da TV como um bem de massa, o número de programas importados era considerável (*Roy Rogers, Gunsmoke, Wyatt Earp, Laramie*), mas com o crescimento do mercado interno a produção de ficção nacional se consolida (séries, dramas novelescos, sagas históricas, desenhos animados etc.). A rigor, a emergência e o florescimento de uma dramaturgia própria não ocorre apenas no Japão. Ela se reproduz em diferentes países (telenovelas brasileiras e mexicanas, dramas indianos, séries policiais francesas e alemãs), demonstrando que muitas vezes os projetos autóctones, sobretudo durante o horário "nobre", fixam melhor a atenção do público consumidor do que os produtos "importados". Mas não é este o traço que importa reter para o fio de minha argumentação. O que interessa é que o fluxo das trocas se inverte, ou como pondera Youichi Ito, o país passa da condição de importador para a de exportador de "informações"[71].

---

[68] Ver T. Varis, "International flow of television programmes"; T. Varis e N. Nordenstreng, "Television traffic a one way street?", Reports and Papers on Mass Communication, Unesco. Respectivamente n° 100, 1987; n° 70, 1974.
[69] Ver S. Hagiwara, "Rise and fall of foreign programs in Japanese television", Keio Communication Review, n° 17, 1995; Y. Ito, "Mass communication theories from a Japanese perspective", Media Culture and Society, vol. 12, n° 4, 1990.
[70] A porcentagem de programas importados é inferior a 5%, sendo que apenas 10% deles são exibidos nos horários de pico.
[71] Y. Ito, "The trade winds change: Japan's shift from an information importer to an information exporter, 1965-1985" in Communication Yearbook 13, Londres, Sage Publications, 1990.

Fato que envolve diferentes setores da indústria cultural: televisão, música popular, cinema etc. Existem vários fatores que explicam o redimensionamento do fluxo cultural no Japão. Muitos são de ordem econômica. Lembro que um dos argumentos utilizados para justificar a hegemonia dos filmes e das séries norte-americanos diz respeito ao tamanho do mercado doméstico nos Estados Unidos. Sua dimensão e lucratividade sempre permitiram aos produtores uma economia de escala capaz de impulsionar as indústrias locais (os gastos envolvidos na realização de filmes e de programas televisivos são normalmente pagos com os lucros obtidos no mercado interno). Isso lhes dava vantagens substantivas para lançar seus produtos fora do país, pois as despesas iniciais haviam sido amortecidas "em casa". Outro argumento: a disponibilidade de tecnologias. Nas diversas áreas de comunicação, fonografia, filmagem, confecção de aparelhos e instrumentos, as inovações técnicas eram, até bem pouco tempo, resultado de investimentos e de descobertas quase exclusivamente norte-americanas (televisão, cinemascope, ilhas de edição etc.). Como a indústria cultural depende da performática tecnológica, o predomínio dos Estados Unidos parecia inquestionável. Pode-se dizer que o Japão preenche atualmente essas duas condições anteriores. O tamanho e a lucratividade de seu mercado interno, o controle de tecnologias de ponta lhe permitem dispor de ganhos consideráveis em relação a outros países. Mas os estudiosos nos mostram que a transnacionalização das indústrias culturais requer ainda outras exigências: controle de casas de edição, companhias de televisão, produtoras de filmes, monopólio de mercados estrangeiros por meio de redes de distribuição[72]. Para ter êxito, as transnacionais de comunicação devem dominar certas posições estratégicas. É isso que explica o movimento das megafusões entre as firmas multinacionais. A incorporação da Warner Communications pela Time Incorporation visa justamente o controle de áreas fundamentais da produção e da distribuição dos bens culturais: edição (Warner Books), publicação (*Time*, *Sports*, *People*), filmes (Warner Brothers), televisão (Warner Television), música (Warner-Electra-Atlantic), televisão a cabo (Time and Warner). A News Corporation, propriedade de Rupert Murdoch's, inclui o *New York Post*, *Chicago Sun-Times*, *The Economist*, *South China Morning Post* e *20th Century Fox*; a Bertelsmann possui canais de satélites, editoras e empresas fonográficas (RCA, Arista) e Pathé MGM/UA Communication. Entre 1985 e 1991, várias firmas norte-americanas, produtoras de filmes, música,

---

[72] T. Guback e T. Varis, "Transnational communication and cultural industries", Unesco, Reports and Papers on Mass Communication, nº 92, 1982; E. McAnany e K. Wilkinson, "From cultural imperialism to takeover victims?", Communication Research, vol. 19, nº 6, 1992. Consultar, ainda, E. Buck, "Asia and the global film industry", East-West Film Journal, vol. 6, nº 2, 1992.

programas de TV, foram adquiridas por outras estrangeiras (Canal Plus, Pioneer, Australian Investiment etc.). Nesta tendência para a concentração e a oligopolização as grandes empresas japonesas têm uma posição invejável. A Sony comprou a Columbia Pictures e a CBS Records; a Matsushita adquiriu a MCA/Universal. Companhias como JVC e Toshiba têm investimentos em Largo Entertainment e HBO, e até mesmo Disney tem se apoiado em parcerias com o capital japonês. Ao domínio tecnológico na produção de *hardware* se acrescenta portanto o controle do *software*, pois a demanda global pela programação mediática é organizada pelas grandes companhias que possuem um estoque disponível de filmes, vídeos, livros, discos e jornais. A posse dessas "bibliotecas" globais lhes permite regular o fluxo dos bens culturais de acordo com os seus interesses.

As razões da expansão japonesa não se restringem, porém, ao domínio do econômico. Pode-se dizer que no processo de "fabricação" de bens culturais uma tradição se constitui. Há primeiro a aquisição de um *know-how* — como fazer um *show* de auditório, como atuar no mercado, como equacionar publicidade e programação, como tratar tecnicamente as cenas de uma série — que agora se difunde entre os países vizinhos nos quais a televisão ainda não atingiu o mesmo nível de desenvolvimento (isto é, adequou-se ao mercado). Portanto, difusão de um *savoir-faire* televisivo. O que se vende são conceitos de programas e não propriamente os programas[73]. A Dentsu, uma das maiores agências publicitárias do mundo, pôde assim explorar em Hong Kong formatos de *show* populares e jogos previamente testados entre a audiência japonesa. Caberia às estações locais providenciar suas celebridades ajustando-as ao formato fornecido e à demanda do público regional. A transnacionalização da televisão projeta ainda os interesses empresariais japoneses para fora da ilha. Por exemplo, a criação da STAR TV (com diversos canais: MTV, BBC, Prime Sports), cujo objetivo é atingir uma audiência pan-asiática. Abrem-se assim novas oportunidades para as indústrias japonesas de entretenimento, elas disputam com outras uma fatia do mercado audiovisual regional[74]. Mas a própria história dos meios de comunicação japoneses decantou gêneros ficcionais atualmente "exportados" com sucesso. É o caso da série *Oshin*, teledrama diário com quase 300 episódios, distribuída na China, Cingapura, México, Brasil, Bélgica, Irã[75]. Parte desta

---

[73] Ver K. Iwabuchi, "Return to Asia?", Media International Australia, nº 70, 1995.
[74] S. Shimizu, "The implications of transborder television for nacional cultures and national broadcasting", Media Asia, vol. 20, nº 4, 1993. Ver, também, G. Lewis e C. Slade, "The Samurai who came to the world's biggest barbecue", Media Information Australia, nº 71, 1994.
[75] Um texto interessante sobre o consumo de *Oshin* no Irã é o de H. Mowlana e M.M. Rad, "International flow of Japanese television programmes: the Oshin phenomenon", Keio Communication Review, nº 14, 1992.

dramaturgia diz respeito aos desenhos animados, talvez o melhor exemplo de transnacionalização. A realização das primeiras séries televisivas data de 1963 (*Astro Boy*) e em 1969 é produzido o primeiro longa-metragem de animação (*Mil e Uma Noites*). Comercializados em escala global (*Doraemon, Space Battleship Yamato, Teknoman, Ninja Scroll's*), eles definitivamente desbancaram Pato Donald, Tom e Jerry, Mickey Mouse e outros personagens oriundos do imaginário norte-americano. Certamente o êxito dessas projeções tem algo a ver com a conquista das novas tecnologias, mas outros aspectos contribuem para reforçar a posição hegemônica do Japão neste campo. A experiência cinematográfica dos *animation* deriva das histórias em quadrinhos, que desde o pós-guerra consolidaram os **manga** como cultura popular. Um traço importante a destacar é que este tipo de literatura não se limita, como em muitos países, a um público infantil. Desde o início ele se volta para leitores diferenciados, explorando os enredos em múltiplas direções: aventura, comédia, romance, ação, política, erotismo. A técnica da narrativa, gramatical e visual, de cada um desses eixos tende assim a se enriquecer e a se diversificar. Ocorre ainda uma forte interpenetração entre cinema e história em quadrinhos. O testemunho de Noburo Ishiguro, um dos autores mais prestigiados, é sugestivo. "Vários artistas de **manga** começaram a fazer desenhos animados porque, como eu, estavam encantados com Hollywood. Essas coisas que eram mais fáceis falar do que fazer fizeram com que essas pessoas recriassem as imagens que havia em suas cabeças em papel e tinta. Se as circunstâncias tivessem permitido, a maioria dos que se tornaram artistas de **manga** teria sido diretor de cinema"[76]. Osamu Tezuka, considerado um dos mestres do **manga**, também reitera esta forte relação entre a arte do cinema e o desenho. Isso significa, da parte dos desenhistas, uma busca do aperfeiçoamento de técnicas cinematográficas adaptadas ao papel. Se é possível dizer que atualmente os desenhos animados japoneses diferem dos americanos é porque eles bebem em tradições diferentes. Como dizem Trish Ledoux e Doug Ranney, enquanto as histórias japonesas utilizam um conjunto de técnicas, "filmagens com trilho, para dar a impressão de movimento, planos longos, ângulos diferenciados das câmeras, em contrapartida a maior parte da produção de desenhos animados americanos se restringe a uma ação/obsessão a meia distância"[77]. O efeito cinematográfico que havia sido introjetado pelos artistas quando ainda desenhavam, com

---

[76] Citação in T. Ledoux e D. Ranney, *The Complete Anime Guide: Japanese Animation*, Issaquah, Tiger Mountain Press, 1997, p. 3.
[77] Idem, p. 3.

a televisão e o filme se reforça. Outro contraste pode ser mencionado. Os **manga** são publicados em formato de revistas e de livros; as histórias em quadrinhos norte-americanas são basicamente publicadas como gibis, e os desenhos animados, com exceção de Disney, pertencem a uma corrente que privilegia as histórias curtas (sete minutos). Os japoneses, ao passar do papel para a tela, inscrevem o gênero no capítulo das séries e dos longas-metragens. Frederik Schodt observa ainda uma peculiaridade da indústria do quadrinho no Japão. "Nos Estados Unidos, a maioria dos artistas é apenas membro de uma equipe de escritores, desenhistas, coloristas, sob o controle de um editor. No Japão, os artistas são normalmente independentes e, mesmo que possuam assistentes, individualmente responsáveis pela conceitualização e pela realização de seu trabalho"[78]. Temos, assim, uma atividade coletiva, uma sofisticada divisão de trabalho que envolve as diferentes etapas da produção, na qual o artista tem algum controle de sua criação. Seus assistentes são essenciais para a realização do trabalho (elaboram os detalhes das paisagens, edifícios, vestimentas dos personagens), mas todos atuam segundo uma direção preestabelecida pelo "criador". Por isso, no Japão, os autores de **manga** são reconhecidos enquanto individualidades, possuem a autoria do texto. Neste ponto, a comparação com os Estados Unidos é novamente esclarecedora. A produção de histórias em quadrinhos e das *soap opera* é marcada pelo trabalho rotinizado altamente padronizado. Os autores trabalham sob o controle e as ordens de um produtor, fazendo parte de uma cadeia de operadores. Como não existe propriamente autoria, os profissionais podem ser intercambiados uns pelos outros, pois o resultado final seria em princípio independente da atuação de cada um. Nos Estados Unidos, o pólo de consagração mediática concentra-se em torno da indústria do cinema; *soap opera* e quadrinhos são atividades consideradas rotineiras e de menor prestígio. No Japão, **manga** e desenho animado são gêneros "artisticamente" consagrados, e isso faz com que autores talentosos (numa medida suportável para a indústria cultural) possam atuar enquanto profissionais nas áreas do cinema e da televisão.

*
* *

Japonização. A noção ressurge com um novo significado. Já não é mais o elemento interno que prevalece, mas o transbordamento do que se

---

[78] F. Schodt, *Manga! Manga! The World of Japanese Comics*, Tóquio, Kodansha International, 1983, p. 138.

encontrava contido. "Japonizar" deixa de ser equivalente à "digestão" dos elementos exógenos para se apresentar agora como projeção dos traços endógenos para fora da órbita nipônica. Por exemplo, "japonização" do mundo do trabalho. Teríamos neste caso a "exportação" de técnicas de administração e de gestão (controle de qualidade, *just-in-time*) experimentadas e descobertas pelos japoneses. Como nos diz Benjamin Coriat, formou-se uma verdadeira escola japonesa de gestão e de produção distinta da escola clássica americana (Taylor e Ford), cujas implicações transbordam as fronteiras nacionais[79]. Daí toda a discussão entre os sociólogos do trabalho em torno da existência ou não de um "modelo japonês", ou entre os administradores de empresa de um *management* tipicamentè nipônico. Movimento que não se restringe à esfera econômica. Diversos autores sublinham a existência de uma "exportação cultural", desde técnicas de combate (judô, **aikido, kendo**) até elementos mais recentes, como karaokê, **manga**, videogames. Esta tendência à expansão tem provocado reações contrárias. Nos Estados Unidos, a "invasão" dos produtos japoneses (ou seja, a inserção do mercado norte-americano, até então bem protegido por uma política local, no mercado global) causa inquietação e desconforto[80]. Uma crítica feminista dos desenhos animados japoneses chega a dizer: "O que é irônico a respeito dos fãs de desenhos animados nos Estados Unidos é que eles são, em vários sentidos, a primeira geração de cidadãos americanos que experimenta o imperialismo ao contrário... Mesmo que eles tenham uma herança racial asiática, eles são também americanos, e estão rejeitando sua cultura nacional em favor de outra cultura nacional"[81]. Paradoxalmente a autora considera-se parte integrante de uma "situação colonial" (para falarmos como Balandier), invertendo a dialética colonizador/colonizado a seu favor (é claro, esquecendo-se da posição de força que os Estados Unidos ocupam no mundo atual). O mesmo criticismo está difuso nos países asiáticos, reencontramos aí as refutações ao colonialismo e ao imperialismo. "O uso abusivo que os japoneses fazem do karaokê, das histórias em quadrinhos e da cultura popular se faz deliberadamente para colonizar as mentes de seus vizinhos asiáticos"[82]; "Os desenhos animados e as histórias em quadrinhos japoneses criam imagens no coração e nas

---

[79] B. Coriat, "Ohno e a escola japonesa de gestão da produção" in H. Hirata (org.), *Sobre o Modelo Japonês*, São Paulo, Edusp, 1993; ver, ainda, T. Elger e C. Smith (ed.), *Global Japanization?*, Londres, Routledge, 1994.
[80] Ver S. Kelman, "The Japanization of America", The Public Interest, n° 98, 1990.
[81] A. Newitz, "Magical girls and atomic bomb sperm: Japanese animation in America", Film Quarterly, vol. 49, n° 1, 1995, pp.11-12.
[82] F. Bartu, *The Uggly Japanese: Nippon's Economic Empire in Asia*, Nova York, Longman, 1992, p. 185.

mentes da juventude tailandesa. Os desenhos animados japoneses tornam-se então uma propaganda poderosa das mercadorias japonesas e de seus valores"[83].

Yo/wa. Num primeiro momento a polaridade favorecia um processo de diferenciação interna, ela tende agora a enfatizar o pólo externo. Daí a noção de "japonização" naturalmente se associar à de imperialismo ou à de colonialismo. Teríamos assim a difusão em escala global de valores e conhecimentos genuinamente japoneses. No entanto, os percalços para se sustentar convincentemente este ponto de vista são inúmeros. Há primeiro a dificuldade de se identificar **wa** ao intrinsecamente nipônico. Na literatura sobre o trabalho, esta perspectiva é rotulada de "culturalista"[84]. Existiria em princípio uma administração e uma gestão empresarial tipicamente japonesas, especificidade decorrente da estrutura industrial no Japão e das práticas de trabalho condizentes com sua cultura modal. Por exemplo, um autor como Masakazu Yamazaki considera que o *management* japonês exprimiria uma "mentalidade" radicalmente distinta da "ocidental". Ele diz: "Em geral, os japoneses são muito leais a seus grupos íntimos, como a família, as firmas de negócios e as aldeias rurais, e estão menos interessados na nação como um todo ou na comunidade internacional. Para eles, essas pequenas unidades da sociedade são as únicas partes de um mundo geralmente desconhecido, em que eles se sentem seguros"[85]. Argumentação que retoma as propriedades aglutinadoras do *ie*. Segue desta forma de encaminhar o problema que a firma, como unidade de agrupamento das pessoas, seria regida por um código especial, dando origem a um tratamento empresarial "essencialmente" nipônico. Tomado ao pé da letra, este tipo de explicação torna a disseminação das técnicas japonesas incompreensível. Afinal, se o **wa** nipônico diz respeito a uma cultura única, dificilmente suas conquistas seriam adaptáveis em outros contextos (o que é desmentido pela realidade). Por isso, autores como Stephen Wood e Benjamin Coriat consideram as formas de trabalho surgidas no Japão um "modelo de organização industrial", isto é, uma técnica racional do controle do "desperdício" que pode perfeitamente ser absorvida, filtrada, readaptada, em outras situações. Haveria, pois, uma diferença

---

[83] S.W. Pravalprulk, "Japanese comics and animation for children in Thailand" in K. Yoshihara (ed.), *Japan in Thailand*, Kyoto, Kyoto University Center for Southes Asian Studies, 1990, p. 21. Uma boa crítica deste tipo de proposta encontra-se em L. Ching, "Imaginings in the Empires of the Sun: Japanese mass culture in Asia" in R. Wilson e A. Dirlik (ed.), *Asia/Pacific as a Space of Cultural Production*, Durham, Duke University Press, 1995.

[84] Para uma crítica deste tipo de perspectiva, ver V. Dedoussis, "Simply a question of cultural barriers? The search for new perspectives in the transfer for Japanese management practices", Journal of Management Studies, vol. 32, nº 6, 1995.

[85] M. Yamazaki, "The cultural implications on Japanese management" in L.C. Thurow (ed.), *The Management Challenge: Japanese Views*, Cambridge, The MIT Press, 1985.

entre toyotismo e japonização, da mesma forma que entre fordismo e americanização. Não resta dúvida de que o surgimento do fordismo tem algo a ver com a cultura americana, não obstante, como proposta de gestão ele transcende suas origens históricas. No mundo do trabalho, não são os conteúdos das culturas nacionais que importam, mas um complexo de técnicas, conhecimentos e práticas condizente com a racionalidade produtiva das sociedades modernas.

Outra dificuldade refere-se aos conceitos de imperialismo e de colonialismo. Já pude manifestar em outra ocasião o quanto os considero insatisfatórios para se entender a realidade de um mundo globalizado[86]. Não que as relações imperialistas e colonialistas se tenham extinguido (por exemplo, a dominação EUA x México), mas essas categorias passam a ter apenas uma validade regional, deixando de ter o mesmo rendimento teórico quando aplicadas a um nível mais abrangente. A tese do imperialismo tem o inconveniente de se centrar no Estado-nação. A nação seria o núcleo de um capitalismo monopolista, dividindo geograficamente o planeta em pedaços diferenciados. O imperialismo vem marcado pelas suas origens, norte-americana ou japonesa, pois cada foco de difusão procura propagar suas idéias aos que se encontram sob seu jugo. Aplicada ao domínio da cultura, a tese entende os países centrais como núcleos difusores de uma determinada formação cultural, chocando-se em princípio com a veracidade dos costumes das outras nações. O que é externo se configura como elemento estranho, alienado, distante da modalidade nacional. Dentro desta perspectiva, o mundo seria formado por unidades culturais distintas, submetidas à hegemonia dos mais poderosos. A crítica antiimperialista raciocina em termos geopolíticos. Mas seria isso verdadeiro num mundo no qual a noção de espaço se transformou? Na verdade, de maneira especular, o debate sobre a japonização repõe um velho tema da literatura de comunicação: a americanização do mundo. Quando nos anos 70 Jeremy Thunstall escreve *A Mídia É Americana* os argumentos que utiliza são similares aos expostos acima[87]. Considerando o predomínio norte-americano como algo imutável, Thunstall atribui essa hegemonia a traços ontológicos da cultura autenticamente norte-americana. Para ele, os norte-americanos teriam inventado um tipo de expressão que, por sua sedução e extensão, portaria os germes da universalidade. Ele escreve: "O apelo da mídia americana em outros países se deve apenas à gramática dos filmes, da televisão, das histórias em quadrinhos e da publicidade...

---

[86] R Ortiz, *Mundialização e Cultura*, op. cit.
[87] J. Thunstall, *The Media Are American*, Londres, Constable, 1977.

Os japoneses e os outros podem e fazem filmes de ficção científica, mas eles se ressentem da autenticidade dos americanos". Cultura norte-americana e mídia se ajustariam a tal ponto que os termos desta equação seriam inextricáveis. Neste sentido, a identidade norte-americana estaria ao abrigo de qualquer imitação. Esta visão essencialista das relações sociais se justificaria ainda pelo apelo inerente da língua inglesa, qualificada pelo autor como breve, concisa e precisa (qualidades, como sabemos, imprescindíveis à estratégia mercadológica). "O inglês é a língua que melhor se adapta às histórias em quadrinhos, às manchetes de jornais, às frases concisas, às ilustrações das fotos, aos nomes, aos subtítulos, às canções populares"[88]. O idioma inglês seria a expressão verdadeira da universalidade cultural. Qualquer manifestação mediática consistente deveria necessariamente empregá-lo. Esta ideologia americanista faz evidentemente pouco sentido (a não ser como justificativa do domínio norte-americano) mas ela ilustra o quanto uma visão essencialista distorce a compreensão da realidade. De alguma maneira o conceito de "japonização" reedita as mesmas mazelas, invertendo agora as posição entre norte-americanos e japoneses. Dentro de sua perspectiva o Japão, ao se projetar para fora, levaria consigo as entranhas de sua veracidade.

Quando se analisa a recente expansão japonesa é comum encontrarmos na literatura especializada a idéia do "retorno à Ásia"[89]. Tudo se passa como se o filho pródigo, após os descaminhos da vida, voltasse à casa paterna. Há certamente alguns aspectos parcialmente válidos neste tipo de argumentação, pois o Japão é historicamente parte da Ásia oriental. Não se trata apenas de constatar a existência dos contatos entre o continente e a ilha. De fato, a matriz civilizatória chinesa agrupa um tronco comum de países: China, Japão, Coréia e Vietnã. Civilização que se exprime através da religião (budismo e confucionismo), da escrita (uso dos ideogramas), da organização material (cultivo do arroz) e de uma área geográfica bem delimitada. Evidentemente, cada um dos lugares por ela tocados conhece sua história própria, mas uma mesma herança é partilhada por todos. Por isso, Chaudhuri, quando escreve a história econômica da Ásia antes da chegada dos europeus, considera que o Oceano Índico constitui uma unidade de trocas entre quatro civilizações: chinesa, hindu, islâmica e jacartiana[90]. Dentro desta perspectiva, inspirada nos estudos de Braudel sobre o Mediterrâneo, o Japão é parte de um todo mais amplo. Sabemos ainda que seu vínculo com a China

---

[88] Idem, p. 128.
[89] Ver W. Mendl, *Japan's Asia Policy*, Londres, Routledge, 1995.
[90] K.N. Chaudhuri, *Asia Before Europe*, Cambridge, Cambridge University Press, 1991.

é preservado ao longo dos séculos e que durante o período do fechamento dos portos ele se mantém. A Revolução Meiji introduz, no entanto, uma ruptura nesta tradição de continuidade. A necessidade de se modernizar aproxima a elite japonesa do "ocidente" (mais precisamente, Estados Unidos, Grã-Bretanha, França, Alemanha), a dimensão técnica tornando-se preponderante sobre as vicissitudes antigas. Para justificar e dar materialidade a seus atos, o governo Meiji desenvolve uma ideologia e uma política progressiva de "desasianização" do país. Industrializar-se significa romper com os laços ancestrais, escapar ao imobilismo decantado pela história. Ainda no final do século XIX, uma corrente "asianista", adepta dos valores tradicionais, consegue contrapor-se a esta tendência de rejeição à Ásia, mas já na virada do século o movimento perde força, sendo ultrapassado pelos acontecimentos históricos[91]. À medida que se fortalece, o país remodela suas relações anteriores de vizinhança, o "retorno" é concebido de outra forma, com outras intenções. Como se dizia na época, o Japão desfrutaria de uma posição *sui generis*, seria uma espécie de ponte entre Oriente e Ocidente. Seu lado industrial o aproximava dos países europeus e dos Estados Unidos, sua dimensão histórica o identificava com seus antepassados. Como se tudo fizesse parte dos desígnios da natureza, caberia ao Japão exercer a missão de passagem, de síntese entre modernidade e tradição. Sendo simultaneamente Oriente e Ocidente, Ásia e Europa, o destino lhe teria reservado um papel modelar, exigindo que sua atuação transbordasse os marcos de suas fronteiras internas. Discurso que legitimou a política imperialista, cujo apogeu se dá com os governos militaristas. A derrota na II Guerra Mundial redefine novamente os rumos dos interesses externos japoneses. Sob o domínio norte-americano o país se alinha incondicionalmente à sua geopolítica. Com a Guerra Fria e o advento dos regimes comunistas na Ásia oriental, o corte em relação ao passado se aprofunda. O Japão, com suas metas industrializantes ditadas pelo sentido nacional, se distancia cada vez mais de seus vizinhos continentais. O "retorno", se há algum, se faz agora em outras condições. Já não são mais as raízes comuns, corroídas pela modernidade, nem a ânsia de uma eventual conquista imperialista (desde a derrota o país não possui mais exército) que contam. O que está em causa são interesses de outra ordem: troca de mercadorias, instalação de plantas de produção no continente asiático (pois a mão-de-obra é barata), fluxo do capital financeiro. Reencontro

---

[91] Consultar J. Banno, "Japan's foreign policy and attitudes to the outside world, 1868-1945" in P. Drysdale e H. Kitaoji (ed.), *Japan and Australia: Two Societies and Their Interaction,* Camberra, Australian National University Press, 1981. Permanece difuso durante a segunda metade do século XX um certo "asianismo" de esquerda que busca reforçar os laços entre o Japão e uma Ásia comunista.

que nada tem de fortuito, pois a Ásia é a região que mais cresce no conjunto da economia mundial. Os dados econômicos são claros[92]. Há primeiro um forte crescimento do PIB de alguns países: nos anos 80, China, Coréia do Sul e Taiwan crescem a uma taxa superior a 9%. Ocorre também um incremento substancial do comércio intra-asiático, aumentando o intercâmbio entre os países da região (por exemplo, em 1991, 48% das exportações da Malásia e 32% das de Cingapura se faziam entre os países asiáticos). Isso leva necessariamente ao investimento maciço do capital japonês na região, investimento que agora supera em muito a presença norte-americana[93]. É dentro deste contexto que se faz a "exportação" dos produtos culturais "japoneses". Como sublinha Koichi Iwabuchi: "O pós-moderno retorno do Japão à Ásia está promovendo uma circulação sem precedentes da cultura popular japonesa na Ásia"[94]. **Manga,** karaokê, videogames são difundidos em escala industrial entre diferentes setores sociais dos países asiáticos.

Uma forma de compreender esta expansão recente apela para o patrimônio comum existente entre os povos asiáticos. Diz um dos executivos da Fujii Xerox: "Da mesma forma que Gorbachev declarou que o lar da Rússia era a Europa, é natural para nós dizer que nosso lar é a Ásia e não a Europa e os Estados Unidos"[95]. Outro diretor de uma empresa fonográfica transnacional, para entender a penetração da música *pop* japonesa no continente, afirma: "A busca de uma singular identidade cultural asiática — uma combinação de moda, gosto, repertório e estilo — tomou conta dos asiáticos"[96]. Interpretação que se repete em passagens do tipo: "A música de Chage e Aska e as histórias em quadrinhos de Saimon Fumi talvez não tenham o impacto de Madonna, Superman e outros ícones da cena popular norte-americana, mas se ajustam melhor à psique asiática"[97]. Na verdade, este asianismo mercadológico é apenas um discurso ideológico autojustificativo. O argumento "raciológico", próximo ao senso comum, é inteiramente inconseqüente. Primeiro, porque não existe "uma" Ásia. A região abriga países com tradições inteiramente distintas: hinduísmo, islamismo, confucionismo.

---

[92] Ver "Asia: a directory and sourcebook", Londres, Euromonitor, 1992.
[93] Em 1977, o investimento do Japão na região era basicamente equivalente ao dos Estados Unidos (6 bilhões de dólares); em 1994, o investimento japonês cresceu para 74 bilhões, enquanto o dos Estados Unidos atingia 45 bilhões. Dados in W. Hatch e K. Yamamura, *Asia in Japan's Embrace,* Cambridge, Cambridge University Press, 1996.
[94] K. Iwabuchi, "Return to Asia?", Media International Australia, nº 77, 1995, p. 95. Consultar "Transnational pop culture: creating a common Asian culture?" in *Culture in Development and Globalization: Proceedings of a Series of Symposia Held at Nongkhai,* Hanói/Tóquio, The Toyota Foundation, 1995.
[95] Citação in K. Iwabuchi, op. cit., p. 94.
[96] Citação in M. Mackenzie, "Japan: the Asian connection", Billboard, 5 de agosto de 1995, p. 56.
[97] S. Honda, "East Asia's middle class tunes into to today's Japan", Japan Echo, vol. XXXI, nº 4, 1994, p. 76.

Isso sem mencionar a variedade de povos e de etnias que compõem este espaço geográfico (das repúblicas islâmicas da ex-União Soviética à Tailândia). Segundo, a argumentação pressupõe a existência de um estrato cultural a-histórico, ontologicamente "asiático", o que é um contra-senso. Terceiro, apesar de o ponto de partida ser a tradição partilhada, o que se quer captar é justamente a penetração de práticas culturais que rompem com os padrões anteriores. Não é o budismo, nem o confucionismo, nem o artesanato "milenar" que aproximam as pessoas, mas o consumo de objetos e de bens simbólicos: televisores, telefones celulares, automóveis, programas de TV, gêneros musicais. Fruto da modernidade esses artefatos deslocam as culturas tradicionais, unificando o gosto dos consumidores num espaço transnacional. Neste sentido, a expansão dos bens culturais revela muito mais o processo de mundialização da cultura do que suas qualidades intrinsecamente nacionais. Como observam alguns autores: "Os *softwares* de jogos japoneses, **manga** e desenhos animados estão dominando o mundo e nada têm de japonidade, coisas de samurai e de gueixa que usualmente eram a base das exportações culturais"[98]. Entretenimento. Esta é a chave explicativa. Madonna não é norte-americana, na mesma medida em que Doraemon já não é mais japonês. Encontramo-nos diante de uma cultura "internacional-popular" que transcende suas origens autóctones. Não é necessário postular a existência de uma "psique" asiática para explicar a circulação dos produtos japoneses. É justamente sua ausência que nos permite compreender o que está ocorrendo.

O exemplo do karaokê é sugestivo[99]. À primeira vista, ele tem tudo para ser considerado autenticamente nipônico. Inventado nos anos 70, congrega no início um público masculino de meia-idade que à noite e no final das tardes se reúne nos bares para cantar **enka**. Nada de mais "tradicional" (alguns intérpretes diziam que essas reuniões fortaleciam o espírito de grupo difuso na sociabilidade japonesa). Nos anos 80, a indústria fonográfica lança o CD e o videodisco, remodelando inteiramente a prática do karaokê. Os aperfeiçoamentos técnicos, a introdução da imagem ao lado da voz, o enriquecimento do repertório, incluindo agora música *pop* e *hits* internacionais, expandem a clientela, divulgando um novo modo de entretenimento em discotecas, festas particulares, restaurantes etc. A relação **karoke/enka,** que enraizava um certo tipo de prática na sociedade japonesa, se apaga, liberando o artefato eletrônico para ser comercializado à revelia de suas marcas originárias. A "orquestra vazia", como formato de entretenimento, pôde difundir-se na China, na Coréia

---

[98] K. Osamu, "Games without frontiers", Look Japan, vol. 43, nº 498, 1997, p. 5.
[99] M. Schilling, "Karaoke in the 21ˢᵗ century", Mangajin, nº 48, 1995.

do Sul e na Tailândia, preenchida pela musicalidade local e pelas preferências individuais. Difusão impulsionada pelas fábricas de eletrônicos cujo intuito é ver seus produtos consumidos em grande escala. Desenraizamento. Dificilmente um gênero como a **enka** poderia mundializar-se, seria necessário antes desvincular-se do peso de sua tradição. A música *pop* "japonesa", veiculada pelas indústrias culturais, pelos acervos disponíveis nos karaokê, tem um apelo mais abrangente. Sintonizada com o movimento da modernidade-mundo, ela encontra menos obstáculos para se disseminar. Pelos mesmos motivos, os publicitários japoneses também querem tornar seus anúncios mais "universais". Daí o esforço de uma agência como Hakuhodo em reatualizar sua linguagem visual em virtude das exigências recentes. À medida que o mercado publicitário se globaliza, é necessário introduzir técnicas de convencimento que sejam aceitas em escala ampliada. A territorialização excessiva torna-se indesejável. "Universais", os produtos devem circular sem o constrangimento de suas origens. A Toei Animation, ao se apropriar da tradição japonesa dos **manga,** os transforma em desenhos animados mundializados. Mas para que o resultado desta operação possa refletir o gosto de uma audiência mundial os produtores convenientemente introduziram modificações gráficas para eliminar os traços demasiadamente orientais dos olhos dos personagens[100]. "Desracialização" necessária para o sucesso do empreendimento. Neste sentido, apesar de os autores dizerem que buscam inspiração no passado distante (*Kojiki,* corte Heian, samurais), os heróis veiculados já nada mais têm de "autenticamente" nipônico, como Batman, Superman, Mandrake, eles são ideais-tipos que habitam um imaginário coletivo mundializado. Como os costureiros, para se vestir um corpo "universal", o "japonismo" cede lugar ao internacional-popular. Também no cinema a tendência para a desterritorialização pode ser apreendida. James Bailey observa que muitos dos filmes de sucesso japoneses utilizam a técnica do distanciamento em relação às coisas locais[101]. *Antartica Story* conta as atribulações de um bando de cachorros abandonados por seus donos na Antártica; *Penta's Sky* narra as aventuras de um menino que traz para o Japão um pingüim do Pólo Sul; *Day of Resurrection* é uma fábula futurista; *Drunken Dreams of Russia*, um filme baseado na história de um barco japonês que em 1782 chega à corte de Catarina, a Grande. Deslocalização das filmagens que se completa com a deslocalização dos atores e da produção.

 Desenraizamento que exige uma contrapartida do lado da sociedade. A penetração dos produtos da modernidade consumista não se faz igualmente

---

[100] Ver B. Comier-Rodier e B. Fleury-Vilatte, "The cartoon boom", The Unesco Courier, outubro de 1992.
[101] J. Bailey, "The Japanese movie industry in transition", Mangajin, nº 38, 1994.

em toda a Ásia. Há primeiro uma diferenciação em relação aos países e no interior de cada um deles de zonas regionais. A Ásia é um continente populoso, China (1,2 bilhão de habitantes), Índia (946 milhões), Paquistão (141 milhões), Filipinas (70 milhões)[102], mas o que os empresários cobiçam como sendo um "enorme potencial de mercado" é no fundo um espaço marcado por desigualdades e contradições. Índia, Paquistão e Sri Lanka são países pobres compostos majoritariamente de uma população de origem e fixação rural. Fenômeno que se reproduz na China, na Malásia e na Indonésia. As concentrações urbanas são prevalentes apenas no Japão, na Coréia do Sul e, claro, em Hong Kong e em Cingapura, praticamente cidades-Estado[103]. A estrutura de consumo da maioria dos países asiáticos é ainda marcada por gastos relativos à alimentação: 61% na China, 52% na Índia, 54% no Paquistão, 51% nas Filipinas, contra 16% no Japão, 12% em Hong Kong, 19% em Cingapura. Em muitos países o acesso a serviços básicos como eletricidade pode ser considerado um luxo: 14,9% das moradias no Sri Lanka, 33% no Paquistão, 43,8% na Indonésia, 63,8% na Índia[104]. A distribuição dos bens materiais de consumo segue as linhas da desigualdade regional e social. Enquanto no Japão, em Hong Kong, em Cingapura e em Taiwan a televisão atinge, respectivamente, 98%, 95%, 80% e 96% dos lares, na China (35%), na Índia (9%), no Paquistão (17%) e no Sri Lanka (25%) uma parte considerável da população fica à margem desse processo[105]. Se tomarmos os gastos com publicidade como um indicador do desenvolvimento do consumo, temos: Japão, US$ 44 bilhões, contra China, US$ 1 milhão, Índia, US$ 800 mil, Malásia, US$ 435 mil, Indonésia, US$ 509 mil[106]. Diferença que explicita a distância entre o Japão e seus vizinhos. Paralelamente à desigualdade nacional e regional há a desigualdade de classe. A penetração dos bens culturais de consumo conhece um terreno fértil, sobretudo entre os grupos emergentes das classes médias urbanas. Grupo social heterogêneo, ele é fruto das mudanças econômicas que incidem nas sociedades asiáticas, particularmente aquelas que fazem parte do NIC (*New Industrialized Countries*). Por exemplo, este é o caso de Cingapura, que a partir de meados dos 60 adota uma política de industrialização voltada para a exportação. Ou, ainda, da Malásia, que na década de 70 se torna um produtor

---

[102] Dados para 1995 in "Pan-Asian comparisons" in "Asia advertising marketing and media handbook, Londres, Euromonitor, 1994.
[103] População urbana para 1990: China, 56%; Hong Kong, 94%; Índia, 27%; Indonésia, 31%; Japão, 77%; Malásia, 43%; Paquistão, 32%; Cingapura, 100%; Sri Lanka, 21%; Tailândia, 23%; Coréia do Sul, 72%. Dados in "Asia: a directory and sourcebook", op. cit.
[104] Dados in "Asia: a directory and sourcebook", op. cit.
[105] Dados para 1992 in "Pan-Asian comparisons", op. cit.
[106] Idem.

especializado em artefatos eletrônicos[107]. Essas transformações, que atingem inclusive a China comunista, têm implicações imediatas na estrutura da sociedade. Novos grupos sociais (empresários, administradores, gestores, proprietários, funcionários de escritório e já não mais funcionários do Estado, como era usual) entram no jogo político e cultural[108]. Mas, como diz Shiro Honda: "Esta nova classe tem pouca afinidade com a cultura da classe alta, que opera num ambiente ocidental, mas também não está satisfeita com a cultura folclórica nativa"[109]. No passado, as "burguesias" locais tinham à sua disposição o modelo trazido pelo colonizador, a elite buscava uma referência nas formas de vida da metrópole (vestir-se, alimentar-se, divertir-se). Outra possibilidade era reforçar a dimensão tradicional. No contexto atual, ambas as alternativas são recusadas. Os chamados "novos-ricos" estão voltados para a sociedade de consumo, a busca pelo estilo de vida (viagens ao exterior, freqüência a restaurantes, moda etc.) é uma forma de se diferenciar do passado e das classes populares. Um estudioso da China diz a este respeito: "Por definição, os novos-ricos são marcados por uma apurada consciência em relação à moda — no sentido amplo do termo, e não apenas em relação à aparência e à vestimenta. Embora indubitavelmente eles fixem as tendências que devem ser imitadas pelas novas classes médias, o padrão de conformismo desses novos-ricos deve ser encontrado na nova e emergente 'cultura das estrelas', criada em torno das estrelas do esporte, dos ídolos da música popular e das personalidades de televisão"[110]. A busca por novos parâmetros, a insatisfação com a "cultura nativa" é na verdade fruto da deslocalização dos costumes; a demanda por estilos de vida revela a inserção desses estratos no seio de uma cultura desterritorializada, ou melhor, territorializada no espaço da modernidade-mundo[111]. Neste sentido, "cultura asiática" e "cultura japonesa" se encontram apenas quando já não são mais elas próprias. A confluência dos destinos e dos modos de vida nada tem, porém, de "retorno", ela é expressão de uma realidade que ultrapassa os espaços geográficos e as idiossincrasias nacionais.

Yo/wa. A dicotomia supõe não apenas uma diferença espacial, externo/interno, ela atribui a cada um dos termos uma natureza distinta. Yo é o "outro" de wa. Daí a recorrente contraposição entre uma "mentalidade"

---

[107] Para se ter uma idéia, no final dos anos 80 o setor de eletrônicos na Malásia era responsável por 44% das exportações do país. Ver J.S. Kahn, "Growth, economic transformation, culture and middle classes in Malaysia" in R. Robison e D. Goodman (ed.), *The New Rich in Asia*, Londres, Routledge, 1996.
[108] Os especialistas dizem que o papel político dessas novas classes médias é ambíguo, combinando-se com o autoritarismo tradicionalmente existente. Ver R. Robison e D. Goodman, *The New Rich in Asia*, op. cit.
[109] S. Honda, "East Asia's middle class tunes in to today's Japan", op. cit., p. 76.
[110] D. Goodman, "The people's Republic of China: the party-state, capitalist revolution and new entrepreneurs" in *The New Rich in Asia*, op. cit., p. 238.
[111] Ver "Asia lifestyles", *Far Eastern Economic Review*, 10 de setembro de 1992.

japonesa x "mentalidade" ocidental, uma "filosofia" nipônica x "filosofia" ocidental. Mente, sistema de classificação cultural, modo de vida seriam parte de "mundos" irredutíveis entre si. O Japão pode assim ser visto como algo indecifrável, um segredo insondável se ocultaria em seu bojo. A literatura "ocidental" poderia se esforçar em compreendê-lo, talvez deslindar alguns de seus aspectos, mas no fundo permaneceria um traço intraduzível, elemento fugaz, fugidio a qualquer entendimento. Da parte dos japoneses as mesmas limitações se imporiam. Qualquer movimento na direção de uma eventual "ocidentalização" seria necessariamente limitado, pois as fronteiras da identidade **wa** impossibilitariam um caminhar mais decisivo. A polaridade **yo/wa** nos remete à oposição Ocidente/Oriente. Sua validade requer a existência de um universo bipolar no qual cada um dos compartimentos seria regido por lógicas radicalmente distintas. Mas existiria realmente um Oriente? O tema tem sido criticamente retomado por diversos autores. Boa parte da literatura sobre o orientalismo (na tradição anglo-saxônica identificado ao mundo islâmico) é na verdade um discurso discriminatório em relação aos povos "não ocidentais". Bryan Turner tem razão quando diz que o Oriente é sempre caracterizado pela ausência de algo: na política, uma sociedade civil desenvolvida; na filosofia, uma racionalidade próxima ao espírito científico; na economia, uma compreensão técnica das trocas[112]. A distância entre a civilização oriental e ocidental é portanto mensurada em relação a esta "falta", a esta ausência. Neste sentido, o Ocidente seria tudo aquilo que o Oriente não consegue ser. Por isso, Maxime Rodinson não hesita em dizer: "Não há Oriente, existem apenas povos, países, regiões, sociedades e um grande número de culturas na terra"[113]. Também Jack Goody, ao manifestar sua insatisfação em relação a esse tipo de dualismo do pensamento, argumenta: "Creio que existem poucos, muito poucos contextos nos quais esta divisão pode ser útil, especialmente nas situações em que grupo de indivíduos ou sociedades estão experimentando uma mudança de uma categoria para outra. Mesmo se tal divisão fosse aceitável, é errado incluir a maioria das sociedades africanas e asiáticas na mesma categoria, errado do ponto de vista do desenvolvimento contemporâneo e do ponto de vista de uma história das culturas"[114]. Mas, se o Oriente é uma ficção, haveria alguma verdade em sua contrapartida, o Ocidente? Certamente que não, a não ser como unidade

---

[112] B. Turner, *Orientalism, Postmodernism and Globalism*, Londres, Routledge, 1994.
[113] M. Rodinson, "Les études arabes et islamiques en Europe" in *La Fascination de l'Islam*, op. cit., p. 130.
[114] J. Goody, *The East in the West*, Cambridge, Cambridge University Press, 1996, p. 10.

mítica construída pelo pensamento eurocêntrico[115]. Ocidente cuja origem remota se encontraria intacta desde os pensadores gregos e cujo desabrochar se faria teleologicamente ao longo da história: Grécia, Roma, Idade Média, Iluminismo, Revolução Industrial. O irônico é perceber como os intelectuais japoneses tomam esta construção inconsistente como uma realidade histórica. Para eles, o contraponto com o Ocidente é necessário, pois no fundo, para afirmar a existência de uma matriz especificamente "japonesa", eles invertem o discurso do "orientalismo". Operação que troca os sinais, mas preserva o dualismo da premissa anterior. Haveria uma unidade homogênea denominada Ocidente em relação à qual o destino da comunidade nipônica se constituiria. O processo de mundialização repõe a discussão em outros termos. O que era antes um debate entre intelectuais, isto é, sobre a validade de utilizar certos conceitos para pensar a história das sociedades, adquire um novo significado. A transformação da noção de espaço torna obsoleta a orientação pelos pontos cardeais. No contexto da modernidade-mundo não há nem Oriente nem Ocidente. Por isso as categorias **yo/wa** perdem em convencimento. Elas já não mais conseguem apreender a complexidade de um mundo que se globalizou.

---

[115] Ver S. Amin, *El Eurocentrismo,* Cidade do México, Siglo Veintiuno, 1989.

Considerações Finais

A modernidade é simultaneamente una e diversa. Quando os sociólogos falam em secularização, racionalização, processo de individuação, eles estão se referindo a seus traços comuns. Racionalização do conhecimento, ou seja, emancipação da ciência e da técnica das crenças mágicas e religiosas, especialização do trabalho, ou melhor, desempenho e produtividade, são elementos fundantes de toda e qualquer modernidade. A reflexão sociológica nasce no final do século XX privilegiando esses temas. Durkheim busca na divisão do trabalho a chave explicativa da diferenciação social. Tönnies entende a passagem do campo para a cidade através dos pares conceituais "comunidade" e "sociedade". Max Weber vê na racionalidade do Estado, da burocracia e da economia os fundamentos da sociedade moderna. Simmel se indaga sobre a condição do homem nas grandes metrópoles, em contraposição à mentalidade tradicional da vida aldeã. A sociologia é possível porque a "universalidade" de suas perguntas (e respostas) se aplica a um conjunto de formações sociais dispersas no globo terrestre. Questões que se movem em torno de um "fundo" partilhado por "todos". Mas a modernidade é também diversa. Ao se realizar historicamente ela se diferencia. As nações são distintas porque atualizam de maneira diferenciada os elementos comuns de modernidade. Neste sentido, como pondera Eisenstadt, existem "múltiplas modernidades"[1]. Elas variam de acordo com as situações históricas, tomam uma configuração específica no Brasil, outra na França ou nos Estados Unidos. Tradicionalmente, o debate no Japão tem enfatizado esta face singular. Ele concentra-se nas peculiaridades do capitalismo japonês, nos laços sociais particularmente nipônicos, no ritmo de vida nacional. Pouco importa se as respostas elaboradas pelos intelectuais sejam necessariamente

---

[1] S.N. Eisenstadt, "Japan and the multiplicity of cultural programmes of modernity", Occasional Paper 15, Truman Institute, The Hebrew University of Jerusalem, 1994.

corretas ou não (vimos como a ideologia **nihonjinron** distorce a realidade para apreendê-la dentro de sua visão nacionalista). Sublinho, prevalece contudo a dimensão diferenciadora. Análise que homologamente se reproduz na América Latina pois a controvérsia sobre "modernidade inacabada", "teoria da dependência", "atraso", "subdesenvolvimento" quer justamente resgatar este elemento modal.

Creio, porém, que o movimento de globalização introduz novos parâmetros à discussão[2]. Modernidade e nação são configurações sociais que historicamente emergem juntas. A primeira surge com a Revolução Industrial, mas sua forma material de existência se exprime na nação. A segunda, por sua vez, se afirma através do desenvolvimento de "sua" modernidade. A nação não é apenas uma "novidade histórica" (para falarmos como Hobsbawm), no seu interior surge e se desenvolve um tipo novo de organização social. Durante o século XIX e parte do XX, nação e modernidade caminharam lado a lado. Como se a relação entre esses termos fosse algo imperativo, necessário. No entanto, esta convergência estava na verdade datada, se circunscrevia a um momento histórico determinado. O que parecia sólido, preestabelecido, transformou-se radicalmente. Com isso quero dizer que o vínculo entre nação e modernidade se cindiu. Um processo novo, que denominamos talvez de maneira imprecisa de globalização, atravessa agora a multiplicidade das modernidades existentes. Em outras palavras, a modernidade-mundo transborda os limites das fronteiras nacionais. No caso japonês, fica claro que até recentemente o Estado-nação conseguia "amarrar" adequadamente o desenvolvimento econômico e social a seus objetivos políticos. Eu diria de maneira sintética: o Estado-nação detinha o monopólio de sentido na construção da identidade nacional. Sua ação era capaz de soldar numa unidade orgânica o todo da "cultura japonesa". A política vinculava os interesses econômicos privados aos valores tradicionais (como vimos, ressignificados dentro de uma outra situação), construindo uma versão convincente da existência de um **ie** nacional. A consolidação de uma sociedade de consumo, o declínio da ética do trabalho, a debilitação da força dos grupos indicam não apenas uma mudança interna da sociedade japonesa, mas a perda do monopólio de sentido que antes se encontrava nas mãos do Estado-nação. Outras instâncias de legitimidade e poder, inseridas no espaço da modernidade-mundo, passam agora a interferir na vida cotidiana dos japoneses. Elas conferem sentido às ações coletivas, mas já não mais necessariamente convergem com a orientação da "tradição" local. A modernidade-mundo

---

[2] Retomo alguns argumentos que desenvolvi de maneira mais sistemática em *Um Outro Território*, op. cit.

surge como uma dimensão que aproxima certos modos de vida (não todos), incluindo-os como parte de uma territorialidade que escapa à geografia das nações. Neste caso, as múltiplas modernidades já não seriam apenas uma versão historicizada de uma mesma matriz, a elas se agrega uma tendência integradora que desterritorializa certos "itens" para agrupá-los enquanto unidades mundializadas.

Minha reflexão sobre o Japão permite ainda recolocar o tema Oriente/Ocidente. A literatura histórica e sociológica tem muitas vezes utilizado essas noções de maneira eurocêntrica e pouco crítica. Por exemplo, a pergunta "por que o capitalismo nasce no Ocidente?" nada tem de ingênua. É bem verdade que ela busca compreender a emergência de um fenômeno social importante e novo, o capitalismo, e neste caso, eu diria que a proposta é válida e sugestiva. A interpretação encontrada poderá ou não ser aceita, por isso as teses de Weber têm sido recorrentemente discutidas[3], mas a relevância do empreendimento é inquestionável. Não obstante, independentemente da resposta apresentada, na sua origem a formulação encerra um dilema. Postula-se a existência de uma entidade, o Ocidente, em contrapartida a uma outra, o Oriente. Esta oposição binária entre sociedades e culturas teria algum valor teórico explicativo? Penso que não. Esquece-se que a Europa dos séculos XVI, XVII e XVIII tinha muito de "oriente", ou seja, nela predominavam as forças da tradição: ausência de uma sociedade civil, prevalência do pensamento religioso, sendo que a estrutura de seus países, longe de se fundamentar numa organização racional, se encontrava articulada segundo a lógica de uma economia agrícola. Por outro lado, parece-me pouco frutífero identificar modernidade a ocidentalidade. Quando nos perguntamos por que o Japão teve sucesso econômico, no fundo supomos que este êxito não deveria ter ocorrido. Afinal, sendo o capitalismo "ocidental", faria pouco sentido encontrá-lo em paragens tão estranhas. Mas, como a realidade nega este juízo de valor, é necessário compreender esta contradição aparente. Para isso a explicação deve repousar nas qualidades intrínsecas, excepcionais, da sociedade japonesa. Não seria mais interessante abandonar a premissa anterior e dizer simplesmente que tanto o capitalismo quanto a modernidade não são essencialmente ocidentais? Com isso se admite que elementos novos de modernidade (por exemplo, o toyotismo) podem desenvolver-se em contextos diferenciados. Por que vincular a análise sociológica a noções geográficas duvidosas? Se esta é uma discussão polêmica (deveria ser retomada dentro de outra perspectiva), com a emergência e a

---

[3] Ver o clássico trabalho de M. Rodinson, *Islam y Capitalismo*, Cidade do México, Siglo Vientiuno, 1973.

consolidação do processo de globalização as dúvidas em relação às categorias Oriente/Ocidente se reforçam. No contexto da modernidade-mundo faz pouco sentido utilizá-las, pois os parâmetros de navegação são outros. A desterritorialização e a reterritorialização das culturas comprometem sua validade teórica, elas perdem a pouca força explicativa que ainda possuíam. O imaginário coletivo "internacional-popular" nada tem de ocidental ou de oriental, de norte-americano ou de nipônico, as formas/representações que o compõem (Madonna, Asterix, Doraemon, karaokê) perderam sua cor local. Posso assim retomar um ponto que mencionei na introdução deste livro. Ao me debruçar sobre o Japão não tinha a intenção de encontrar o "outro". Para o objetivo de minha análise, os japoneses são parte de um "nós". "Nós" problemático, contraditório, pois revela a expansão em nível global de representações culturais vinculadas a interesses concretos, a uma ordem hierárquica cuja organicidade se associa a valores de mercado e de consumo, fundando assim as relações entre os indivíduos, grupos e classes sociais em outras formas de dominação.

Bibliografia

- Adorno, Theodore; Horkheimer, Max. *Dialética do Esclarecimento*, Rio de Janeiro, Zahar, 1985.
- Amin, Samir. *El Eurocentrismo: Crítica de una Ideologia*, Cidade do México, Siglo Veintiuno, 1989.
- Augé, Marc. *Non Lieux: Introduction à une Anthropologie de la Surmodernité*, Paris, Seuil, 1992.
- Barthes, Roland. *L'Empire des Signes*, Paris, Flammarion, 1975.
- Bastide, Roger. "L'acculturation", Encyclopaedia Universalis, Paris, Encyclopaedia Universalis de France, 1992.
- Baudrillard, Jean. *La Société de Consommation*, Paris, Denoël, 1970.
- *Le Système des Objets*, Paris, Gallimard, 1968.
- Benjamin, Walter. *Parigi, Capitale del XIX Secolo*, Turim, Einaudi, 1986.
- Bourdieu, Pierre. *Esquisse d'une Théorie de la Pratique*, Genebra, Librairie Droz, 1972.
- *Questions de Sociologie*, Paris, Minuit, 1980.
- Bourdieu, P.; Delsaut, Ivette. "Le couturier et sa griffe", Actes de la Recherche en Sciences Sociales, n° 1, janeiro de 1975.
- Brahimi, Denise. "Le voyage sans retour", Études Françaises (n° especial "La tentation de l'Orient"), vol. 26, n° 1, 1990.
- Bruwer, J.; Porter, R. *Consumption and the World of Goods*, Londres, Routledge, 1993.
- Carrier, James G. *Occidentalism: Images of the West*, Oxford, Clarendon Press, 1995.
- Certau, Michel de. *L'Invention du Quotidien*, Paris, Ed. 10/18, 1980.
- Chandler, Alfred. *The Visible Hand*, Cambridge, Cambridge University Press, 1977.
- Chaudhuri, K.N. *Asia Before Europe*, Cambridge, Cambridge University Press, 1991.

- Chesnaux, Jean. *A Ásia Oriental nos Séculos XIX e XX*, São Paulo, Livraria Pioneira, 1976.
- Chombart de Lauwe, P. *La Vie Quotidienne des Familles Ouvrières*, Paris, CNRS, 1956.
- Cippola, Carlo. *Historia Económica de la Población Mundial*, Barcelona, Grijaldo, 1983.
 Canhões e Velas na Primeira Fase da Expansão Européia: 1440-1700, Lisboa, Gradiva, 1989.
- Confúcio. *The Analects*, Londres, Penguin Books, 1979.
- Douglas, Mary. *Pureza e Perigo*, São Paulo, Perspectiva, 1972.
- Dumazedier, Joffre. *Sociologia Empírica do Lazer*, São Paulo, Brasiliense, 1979.
- Durkheim, Emile. *Journal Sociologique*, Paris, PUF, 1969.
- Eliade, Mircea. *O Sagrado e o Profano*, Lisboa, Livros do Brasil, 1981.
- Elias, Norbert. *O Processo Civilizador*, vol. 2, Rio de Janeiro, Zahar, 1993.
 A Sociedade de Corte, Lisboa, Estampa, 1987.
- Elias, Norbert; Dunning, Eric. *Sport e Civilisation: la Violence Maîtrisée*, Paris, Fayard, 1986.
- Fanon, Franz. *Les Damnés de la Terre*, Paris, Maspero, 1968.
 Peau Noire Masques Blancs, Paris, Seuil, 1952.
- Featherstone, Micke. *Consumer Culture & Postmodernism*, Londres, Sage Publications, 1991.
- Fraser, Julius T. (alii, org.). *Time, Science and Society in China and West*, Amherst (Massachusetts), The University of Massachusetts Press, 1986.
- Gellner, Ernest. *Naciones y Nacionalismo*, Cidade do México, Alianza Editorial, 1991.
- Giddens, Anthony. *As Conseqüências da Modernidade*, São Paulo, Unesp, 1991.
 Modernity and Self-Identity, Stanford, Stanford University Press, 1991.
- Goody, Jack. *The East in the West*, Cambridge, Cambridge University Press, 1996.
- Granet, Marcel. *O Pensamento Chinês*, Rio de Janeiro, Contraponto, 1997.
 La Civilisation Chinoise, Paris, Albin Michel, 1994.
- Halbwachs, Maurice. *La Mémoire Collective*, Paris, PUF, 1968.
- Hermardinguer, J.J. (org.). *Pour une Histoire de l'Alimentation*, Paris, Colin, 1970.
- Hobsbawm, Eric. *Nações e Nacionalismo desde 1780*, Rio de Janeiro, Paz e Terra, 1991.
 Mundos do Trabalho, Rio de Janeiro, Paz e Terra, 1987.
- Hobsbawm, Eric; Ranger, Terence. *The Invention of Tradition*, Cambridge, Cambridge University Press, 1983.
- Hoggart, Richard. *The Uses of Literacy*, Oxford, Oxford University Press, 1970.
- Ianni, Octávio. *Teorias da Globalização*, Rio de Janeiro, Civilização Brasileira, 1995.
- Kontler, Catherine. *Les Voies de la Sagesse: Bouddhisme et Religions d'Asie*, Paris, Ed. Philippe Picquier, 1996.

- Lerner, D.; Lasswell, H.D. (org.). *The Policy Sciences*, Stanford, Stanford University Press, 1951.
- Mannheim, Karl. *Ideologia e Utopia*, Rio de Janeiro, Zahar, 1972.
- McAnany, Emile; Wilkinson, K. "From cultural imperialism to takeover victims?", Communication Research vol. 19, n° 6, 1992.
- Mead, Margareth; Métraux, R. (org.). *The Study of Culture at Distance*, Chicago, Chicago University Press, 1953.
- Mauss, Marcel. *Oeuvres*, tomo 3, Paris, Minuit, 1969.
- *Sociologie et Anthropologie*, Paris, PUF, 1968.
- Mêncio. *Mencius*, Londres, Penguin Books, 1970.
- Moraes, Dênis. *Planeta Mídia*, Campo Grande, Letra Livre, 1998.
- Needham, Joseph. *The Grand Titration: Science and Society in East and West*, Londres, George Allen & Unwin Ltd., 1969.
- Needham, R. (org.). *Right and Left: Essays on Dual Symbolic Classification*, Chicago, Chicago University Press, 1973.
- Offe, Claus. *Capitalismo Desorganizado*, São Paulo, Brasiliense, 1989.
- Ortiz, Renato. *Cultura e Modernidade*, São Paulo, Brasiliense, 1991.
- *Mundialização e Cultura*, São Paulo, Brasiliense, 1994.
- *Um Outro Território: Ensaios sobre a Mundialização*, São Paulo, Olho d'Água, 1996.
- Perrot, Philippe. *Le Dessus et le Dessous de la Bourgeoisie*, Paris, Fayard, 1981.
- Renan, Ernest. *Qu'est-ce que une Nation?*, Paris, Presses Pocket, 1992.
- Robison, Richard; Goodman, David (org.). *The New Rich in Asia*, Londres, Routledge, 1996.
- Rodinson, Maxime. *La Fascination de l'Islam*, Paris, La Découverte, 1989.
- Said, Edward. *Orientalismo*, São Paulo, Cia. das Letras, 1990.
- Simmel, Georg. *Philosophie de la Modernité*, Paris, Payot, 1989.
- Tiryakin, Edward (org.). *Global Crisis*, Leiden, E.J. Brill, 1984.
- Toffler, Alvin. *The Third Wave*, Nova York, Bantham Books, 1980.
- Varis, Tapio. "International flow of television programmes", Reports and Papers on Mass Communication, Unesco, n° 100, 1987.
- Varis, Tapio; Nordenstreng, N. "Television traffic a one way street?", Reports and Papers on Mass Communication, Unesco, n° 70, 1974.
- Varis, Tapio; Guback, Thomas. "Transnational communication and cultural industries", Reports and Papers on Mass Communication, Unesco, n° 92, 1982.
- Weber, Eugen. *Peasant's into Frenchmen*, Stanford, Stanford University Press, 1976.
- Weber, Max. *The Religion of China*, Nova York, The Free Press, 1964.

Estudos japoneses, história intelectual
- Allioux, Yves-Marie (org.). *Cent Ans de Pensée au Japon* (2 vols.), Paris, Ed. Philippe Picquier, 1996.

- Araki, Toru. "Tokyo 1942: le colloque maudit — dépassement de la modernité", *Ebisu (Études Japonaises)*, nº 6, julho-setembro de 1994.
- Befu, Harumi; Kreiner, J. (org.). *Otherness of Japan: Historical and Cultural Influences on Japanese Studies in Ten Countries*, Munique, Deutschen Institut für Japanstudien, 1991.
- "A critique of the group model of Japanese society", *Social Analysis*, vol. 5, nº 6, 1980.
- Bellah, Robert. "Intelectual and Society in Japan", *Daedalus*, primavera de 1972.
- Dale, Peter. *The Myth of Japanese Uniqueness*, Londres, Routledge, 1988.
- Doak, Kevin M. "Ethnic nationalism and romanticism in early twentieth century Japan", *Journal of Japanese Studies*, vol. 22, nº 1, 1996.
- Goodman, Roger. "Sociology of the Japanese state, the state of Japanese sociology: a review of the 1980's", *Japan Forum*, vol. 2, nº 2, outubro de 1990.
- Ikawa-Smith, Fumiko. "L'idéologie de l'homogénéité culturelle dans l'archeologie préhistorique japonaise", *Anthropologie et Sociétés*, vol. 14, nº 3, 1990.
- Kent, Pauline. "Ruth's Benedicts original wartime study of the Japanese", *International Journal of Japanese Studies*, nº 3, outubro de 1994.
- Maruyama, Masao. *Essais sur l'Histoire de la Pensée Politique au Japon*, Paris, PUF, 1996.
- Miyoshi, Masao; Harootunian, H.D. (org.). *Postmodernism and Japan*, Durham, Duke University, 1989.
- Moeur, Ross; Sugimoto, Yoshio (org.). *Images of Japanese Society*, Londres, Routledge & Kegan Paul, 1986.
- Morris-Susuki, Tessa. "The invention and reinvention of Japanese culture", The *Journal of Asian Studies*, vol. 54, nº 3, agosto de 1995.
- Najita, Tetsuo; Scheiner, Irwin (org.). *Japanese Thought in the Tokugawa Period*, Chicago, Chicago University Press, 1988.
- Nishida, Kitaro. *La Culture Japonaise en Question*, Paris, Publications des Orientalistes de France, 1991.
- Nosco, Peter (org.). *Confucianism and Tokugawa Culture*, Princeton, Princeton University Press, 1984.
- Pollack, David. "Modernism minceur or is Japan postmodern?", *Monumenta Nipponica*, vol. 44, nº 1, primavera de 1989.
- Reader, Ian. "Do we need more Japanese studies or less?", *Japan Forum*, vol. 7, nº 1, primavera de 1995.
- Yoshino, Kosaku. *Cultural Nationalism in Contemporary Japan: a Sociological Inquiry*, Routledge, Londres, 1992.

História, economia, política
- Akamatsu, Paul. *Meiji-1868: Revolución y Contrarrevolución en Japón*, Madri, Siglo Veintiuno, 1977.

- Allen, George C. *Breve Historia Económica del Japón Moderno*, Madri, Technos, 1980.
- Arnason, Johann P. "State formation in Japan and West", *Theory Culture & Society*, vol. 13, n° 3, 1996.
- Azevedo, Aloísio de. *O Japão*, São Paulo, Roswitha Kempf Ed., 1984.
- Beasley, W.G. *The Meiji Restoration*, Stanford, Stanford University Press, 1972.
- Beato, Felice. *Mukashi: le Japon de Pierre Loti*, Paris, Arthaud, 1984.
- Beauvoir, Compte de. *Pékin, Yeddo et San Francisco*, Paris, Kailash Éditions, 1994.
- Bellah, Robert. *Tokugawa Religion: the Cultural Roots of Modern Japan*, Londres, The Free Press, 1985.
- *Cambridge (The) History of Japan:* Cambridge, Cambridge University Press.
   vol. 3: Medieval Japan, 1990.
   vol. 4: Early modern Japan, 1991.
   vol. 5: The nineteenth century, 1989.
   vol. 6: The twentieth century, 1988.
- Clark, Rodney. *The Japanese Company*, New Haven, Yale University Press, 1979.
- Daikichi, Irokawa. *The Culture of Meiji Period*, Princeton, Princeton University Press, 1985.
- Dore, Ronald. *British Factory-Japanese Factory*, Berkeley, University of California Press, 1973.
- Drysdale, Peter; Kitaoji, Hironobu (org.). *Japan and Australia: Two Societies and Their Interaction*, Camberra, Australia National University Press, 1981.
- Edstrom, Bert. "Internationalization of Japan — japanization of the world", Center for Pacific Asia Studies, Stockholm University, Occasional Paper 21, 1994.
- Eccleston, Bernard. *State and Society in Post-War Japan*, Cambridge, Polity Press, 1989.
- Elger, Tom; Smith, Chris (ed.). *Global Japanization?*, Londres, Routledge, 1994.
- Fróis, Luís. *Européens & Japonais: Traité sur les Contradictions & Différences de Moeurs*, Paris, Chandeigne, 1998.
- Fruin, Mark W. "The modern corporation and the entreprise system in Japan", *Japanese Civilization in Modern World IV: Economic Institutions*, Senri Ethnological Studies, n° 26, 1989.
- Fujita, Kuniko; Hill, Richard (org.). *Japanese Cities in the World Economy*, Filadélfia, Temple University Press, 1993.
- Garon, Sheldon. "Rethinking modernization and modernity in Japanese history: a focus on state-nation relations", *The Journal of Asian Studies*, vol. 53, n° 2, maio de 1994.
- "Global (The) trend toward regional integration", Reference Series n° 25, Tóquio, Foreign Press, Center, 1993.
- Gordon, Andrew (org.). *Postwar Japan as History*, Berkeley, University of California Press, 1993
- Gravereau, Jacques. *Le Japon au XXe Siècle*, Paris, Seuil, 1993.

- Hall, John W. *Japan from Prehistory to Modern Times*, Londres, Charles Tuttle Co., 1990.
- Hatch, Walter; Yamamura, Kozo. *Asia in Japan's Embrace*, Cambridge, Cambridge University Press, 1996.
- Hérail, Francine. *La Cour au Japon à l'Époque Heian*, Paris, Hachette, 1995.
- Higashi, Chikara; Lauter, G.P. *The Internationalization of the Japanese Economy*, Boston, Kluwer Academics Publishers, 1992.
- Hirata, Helena (org.). *Sobre o Modelo Japonês*, São Paulo, Edusp, 1993.
- Hunter, Janet E. *Modern Japan: an Introductory History since 1853*, Londres, Longman, 1989.
- Inoue, Nobutaka (org.). *Globalization and Indigenous Culture*, Tóquio, Institute for Japanese Culture and Classics, Kokugakuin University, 1997.
- Janeira, Armando M. *O Impacto Português sobre a Civilização Japonesa*, Lisboa, Publicações Dom Quixote, 1988.
- Kamata, Satoshi. *Japão: a Outra Face do Milagre*, São Paulo, Brasiliense, 1985.
- Kaneda, Hiromitsu. "Long-term changes in food consumption patterns in Japan: 1878-1964", Yale University, Economic Growth Center, Center Paper nº 127, 1969.
- Keene, Donald. *The Japanese Discovery of Europe: 1720-1830*, Stanford, Stanford University Press, 1969.
- Kelman, S. "The japanization of America", The Public Interest, nº 98, 1990.
- Frédéric, Louis. *La Vie Quotidienne au Japon au Debut de l'Ère Moderne: 1868-1912*, Paris, Hachette, 1984.
- Gluck, Carol. *Japan's Modern Myths: Ideology in the Late Meiji Period*, Princeton, Princeton University Press, 1985.
- Lima, Oliveira. *No Japão: Impressões da Terra e da Gente*, Rio de Janeiro, Topbooks, 1997.
- Morishima, Michio. *Capitalisme et Confucianisme*, Paris, Flammarion, 1987.
- Morris-Susuki, Tessa. *The Technological Transformation of Japan*, Cambridge, Cambridge University Press, 1994.
- Murakami, Yasusuke; Kosai, Yutaka (org.). *Japan in the Global Community*, Tóquio, University of Tokyo Press, 1986.
- Mutel, Jean. "La modernisation au Japon", Archives Européennes de Sociologie, vol. 27, nº 1, 1986.
- Nakane, Chie; Shinzaburo, Oishi (org.). *Tokugawa Japan*, Tóquio, University of Tokyo Press, 1991.
- Ohmae, Kenichi. *Beyond National Borders: Reflections on Japan and the World*, Tóquio, Kodansha International, 1987.
- *Mundo sem Fronteiras*, São Paulo, Makron Books, 1991.
- Okawa, Kasushi; Rosovsky, Henry. "The indigenous component in the modern Japanese economy", Economic Development and Cultural Change, abril de 1961.
- Postel-Vinay, Karoline. *Le Japon et la Nouvelle Asie*, Paris, Presses de Sciences Po, 1997.

- Random, Michael. *Japón: la Estrategia de lo Invisible,* Madri, Ed. Eyras, 1988.
- Rattner, Henrique. *Impactos Sociais da Automação: o Caso do Japão,* São Paulo, Nobel, 1988.
- Reischauer, Edwin O. *Histoire du Japon et des Japonais,* Paris, Seuil, 1973.
- Richard, Michel. "Le Japon à l'âge de l'internationalisation", *Anthropologie et Sociétés,* vol. 14, nº 3, 1990.
- Samson, George. *Japan: a Short Cultural History,* Stanford, Stanford University Press, 1978.
- *The Western World and Japan,* Nova York, Knopf, 1950.
- *Histoire du Japon,* Paris, Fayard, 1988.
- Sette, Luiz Paulo L. *A Revolução Samurai,* São Paulo, Massao Ohno Ed./Aliança Cultural Brasil-Japão, 1991.
- Souyri, Pierre F. (alii). *Japon le Consensus: Mythe et Réalités,* Paris, Economica, 1984.
- Taya, Hirokichi. "The modernization of the Japanese currency system", *Acta Asia,* nº 39, outubro de 1980.
- Theodore de Bary, William (alii). *Sources of Japanese Tradition* (2 vols.), Nova York, Columbia University Press, 1964.
- Totman, Conrad. *Politics in the Tokugawa Bakufu: 1600-1843,* Berkeley, University of California Press, 1988.
- Tsuru, Shigeto. *Japan's Capitalism,* Cambridge, Cambridge University Press, 1996.
- Twine, Nanette. "Standarzing written Japanese: a factor in modernization", *Monumenta Nipponica,* vol. 43, nº 4, inverno de 1988.
- Westney, D.E. *Imitation and Innovation: the Transfert of Western Organizational Patterns to Meiji Japan,* Cambridge, Harvard University Press, 1987.
- Wolferen, Karel van. *The Enigma of Japanese Power,* Nova York, Vintage Books, 1990.
- Yanagida Kunio. *Japanese Manners and Customs in Meiji Era,* Tóquio, Obunsha, 1957.
- Yano, Toru. "A new outlook for internationalization", *Japan Quarterly,* vol. 34, nº 1, janeiro-março de 1987.

Sociedade e cultura
- Asquith, Pamela; Kalland, Anne (org.). *Japanese Images of Nature,* Londres, Curzon, 1997.
- Barros, Benedito F. *Japão: a Harmonia dos Contrários,* São Paulo, T.A. Queiroz, 1988.
- Bartu, Friedemann. *The Uggly Japanese: Nippon's Economica Empire in Asia,* Nova York, Longman, 1992.
- Befu, Harumi. "Civilization and culture: Japan in search of identity", *Japanese Civilization in Modern World: Life and Society,* Senri Ethnological Studies, nº 16, 1984.

- Benedict, Ruth. *O Crisântemo e a Espada,* São Paulo, Perspectiva, 1972.
- Ben-Ari, Eyal. "Uniqueness, typicallity and appraisal: a 'village of the past' in contemporary Japan", *Ethnos,* vol. 5, nº 3-4, 1992.
- Ben-Ari, Eyal (org.). *Unwrapping Japan: Society and Culture in Anthropological Perspective,* Manchester, Manchester University Press, 1990.
- Ben-Ari, Eyal; Eisenstadt, Shmuel N. *Japanese Models of Conflict Resolution,* Londres, Kegan Paul International, 1990.
- Berque, Augustin (org.). *Le Japon et Son Double,* Paris, Masson, 1987.
- Blanc, Charles le; Rocher, Alain (org.). *Tradition et Innovation en Chine et au Japon,* Paris, Publications Orientalistes de France, 1996.
- Beasley W.G. (org.). *Modern-Japan: Aspects for History, Literature and Society,* Tóquio, Charles E. Tuttle Co., 1975.
- Bernier, Bernard. "Revisionisme, japonisme, culturalisme: comment expliquer le succès économique japonais", *Anthropologie et Sociétés,* vol. 14, nº 3, 1990.
- Boscaro, Adriana (alii). *Rethinking Japan,* vol. II, Sandgate (Inglaterra), Japan Library Ltd., 1990.
- Bruun, Ole; Kalland, Anne (org.). *Asian Perception of Nature: a Critical Approach,* Londres, Curzon Press, 1995.
- Chamberlain, Basil H. *Japanese Things,* Tóquio, Charles Tuttle Co., 1980.
- Clammer, John. *Difference and Modernity: Social Theory and Contemporary Japanese Society,* Londres, Kegan Paul International, 1995.
- "In but not of the world? Globalization, modernity and the 'end of history'", mimeo. The Nothingham University, 1997.
- Cobbi, Jane (org.). *Pratiques et Représentations Sociales des Japonais,* Paris, L'Harmattan, 1993.
- Condominas, Christine; Shigeki, N. *L'Opinion des Japonais,* Paris, Le Sudestasie, 1991.
- *Cultural Identity and Modernization in Asian Countries: Proceedings of Kokugakuin University Centennial Symposium,* Institute for Japanese Culture and Classics, Kokugakuin University, 1983.
- Denoon, Donald (alii). *Multicultural Japan,* Cambridge, Cambridge University Press, 1996.
- Doi, Takeo. *The Anatomy of Self,* Tóquio, Kodansha International, 1988.
- Dore, R.P. *City Live in Japan: a Study of Tokyo Ward,* Berkeley, University of California Press, 1967.
- Dore, R.P. (org.). *Aspects of Social Change in Modern Japan,* Princeton, Princeton University Press, 1967.
- Eisenstadt, Shmuel N. *Japanese Civilization,* Chicago, The University of Chicago Press, 1995.
- "Japan and the multiplicity of cultural programmes of modernity", Occasional Paper 15, Truman Institute, The Hebrew University of Jerusalem, 1994.
- Fruin, W.M. "The family as a firm and the firm as a family", *Journal of Family History,* vol. 5, nº 4, 1980.

- Fukutake, Tadashi. *The Japanese Social Structure*, Tóquio, Tokyo University Press, 1982.
  Rural Society in Japan, Tóquio, University of Tokyo Press, 1980.
- Furugori, Tomoko. "Work hours and the quality of life in Japan", *Japanese Economic Studies*, vol. 21, n° 2, 1992.
- Goodman, Roger; Refsing, Kirsten (org.). *Ideology and Practice in Modern Japan*, Londres, Routledge, 1992.
- "Globalization (The) of Japanese: a round table", *Japan Echo*, vol. XVI, 1989.
- Hanada, Tatsuro. "Can there be a public sphere in Japan", *Review of Media Information and Society*, vol. 2, 1997.
- Hayashi, Chikio. "The national character in transition", *Japan Echo*, vol. XV, 1988.
- Hendry, Joy. *Understanding Japanese Society*, Londres, Routledge, 1991.
- Hendry, Joy; Webber, Jonathan (org.). *Interpreting Japanese Society*, Oxford, Jaso, 1986.
- Higuchi, Yoichi; Sautter, Claude (org.). *L'État et l'Individu au Japon*, Paris, Éditions de l'École des Hautes Études en Sciences Sociales, 1990.
- Hirano, Ken'ichi (org.). *The State and Cultural Transformation: Perspectives from Asia*, Tóquio, United Nations University Press, 1993.
- Horio, Terushisa; Platzer, Steven (org.). *Educational Thought and Ideology in Modern Japan*, Tóquio, Tokyo University Press, 1990.
- Inglehart, Ronald. "Modification des valeurs, développement économique et évolution politique", *Revue Internationale des Sciences Sociales*, n° 145, 1995.
- Ishida, Eiichiro. *Japanese Culture: a Study of Origins and Characteristics*, Tóquio, Tokyo University Press, 1974.
- Iwao, Ishino. "The oyabun-kogun: a Japanese ritual kingship institution", *American Anthropologist*, vol. 55, 1953.
- Iwao, Sumiko. "The Japanese portrait change", *Japan Echo*, vol. XV, 1988.
- "Japanese families", About Japan Series n° 19, Tóquio, Foreign Press, 1994.
- *Japonisme: Japanese Influence on French Art 1854-1910*, Cleveland, The Cleveland Museum of Art, 1988.
- Jansen, Marius (org.). *The Changing Japanese Attitudes toward Modernization*, Princeton, Princeton University Press, 1965.
- *Japon au Pluriel*. Actes du premier colloque de la Société Française des Études Japonaises, Paris, Ed. Philippe Picquier, 1995.
- *Japon au Pluriel 2*. Actes du deuxième colloque de la Société Française des Études Japonaises, Paris, Ed. Philippe Picquier, 1998.
- Kawamura, Lili. "Estratégias de sobrevivência: trabalhadores brasileiros no Japão", tese de livre-docência, Unicamp, 1996.
- Kelly, William W. "Rationalization and nostalgia: cultural dynamics of new middle class Japan", *American Ethnologist*, vol. 13, n° 4, 1986.
- Kozakai, Toshiaki. *Les Japonais Sont-Ils des Occidentaux?*, Paris, L'Harmattan, 1991.

- Koseka, Kenji. *Social Stratification in Contemporary Japan*, Londres, Kegan Paul International, 1994.
- Koschamann, J.V. (org.). *Authority and Individual in Japan*, Tóquio, Tokyo University Press, 1978.
- Kuwabara, Takeo. *Japan and Western Civilization*, Tóquio, University of Tokyo Press, 1983.
- Lebra, Takie S. *Japanese Patterns of Behavior*, Honolulu, University of Hawaii Press, 1976.
- "Is Japan an ie society, and ie society a civilization?", *Journal of Japanese Studies*, vol. 11, nº 1, 1985.
- Lebra, Takie S.; Lebra, William P. *Japanese Culture and Behavior*, Honolulu, University of Hawaii Press, 1986.
- Maher, John C.; Macdonald, Gaynord (org.). *Diversity in Japanese Culture and Language*, Londres, Kegan Paul International, 1995.
- McCormack, Gavan; Sugimoto, Yoshino (org.). *Japanese Trajectory: Modernization and Beyond*, Nova York, Cambridge University Press, 1988.
- Miyoshi, Masao; Harootunian, D.H. *Japan in the World*, Durham, Duke University Press, 1993.
- Moeran, Brian. "Individual, group and seishin: Japan's internal cultural debate", *Man*, vol. 19, nº 2, junho de 1984.
- Moore, Charles (org.). *The Japanese Mind*, Tóquio, Charles Tuttle Co., 1967.
- Murakami, Yasusuke. "The reality of the new middle class", *Japan Interpreter*, vol. XII, nº 1, 1978.
"Ie society as a pattern of civilization", *The Journal of Japanese Studies*, vol. 10, nº 2, 1984.
"Ie society as a pattern of civilization: response to a criticism", *The Journal of Japanese Studies*, vol. 11, nº 2, 1985.
- Miyajima, Hiroshi. "Japan's aging society", "The family structure in contemporary Japan", *Japanese Economic Studies*, vol. 21, nº 6, inverno de 1993-94.
- Nakane, Chie. *The Japanese Society*, Berkeley, University of California Press, 1970.
- Ohnuki-Tierney, Emiko. *Rice as Self: Japanese Identities Through Time*, Princeton, Princeton University Press, 1993.
- Ogawa, Naohiro; Retherford, Robert. "Care of the elderly in Japan: changing norms and expectations", Nihon University Population Research Institute, NUPRI, Reprint Series nº 46, janeiro de 1994.
- Osawa, Machiko. "Les transformations des structures du cycle des femmes au Japon", *Sociologie du Travail*, vol. XXXIII, nº 1, 1991.
- Palmore, Erdman B.; Maeda, D. *The Honorable Elders Revisited*, Durham, Duke University Press, 1985.
- Postel-Vinay, Karoline. *La Révolution Silencieuse du Japon*, Paris, Calmann-Lévy, 1994.
- Reischauer, Edwin O. *The Japanese Today*, Cambridge, Belknap Press of Harvard University Press, 1988.

- Rohlen, Thomas. "Order in Japanese society: attachment, authority and routine", *Journal of Japanese Studies*, vol. 15, n° 1, 1989.
  "When evolution isn't progressive", *Journal of Japanese Studies*, vol. 11, n° 1, 1985.
- Sadria, Modjtaba. "Repenser l'altérité japonaise", *Futuribles*, n° 16, janeiro de 1997.
- Sato, K. (alii). "The changing status of women in Japan", *International Journal of Sociology of the Family*, vol. 17, n° 1, 1987.
- Seizelet, Éric. "Évolution de la société japonaise et des valeurs", *Futuribles*, n° 216, janeiro de 1997.
- Shively, Donald H. (org.). *Tradition and Modernization in Japanese Culture*, Princeton, Princeton University Press, 1971.
- Smith, Robert. *Japanese Society: Tradition, Self and the Social Order*, Cambridge, Cambridge University Press, 1974.
- "Le concept de culture dans l'analyse du développement économique au Japon", *Anthropologie et Sociétés*, vol. 14, n° 3, 1990/1991.
- "A pattern of Japanese society: ie society or acknowledgment of interdependence?", *Journal of Japanese Studies*, vol. 11, n° 1, 1985.
- "Gender inequality in Japan", *Journal of Japanese Studies*, vol. 13, n° 1, 1987.
- Tanaka, K. "Les changements de la structure familiale au Japon", *Futuribles*, n° 153, abril de 1991.
- Tsurumi, Patricia E. (org.). *The Other Japan: Postwar Realities*, Londres, M.E. Sharpe Inc., 1988.
- Tsurumi, Shunsuke. *A Cultural History of Postwar Japan: 1945-1980*, Londres, Kegan Paul International, 1987.
- Umesao, Tadao. "Keynote adress: Japanese civilization in modern world", Japanese Civilization in Modern World: Life and Society, Senri Ethnological Studies, n° 16, 1984.
- "Keynote address: tourism as a phenomenon of civilization", Japanese Civilization in Modern World IX: Tourism, Senri Ethnological Studies, n° 38, 1995.
- "Keynote address: Japanese civilization in modern age, amusement as a subject of comparative study of civilization", Japanese Civilization in Modern World XI: Amusement, Senri Ethnological Studies, n° 40, 1995.
- Yamazaki, Masakazu. *Individualism and the Japanese: an Alternative Approach to Cultural Comparison*, Tóquio, Japan Echo Inc., 1994.
  "Signs of new individualism", *Japan Echo*, vol. 11, n° 1, 1984.
  Le Japon à l'Ère Planétaire, Paris, Publications des Orientalistes de France, 1983.
- Yoshimi, Shun'ya. "Made in Japan: the emergence of the 'eletronic nation' discourse in postwar Japan", *Review of Media Information and Society*, vol. 2, 1997.

Mídia, televisão, imprensa, publicidade

- Aboud, John. "Japan as a TV culture", Japanese Studies: Bulletin of the Japanese Association of Australia, vol. 12, n° 2, 1992.

- James A. (org.). *Communication Yearbook*, Londres, Sage Publications, 1990.
- Bailey, James. "Godzila vs. Doraemon: the Japanese movie in transition", *Mangajin*, nº 38, setembro de 1994.
- Bailes, Andrew; Hollister, Neil. "Asian cable and satellite", Londres, Financial Times Report, 1996.
- Berthet, Philippe; Redonnet, Jean Claude. *L'Audiovisuel au Japon* (Que Sais-Je?), Paris, PUF, 1992.
- Buck, Elizabeth. "Asia and the global film industry", *East-West Film Journal*, vol. 6, nº 2, 1992.
- Cooper-Chen, Anne. *Mass Communication in Japan*, Arnes (Iowa), Iowa State University Press, 1997.
- Dissanayake, Wimal (org.). *Melodrama and Asian Cinema*, Cambridge, Cambridge Universty Press, 1993.
- Forester, Tom. "Consuming eletronics: Japan's strategy for control", nº 67, fevereiro de 1993.
- "Games without frontiers", *Look Japan*, vol. 43, nº 498, setembro de 1997.
- Hagiwara, Shigeru. "Rise and fall of foreign programs in Japanese television", *Keio Communication Review*, nº 17, 1995.
- Ito, Youichi. "Mass communication theories from Japanese perspective", Media Culture & Society, vol. 12, nº 4, 1990.
- Iwabuchi, Koichi. "Return to Asia?", Media International Australia, nº 77, agosto de 1995.
- "Japan's mass media", About Japan Series nº 7, Tóquio, Foreign Press Center, 1997.
- "Japanese (The) manga" (Shigeo Nishimura, diretor da Sobisha Co.), Tóquio, Foreign Press Center, dezembro de 1994.
- Kanehisa, Tching. *La Publicité au Japon*, Paris, Maisonneuve & Larose, 1984.
- Kasza, G.J. *The State and Mass Media in Japan: 1918-1945*, Berkeley, University of California Press, 1988.
- Kato, Hidetoshi; Powers, Richard (org.). *Handbook of Japanese Popular Culture*, Westport, Greenwood Press, 1989.
- Kitatani, Kenji. "A content analysis of television news flow between Japan and the United States: another one-way street?", *Keio Communication Review*, nº 6, 1985.
- Ledoux, Trish; Ranney, Doug. *Anime Guide: Japanese Animation*, Issaquah (Washington), Tiger Mountain Press, 1997.
- Lent, John. *The Asian Film Industry*, Austin, University of Texas Press, 1990.
- Levi, Antonia. *Samurai Form Outer Space: Understanding Japanese Animation*, Chicago, Open Court, 1997.
- Lewis, Glen; Slade, Christina. "The samurai who came to the world's biggest barbecue: Australia, Japan and globalization", Media International Australia, nº 71, fevereiro de 1994.
- Luyten, Sonia B. *Mangá: o Poder dos Quadrinhos Japoneses*, São Paulo, Estação Liberdade, 1991.

- "Manga market", *Mangajin*, nº 9, abril de 1991.
- Makita, Tetsuo. "Changing the images and gender images in Japanese TV dramas: 1974-1984", *Studies of Broadcasting*, nº 23, 1987.
- Moeran, Brian. *A Japanese Advertising Agency*, Londres, Curzon Press, 1996.
- "The Orient strikes back: advertising and imagining Japan", Theory Culture & Society, vol. 13, nº 3, agosto de 1996.
- Mousseau, J. "La télévision au Japon", Communication et Langages, nº 59, 1984.
- Mowlana, Hamid; Rad, Mehdi. "International flow of Japanese television programs: the 'oshin' phenomenon", *Keio Communication Review*, nº 14, 1992.
- Newitz, Annalee. "Magic girls and atomic bomb sperm: Japanese animation in America", Film Quarterly, vol. 49, nº 1, outono de 1995.
- NHK, *50 Years of Japanese Broadcasting*, Radio and TV Culture Research Institute, 1977.
- Noam E. (org.). *Telecommunications in the Pacific Basin*, Oxford, Oxford University Press, 1994.
- Oshima, Yukiko. "La stratégie des Industries audiovisuelles japonaises", tese de doutorado, Université de Paris XX, 1988.
- Painter, Andrew A. "The creation of Japanese television and culture", dissertação de Ph.D., The University of Michigan, 1991.
- Phan, Susan J.; Krauss, E.S. (org.). *Media and Politics in Japan*, Honolulu, University of Hawaii Press, 1996.
- Sata, Masunori; Hirahara, Hideo. *A History of Japanese Drama*, Tóquio, Japan Association of Broadcasting Art, 1991.
- Shodt, Frederick. *Manga! Manga! The World of Japanese Comics*, Tóquio, Kodansha International, 1983.
- "Gaijin in manga", *Mangajin*, nº 43, março de 1995.
- Seguy, Christiane. "Notes sur l'histoire de la presse japonaise", Estudos Japoneses, vol. 10, 1990.
- Sepstrup, Preben. "TV transnationalization: Europe and Asia", Reports and Papers on Mass Communication, Unesco, nº 109, 1994.
- Shimizu, Shinichi. "The implications of transborder television for national cultures and national broadcasting: a Japanese perspective", Media Asia, vol. 20, nº 4, 1993.
- Tanaka, Keiko. *Advertising Languages: a Pragmatic Approach to Advertisements in Britain and Japan*, Londres, Routledge, 1994.
- Yamaki, Toshio. "The history of advertising in Japan: an international comparative study", *Keio Communication Review*, nº 18, 1996.
- Yoshinara, Kunio (org.). *Japan in Thailand*, Kyoto, Kyoto University Centre for Southeast Asian Studies, 1990.

Cultura popular, consumo
- Awata, Fusaho. "Disneyland's dreamlike success", Japan Quarterly, vol. XXXV, nº 1, janeiro-março de 1988.

- Allison, Anne. "Company entertainment: co-mingling play and work", Japanese Civilization in Modern World XI: Amusement, Senri Ethnological Studies nº 40, 1995.
- Clammer, John. *Contemporary Urban Japan: a Sociology of Consumption*, Londres, Blackwell, 1997.
- Condominas, Christine (org.). *Les Loisirs au Japon*, Paris, L'Harmattan, 1993.
- Creighton, Millie. "'Edutaining' children: consumer and gender socialization", *Ethnology*, vol. 33, nº 1, 1994.
- "Mantaining cultural boundaries in retailing: how Japanese department stores domesticate 'things foreign'", Modern Asian Studies, vol. 25, nº 4, outubro de 1991.
- *Culture in Development and Globalization: Proceedings of a Series Symposia Held at Nongkhai, Hanoi and Tokyo*. Tóquio, The Toyota Foundation, 1995.
- McCormack, Gavan. "The price of affluence: the political economy of Japanese leisure", *New Left Review 188*, 1991.
- Goldenstein-Gidoni, Ofra. *Packaged Japaneseness: Wedding, Business and Brides*, Londres, Curzon Press, 1997.
- Honda, Shiro. "East Asia's middle class tunes in to today's Japan", *Japan Echo*, vol. XXI, nº 4, 1994.
- Ishimori, Shuzo. "Popularization and commercialization of tourism in early modern Japan", Japanese Civilization in Modern World IV: Economic Institutions, Senri Ethnological Studies, nº 26, 1989.
- Kamei, Shunsuke. "Opening up to American culture", Japan Quarterly, vol. XXXVI, nº 1, janeiro-março de 1989.
- Kiritani, Elisabeth. "Pachinko Japan's national pastime", *Mangajin*, nº 34, abril de 1994.
- Linhart, Seep. "From industrial to postindustrial society: changes in Japanese leisure-related values and behavior", *Journal of Japanese Studies*, vol. 14, nº 2, verão de 1988.
- Lent, John (org.). *Asian Popular Culture*, Boulder, Westview Press, 1995.
- MacPherson, Kerrie L. (org.). *Asian Department Stores*, Londres, Curzon Press, 1998.
- Moeran, Brian. "The language of Japanese tourism", Annals of Tourism Research, nº 10, 1983.
- Moeran, Brian; Skov, Lise (org.). *Women Media and Consumption in Japan*, Londres, Curzon, 1995.
- Nishibe, Susumu. "Japan as a highly developed mass society: an appraisal", *Journal of Japanese Studies* vol. 8, nº 1, 1982.
- Robertson, Jennifer. "Hegemonica nostalgia, tourism and nation making in Japan", Japanese Civilization in Modern World IX: Tourism, Senri Ethnological Studies, nº 38, 1995.
- Sato Tadao. "Popular Culture in Modern Japan", *Japan Review of International Affairs*, vol. 10, nº 2, primavera de 1996.
- Schiling, Mark. "Karaoke in the 21st century", *Mangajin*, nº 48, setembro de 1995.

- Shields, Rob (org.). *Lifestyle Shopping: the Subject of Consumption*, Londres, Routledge, 1992.
- Shun'ya, Yoshimi. "The evolution of mass events in prewar Japan", Japanese Civilization in Modern World XI: Amusement, Senri Ethnological Studies, nº 40, 1995.
- Tang, Xiaobing; Snyder, Stephen (org.). *In Pursuit of Contemporary Asian Culture*, Boulder (Colorado), Westview Press, 1996.
- Tobin Joseph J. (org.). *Re-made in Japan: Everyday Life and Consumer Taste in a Changing Society*, New Haven, Yale University Press, 1992.
- Treat, John W. (org.). *Contemporary Japan and Popular Culture*, Richmond (Inglaterra), Curzon Press, 1996.
- Ueda, Atsushi (org.). *The Electric Geisha: Exploring Japan's Popular Culture*, Tóquio, Kodansha International, 1994.
- Wilson Rob; Dirlik, Arif (org.). *Asia/Pacific as a Space of Cultural Production*, Durham, Duke University Press, 1995.

Vestimenta, moda, música popular
- Baudot, François. *Yohji Yamamoto* (Mémoire de la Mode), Paris, Ed. Assouline, 1997.
- Bénaim, Laurence. *Issey Miyake* (Mémoire de la Mode), Paris, Ed. Assouline, 1997.
- Dalby, Liza. *Kimono: Fashioning Culture*, New Haven, Yale University Press, 1993.
- De Laurey, Guy. "Not-so-big in Japan: western pop music in Japanese market", Popular Music, vol. 14, maio de 1995.
- Grande, France. *Comme des Garçons* (Mémoire de la Mode), Paris, Ed. Assouline, 1998.
- Hara, Yumiko. "Self-expression through dress", Japan Quarterly, vol. XXXIII, nº 2, abril-junho de 1986.
- Herd, Judith. "Trends and taste in Japanese popular music: a case-study of the 1982 Yamaha World Popular Music Festival", Popular Music 4, 1984.
- "Japan", Billboard, 5 de agosto de 1995.
- *Japonisme et Mode*, Paris, Palais Galiera: Musée de la Mode et du Costume, 1996.
- Kawabata, Shigeru. "The Japanese record industry", Popular Music, vol. 10, nº 3, 1991.
- Kimura, Atsuko. "Japanese corporations and popular music", Popular Music, vol. 10, nº 3, 1991.
- Kitagawa, Junko. "Some aspects of Japanese popular music", Popular Music, vol. 10, nº 3, 1991.
- Littleton, C.S. "Tokyo rock an role", Natural History, vol. 94, nº 8, 1985.
- Nakamura, Toyo. "Early pop song writers and their backgrounds", Popular Music, vol. 10, nº 3, 1991.

- Mitsui, Toru. "Japan in Japan: notes on an aspect of popular music record industry in Japan", Popular Music 3, Cambridge, Cambridge University Press, 1983.
- Munsterberg, Hugo. *The Japanese Kimono*, Oxford, Oxford University Press, 1996.
- Okada, Maki. "Musical characteristics of enka", Popular Music, vol. 10, n° 3, 1991.
- Oyama, Shigeo. "A little revolution in kimonos", Japan Quarterly, vol. XXXIV, n° 4, outubro-dezembro de 1987.
- Yano, Christine R. "Shaping tears of a nation: an ethnography of emotion in Japanese popular song", dissertação de Ph.D., University of Hawaii, 1995.

Administração, gestão, marketing, dados estatísticos
- "Advertising expenditures in Japan (1996)", Tóquio, Dentsu Information Series, 1997.
- "Annuaire statistique 97", Paris, Unesco, 1997.
- "Asia: a directory and sourcebook", Londres, Euromonitor, 1992.
- "Asian advertising: marketing and media handbook 1994", Londres, Euromonitor, 1994.
- Atsuchi, Maki. "Private postwar consumption patterns of Japanese households: the role of consumer durables" (Australia Japan Research Centre), Pacific Economic Paper n° 262, dezembro de 1996.
- Chang, Wei-Penn. "Le débat sur le management à la japonaise", *Anthropologie et Sociétés*, vol. 14, n° 3, 1990.
- "Changing (The) face of Japanese retail", Tóquio, JETRO, 1995.
- "Consumer Japan: 1990", Londres, Euromonitor, 1989.
- "Consumer Japan: 1993", Londres, Euromonitor, 1993.
- Dedoussis, Vagelis. "Simply a question of cultural barriers? The search for new perspectives in the transfer of Japanese management practices", *Journal of Management Studies*, vol. 32, n° 6, 1995.
- "Dietary life in Japan", Tóquio, JETRO, 1982.
- Druker, Peter; Nakauchi, Isao. *De l'Asie et du Monde en Général: Réflexions pour l'An 2000*, Paris, Maxima, 1997.
- "Facts and figures of Japan", Foreign Press Center, Tóquio, 1997.
- Fields, George. *Gucci on the Ginza: Japan's New Consumer Generation*, Nova York/Tóquio, Kodansha International, 1989.
- "Japan's info-media business", Tóquio, Dentsu Inc., 1997.
- "Japan's growing manufactured imports from East Asia", Tóquio, JETRO, 1989.
- "Japanese (The) consumer", Tóquio, JETRO marketing series, 1993.
- "Japanese (The) market opportunity: a strategic study of Japanese market for imported body products", Londres, Price Waterhouse, 1989.
- "Japanese (The) overseas travel market in the 1990's", Londres, The Economist Intelligence Units, Special Report n° 2.073.

- "JT'reports 95: all about Japanese overseas travellers", Tóquio, Japan Travel Bureau, 1995.
- "Marketing brand names in Japan", Hong Kong/Japan Business Corporation Committee, Hong Kong, 1992.
- Minai, Keiko. "Trends in alcoholic beverage consumption in postwar Japan", Department of Japanese Studies, Occasional Papers Series, National University of Singapore, julho de 1986.
- Morita, Akio. *Made in Japan,* São Paulo, Livraria Cultura, 1986.
- Pascale, Richard T.; Athos, Anthony G. *The Art of Japanese Management,* Nova York, Simon and Schuster, 1981.
- Riethmuller, Paul. "Food processors, retailers and restaurants: their place in the Japanese food sector", Australia Japan Research Center, Pacific Economic Paper nº 230, 1994.
- Rowe, Irene V. "Globalization of catering industry: opportunities for fast food mid-range and hotel restaurants", Londres, Financial Times Management Reports, 1996.
- Thurow, Lester (ed.). *The Management Challenge: Japanese Views,* Cambridge, The MIT Press, 1985.
- "World's (The) emerging markets", Londres, Euromonitor, 1992.

Estilo de vida, juventude
- "Asia lifestyles", *Far Eastern Review,* 10 de setembro de 1992.
- Baldwin, Frank (org.). "From politics to lifestyles: Japan in print I", Cornell University East Asia Papers, nº 35, 1984.
- "From politics to lifestyles: Japan in print II", Cornell University East Asia Papers, nº 42, 1986.
- "From politics to lifestyles: Japan in print, 1987", Cornell University East Asia Papers, nº 47, 1988.
- "Changing dietary lifestyle in Japan", JETRO Marketing Series, nº 17, 1978.
- Chikushi, Tetsuya. "Young people as new human race", Japan Quarterly, vol. XXXIII, nº 3, julho-setembro de 1986.
- "From family ties to financial ties: shifting values in the Japanese family", Tóquio, Hakuhodo Institute of Life and Living, Changing Lifestyles in Japan 5, 1989,
- Hatano, Yoshio. "Japanese food: past and present", Tóquio, Foreign Press Center, About Japan Series, nº 21, 1996.
- Ito, Kimio. "Cultural change and gender identity trends in the 1970's and 1980's", *International Journal of Japanese Sociology,* vol. 1, 1992.
- "Japanese salarimen in Japan: new attitudes creating new lifestyles", Tóquio, Hakuhodo Institute of Life and Living, Changing Lifestyles in Japan 6, 1991.
- Inoue, Tadashi. "Changes in family relations reflected in the dining table", Japanstudien, vol. 4, 1992.

- "Leisure and recreation", About Japan Series nº 4, Tóquio, Foreign Press Center, 1993.
- "Middle class at last: the second baby boomer generation in Japan", Tóquio, Hakuhodo Institute of Live and Living, Changing Lifestyles in Japan 8, 1995.
- Mitsuya, Keiko. "Changes in time use among the Japanese", *Studies of Broadcasting*, nº 29, 1993.
- Nakano, Osamu. "A sociological analysis of the 'new breed'." *Japan Echo*, vol. XV, 1988.
- Olszewska, Anna; Roberts, K. *Leisure and Lifestyle: a Comparative Analysis of Free Time*, Londres, Sage Publications.
- Takada, Akihito. "Contemporary youth and youth culture in Japan", *International Journal of Japanese Sociology*, vol. 1, 1992.
- Watanabe, Shin. "The lifestyle commitment and satisfaction among male workers in Tokyo", *International Journal of Japanese Sociology*, vol. 5, 1996.
- "Young adults in Japan: new attitudes creating new lifestyles", Tóquio, Hakuhodo Institute of Life and Living, Changing Lifestyles in Japan 3, 1985.

Sobre o autor

Renato Ortiz nasceu em Ribeirão Preto, São Paulo, em 1947. Estudou na Escola Politécnica (USP) entre 1966 e 1969. Formou-se em Sociologia pela Universidade de Paris VIII e doutorou-se em Sociologia e Antropologia pela École des Hautes Études em Sciences Sociales (Paris).

Foi professor da Universidade de Louvain (1974-1975), da UFMG (1977-1984) e do Programa de Pós-Graduação em Ciências Sociais da PUC-SP (1985-1988). Atualmente é Professor Titular do Departamento de Sociologia da Unicamp. Foi pesquisador do Latin American Institute da Universidade de Columbia, do Kellog Institute de Notre Dame, professor visitante da Escuela de Antropologia, no México, e Titular da Cátedra Simón Bolívar do Institut des Hautes Études en Amérique Latine.

É autor dos livros *A Consciência Fragmentada* (Paz e Terra), *Pierre Bourdieu* (Ática), *Telenovela: História e Produção*, em co-autoria com José Mário Ortiz e Silvia S. Borelli (Brasiliense), *Cultura Brasileira e Identidade Nacional* (Brasiliense), *A Moderna Tradição Brasileira* (Brasiliense), *A Morte Branca do Feiticeiro Negro: umbanda e sociedade brasileira* (Brasiliense), *Cultura e Modernidade* (Brasiliense), *Românticos e Folcloristas* (Olho D'Água), *Mundialização e Cultura* (Brasiliense) e *Um Outro Território: ensaios sobre a mundialização* (Olho D'Água).